JN104065

公務員試験

地方上級・市役所・
国家一般職など

集中講義!

政治学・行政学の過去問

資格試験研究会◎編

近 裕一◎執筆

実務教育出版

本書の構成と活用法

 **本書の構成**

本書は，素早く問題を解くための知識とワザを随所に盛り込んでいます。

出題のポイント

各テーマの冒頭には，出題の傾向とその対策について，テーマの全体像のつかみ方，どの部分をどの程度理解すればいいか……など，知っていると学習の効率がグンと上がるような情報をまとめています。まずは攻略のポイントを押さえましょう！

問題と解説

問題演習は，「左ページ＝問題」「右ページ＝解説」という見開き構成で，問題文と解説文をそれぞれ参照しやすいようになっています。

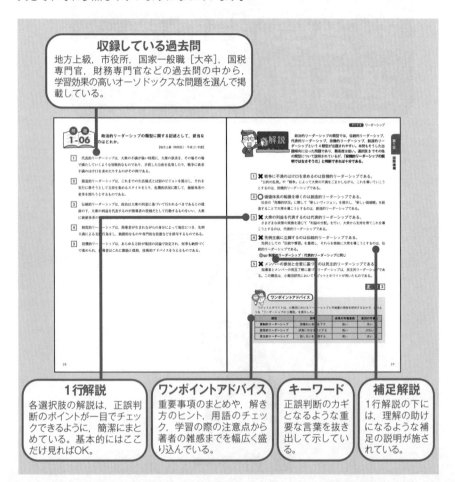

収録している過去問

地方上級，市役所，国家一般職［大卒］，国税専門官，財務専門官などの過去問の中から，学習効果の高いオーソドックスな問題を選んで掲載している。

1行解説

各選択肢の解説は，正誤判断のポイントが一目でチェックできるように，簡潔にまとめている。基本的にはここだけ見ればOK。

ワンポイントアドバイス

重要事項のまとめや，解き方のヒント，用語のチェック，学習の際の注意点から著者の雑感までを幅広く盛り込んでいる。

キーワード

正誤判断のカギとなるような重要な言葉を抜き出して示している。

補足解説

1行解説の下には，理解の助けになるような補足の説明が施されている。

 **本書の活用法**

❶まずは目次をチェックして覚える!

　目次は、「政治学」「行政学」というフィールドの地図のようなものである。

　科目全体がどういう構成になっているのかを最初に頭に入れておくことで、道に迷ってしまったり、立ち止まってしまったりすることが防げる。

❷最初はわかるところだけやっていく!

　まず1〜2回転目は、なんとかわかるくらいのところを読み、わからないところは「ここはわからない」と確認しつつ先に進める。初めのうちはだれでもわからないところが多くて当然なので、軽くザックリとまずはひととおりやってみよう。「覚える!」とか「問題を解く!」というよりは、**科目の全体像をつかみ、科目に慣れるのが目標である。**「今すぐ理解しなくちゃ!」ではなく「そのうちわかるようになるだろう」という意識で臨んでみよう。

❸繰り返し読んで実力をつける!

　わからないところを飛ばして進めていくだけでは、わからないところはわからないままである。そこでポイントとなるのが「繰り返し」である。

　わからないところで止まらないので、繰り返す余裕が生まれる。その余裕を生かして**何回も繰り返して読むのだ。**わかるところは何度も読むので、どんどん「当たり前＝常識」になってきて、読むスピードが早くなる。また最初はわからなかったところも、何度も見ているうちにだんだんとなじんでくるので、徐々にわかるところが増えていく。

❹わかったところは消す!　足りないところは直接書き込む!

　何度も繰り返し読んで繰り返し思い出すことで知識が常識化したら**瞬時に正誤判断できるようになるので、その部分は読む必要がなくなります。**もう×で消してしまってもよい。逆に何度やっても覚えられないところは、**ポイントを太ペンで書いたり、足りない情報を補ったりして目立たせる。**そうしていくと、徐々に消せる箇所が増えて、理解できる箇所も増えていく!

❺本書を汚してボロボロにする!

　本書をキレイに使ってはいけない。遠慮なく直接ガンガン書き込んでみよう!　章ごとにバラしてさらに軽くするのもオススメだ!　本書を自分なりにアレンジしながら、目一杯使ってほしい。

　何度も取り組んで本書がボロボロになった頃には、正確にすばやく問題が解けるようになっているはずだ!

目次

第1部 政治学

第1章　政治学の基礎事項

第2章　政治の制度

第3章　政治の動態

第4章　政治の意識と行動

第 2 部 行政学

第 1 章 行政の組織

第 2 章 行政の管理

第**3**章　行政の活動と統制

第**4**章　地方の行政

第**5**章　行政学の理論

◎**本書で取り扱う試験の名称表記について**
　本書に掲載した問題の末尾には，試験名の略称および出題年度を記載しています。
国家一般職[大卒]：
　国家公務員採用一般職試験[大卒程度試験]（平成23年度までは国家公務員採用Ⅱ種試験）
財務専門官：国家公務員財務専門官採用試験
地方上級：地方公務員採用上級試験（都道府県・政令指定都市）
　（全国型）：広く全国的に分布し，地方上級試験のベースとなっている出題型
　（東京都）：東京都職員Ⅰ類Ｂ採用試験（平成20年度まで）
　（特別区）：特別区（東京23区）職員Ⅰ類採用試験
　※ 地方上級試験については，実務教育出版が独自に分析し，「全国型（全国型変形タイプ）」「関東型（関東型変形タイプ）」「中部・北陸型」「法律・経済専門タイプ」「その他の出題タイプ」「独自の出題タイプ（東京都，特別区など）」の6つに大別しています。
市役所：市役所職員採用上級試験（政令指定都市以外の市役所）
　※ 市役所上級試験については，試験日程によって「Ａ日程」「Ｂ日程」「Ｃ日程」の3つに大別しています。

◎**本書に収録されている「過去問」について**
① 平成9年度以降の国家公務員試験の問題は，人事院により公表された問題を掲載しています。地方上級の一部（東京都，特別区）も自治体により公表された問題を掲載しています。それ以外の問題は，受験生から得た情報をもとに実務教育出版が独自に編集し，復元したものです。
② 問題の論点を保ちつつ問い方を変えた，年度の経過により変化した実状に適合させた，などの理由で，問題を一部改題している場合があります。また，人事院などにより公表された問題も，用字用語の統一を行っています。
③ 東京都Ⅰ類の専門択一式試験は，平成21年度から廃止されています。しかし，東京都の問題には良問が多く，他の試験の受験生にも有用であるため，本書では平成20年度までの東京都の問題を一部掲載しています。

公務員試験における政治学・行政学の概要

　公務員試験で出題される政治学・行政学は，大学で学ぶ政治学・行政学と基本的に変わりありません。とはいえ，そもそも大学で政治学・行政学を履修した方は，あまり多くはいらっしゃらないと思います。また，履修していても，先生の専門分野を中心に講義が行われたため，履修内容が偏っているケースも少なくないでしょう。そこで以下に，公務員試験における政治学・行政学の概要を説明したいと思います。

（1）政治学で何を学ぶのか。

公務員の政治学では，次の2つが主な出題内容となります。
①政治の制度と歴史（選挙制度の種類，各国の政治制度，戦後内閣の業績など）
②政治の理論と思想（権力概念，デモクラシー理論，社会契約論など）

　一見しておわかりのとおり，毎日のニュースで取り上げられる話題からは，ずいぶんとかけ離れた内容ばかりが並んでいます。政治といえば，「コロナ対策の失敗で内閣の支持率が低下した」「憲法改正をめぐって自民党と野党が対決姿勢を示している」というような内容を連想する方も多いと思いますが，それらはいわば「政局」に関する話題であって，政治学で直接学ぶ内容ではありません。政治学は，政局を含むさまざまな政治的現象を学問的視点から考察し，知識を積み重ねることで作り上げられた学問です。ですから，「いままで政治に興味がなかったから，政治の知識なんてまったくないよ」という人も，まったく心配はいりません。政局にいくら詳しくても，公務員試験の政治学でよい点を取れるとは限りませんし，逆に，政局には疎くても，一つ一つの知識をていねいに覚えていけば，公務員試験では高得点をとることも十分に可能です。

　受験科目の一つと割り切って，頻出事項だけでも覚えておけば，とりあえず合格点に達することができる。それが公務員試験の政治学なのです。

（2）行政学で何を学ぶのか。

公務員の行政学では，次の2つが主な出題内容となります。
①行政の制度と歴史（わが国の中央行政機構，公務員制度，行政改革史など）
②行政の理論（官僚制論，アメリカ行政学史，組織理論など）

　政治学とかなり似た内容となっていますが，政治学とは異なり，行政学では思想が問われることはほぼありません。行政学は実践志向の強い学問なので，「行政はいかにあるべきか」といった規範的な内容が問われることは，ほとんどないのです。

　行政学は，行政の仕事に携わりたいと考えているみなさんにとっては，将来もっとも役に立つ学問という面をもっています。たとえば，晴れて公務員となったみなさんは，上司

から「ちょっと大臣官房に行ってきてくれ」「あの件で稟議書を作成しておいてくれ」「概算要求の準備は進んでいるか」などと声を掛けられるかもしれません。ここに出てくる大臣官房，稟議書，概算要求といった言葉は，いずれも行政学で学習するキーワードです。行政学を学べば，こうした言葉の意味が理解できるようになり，上司からの指示にも戸惑うことなくスマートに対応できるようになるでしょう。そう考えれば，行政学の学習はひたすら暗記を重ねる苦行ではなくなるはずです。行政学で学ぶ一つ一つの知識は，将来の自分のキャリアに関わる大切な事柄であり，学習にもおのずと熱が入ってくるのではないでしょうか。

(3) 政治学と行政学の関係

　本書では，政治学と行政学を一冊にまとめています。これは，単に便宜上そうしているわけではありません。政治学と行政学は，あわせて学ぶことで，大きなメリットが得られるのです。

> 政治学と行政学をあわせて学ぶ理由は，次のとおりです。
> **①政治学と行政学は内容的につながっている。**
> **②政治学と行政学は出題内容が重複している。**

　第一に，行政学（現代行政学）は，もともと政治学者たちが行政にも目を向けるようになり，作り上げてきた学問です。具体的にお話ししましょう。国際連盟を提唱したことでも有名なウッドロー・ウィルソン米大統領をご存じでしょうか。ウィルソンは，もともと政治学や歴史学の研究者でしたが，1887 年に「行政の研究」という論文を著して，行政を研究することの重要性を主張しました。これが，一般に現代行政学の始まりとされています。このことからもわかるように，政治学と行政学はそもそも密接な関係にあり，その視点にも共通点がみられます。ですから，公務員試験の学習の際も，政治学と行政学を続けて学ぶようにすると，内容をスムーズに理解しやすくなるのです。

　第二に，政治学と行政学には，学習の際に重複して出てくる事柄がたくさんあります。たとえば，官僚制や内閣は行政上の制度ですが，政党や圧力団体，地方自治体などと影響を与え合いながら，政策決定に深く関与しています。そのため，官僚制や内閣は行政学の研究対象でありながら，政治学の研究対象にもなっているのです。ですから，公務員試験で政治学や行政学が選択科目になっている場合には，両科目をともに選択することをお勧めします。どちらか一方だけを選択しても悪くはないのですが，どうせなら重複して出題される可能性のある項目をできるだけ増やして，学習時間を節約したいですよね。

　政治学や行政学が互いに関連し合っていることは，もう十分におわかりいただけたかと思います。さらに言うならば，この両科目は憲法，国際関係，社会学，経営学とも関連性を強くもっています。これら 4 科目も組み合わせて学習すれば，学習効率はさらに高まりますが，このあたりは他科目との兼ね合いで，各自で判断してみてください。

効率的な問題の解き方

　どの科目であれ，知識をしっかりと覚えて問題に当たるのが基本の解き方です。知識さえしっかり頭に入っていれば，どんな問題でも満点がとれるはずです。しかし，実際にはそんなにうまくいきません。一度覚えた知識を忘れてしまうこともあれば，学習時間が足りずに必要な知識を覚えていないこともあるでしょう。そのような場合に活用したいのが，「裏道」の解き方です。安易に裏道に頼るのは慎むべきですが，「正答がわからない」といった緊急事態への対処として，また，学習をしっかりと進めたうえでの「おまけ」として，裏道に頼るのはアリでしょう。

①ペアの概念については入れ替えに注意しよう。

　「ミランダは人々の知性に働きかけ，クレデンダは人々の感情に働きかける」という選択肢があったとします。この場合，まっさきに考えるべきなのは，「入れ替えはないか」ということです。ミランダとクレデンダはペアの概念なので，1つの選択肢のなかにしばしばこの2つが並べられます。このとき，ミランダとクレデンダの説明を入れ替えてしまえば，それで誤りの選択肢ができあがってしまうのです。作問者の立場からすると，一定数の受験生がひっかかってくれるような誤りの選択肢を作るのは，なかなか難しい作業です。それが短時間のうちにできてしまうのですから，これほど楽なことはありません。この場合，「ミランダは人々の感情に働きかけ，クレデンダは人々の知性に働きかける」というのが正しい内容です。

②文末までしっかり読もう。

　「R.ミヘルスは，組織が大規模化すると少数者に権力が集中するという寡頭制の鉄則を批判した」という選択肢があったとします。ミヘルスが寡頭制の鉄則を主張したのはきわめて有名な話なので，慌て者の受験者は，「R.ミヘルスは……寡頭制の鉄則を」まで読んだところで，この選択肢を正答だと思い込んでしまいます。「自分はそんなに馬鹿じゃない」と思われるかもしれませんが，本試験の際はみんな意外と緊張しているので，こうしたことがしばしば起こります。この場合，「R.ミヘルスは，組織が大規模化すると少数者に権力が集中するという寡頭制の鉄則を主張した」というのが正しい内容です。

③ひっかけのサインには注意しよう。

　「M.ウェーバーは，官僚制はもっぱら行政組織において成立すると主張した」「多党制は必ず不安定化する」「NPM改革では事後統制ではなく，法律による事前規制が重視されている」。これらの選択肢の正誤はおわかりでしょうか。これらには「もっぱら」「必ず」「〜ではなく〜」といった表現が含まれていますが，これらはすべてひっかけのサインです。具体的な内容はこれから学習することになりますが，官僚制は組織の官民を問わずに成立しますし，多党制は安定することもあります。また，NPM改革では事後統制が重視されています。こうしたひっかけのサインを探り出す嗅覚は，問題演習を重ねれば自然に身につくものですが，学習に割ける時間が限られている場合には，最初から意識して問題文を読

むようにするとよいでしょう。なお，この方法は80％以上の確率で通用するのですが，なかには例外もあります。たとえば，「R．ミヘルスは，組織が大規模化すれば必ず少数者に権力が集中すると主張した」という選択肢は正答です。これは「寡頭制の鉄則」についての説明ですが，「鉄則」とは「例外のない法則」のことなので，「必ず」とあっても正答になるわけです。

④長くて難しい文章の場合は，最後の部分だけでもしっかり読もう。

　市役所試験や地方上級試験ではあまりありませんが，国家公務員の試験ではしばしば選択肢の文章が長く，しかも内容が難しい問題に出会うことがあります。そのようなケースでは，とりあえず文末をしっかりと読んでみてください。誤りのポイントが文章の途中に隠されていることは少なく，前半から中盤にかけての難しい部分は，受験生を惑わすためのエサになっていることが多いからです。最後の部分だけ，拍子抜けするほど簡単な内容になっていることもあるので，一見して難しそうな文章でも決してあきらめないようにしてください。

⑤知らない学者名はとりあえず無視しよう。

　試験問題を解いていくと，選択肢のなかに見たこともない学者名が出てくることがあります。最難関の国家総合職の試験では普通によくあることですが，国家総合職の出題内容が簡単めにリメイクされて，他の試験に波及していくことも多いので，どの試験であってもこうしたケースは起こりえます。このような場合，知らない学者名はとりあえずカッコに入れて無視してください。ポイントは，その学者が主張した内容です。「真渕勝は，政治的決定に従う官僚を国士型官僚と呼んだ」という選択肢があったとします。ここでは，真渕勝という学者名を知らなくてもまったく問題ありません。国士とは，身命を投げうって国家のために尽くそうとする人々のことですから，政治家から言われたとおりに行動する官僚を国士と呼ぶのはオカシイということになります。必ずしも学者名がポイントではないということが，おわかりいただけるかと思います。

⑥穴埋め問題は最初から律儀に埋めていく必要はない。

　特に地方公務員試験では，穴埋め問題がたびたび出題されています。「空欄に該当する語句の組合せとして妥当なものはどれか」という問題ですね。この場合，空欄を最初から順に考察していく必要はありません。まずは問題文をひととおり読み，わかる空欄から埋めていくのが効果的かつ効率的な解答法です。この場合，最初に空欄を埋めた段階で選択肢が2〜3に絞られますが，それらの正答候補となった選択肢をよく見てみると，ある空欄に該当する語句がすべて同じになっているということがあります。そうなればしめたもので，考慮すべき空欄の数が自動的に1つ減ることになります。検討せずに済んだ空欄の難易度が高いというケースもあるので，これはお得なやり方です。

効果的な学習方法・対策

　政治学と行政学は互いに密接な関係にあること，政治学と行政学の関連科目として憲法，国際関係，社会学，経営学があることは，すでに述べたとおりです。そこで，学習の進め方としては，①まず政治学に手を付ける，②次に行政学に手を付ける，③さらに関連科目に手を付ける，④これを繰り返して実力アップを図る，ということが重要になってきます。ただし，関連科目のなかでも憲法は別格に重要なので，政治学に先立って学習を進めておく必要があります。

　みなさんのなかには，参考書を併用すべきか迷われている方もいらっしゃるかと思います。結論を言えば，特に参考書を利用する必要はありません。これまで多くの受験生は問題演習をこなすことで，合格を勝ち取ってきています。どうしても理解できないという場合を除けば，問題演習を通じて知識を得るようにするだけで十分です。

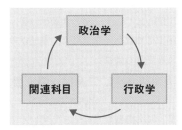

（1）政治学の学習のコツ

　ここで，政治学の学習で注意すべきポイントを挙げておきましょう。

①虫食い学習でも OK。

　政治学には，全体の基礎となる「総論」のような分野がありません。いわば「各論」が集まって，政治学ができあがっているようなものです。ですから，学習を進めるにあたっては，「虫食い学習」が可能となります。テーマ１から順に手を付けていくなかで，理解しにくいテーマに出会ったら，そこは迷わず飛ばして，後回しにしてしまうのです。特に試験が迫っている場合は，できるだけ多くのテーマを押さえておいたほうが得策です。変なこだわりをもたずに，わかるテーマを優先して学習していきましょう。

② ４大テーマは確実に押さえよう。

　虫食い学習を進める場合でも，絶対に飛ばすべきではないテーマがあります。それは，政治権力（本書テーマ１），政治制度（同３），選挙制度（同５），政党（同６）です。これまで何度も出題されてきた重要テーマなので，みなさんが受験する際にも，これらに出くわす可能性は高いと思われます。特に政治制度と選挙制度は，教養科目の政治でも頻出とされているので注意が必要です。

③キーワードと学者名の結びつきは絶対に覚えよう。

　政治の理論や思想のなかには，難しくてよく理解できないものもあることでしょう。しかし，あきらめることはありません。実は内容の難しい問題ほど，キーワードに注目するだけで解けることも多いのです。難しい内容は無視してもよいので，「この文章のキーワードは何か。それを唱えた学者は誰か」ということを意識するようにしましょう。

④日本政治史は教養科目の日本史の知識でも OK。

　政治学で政治史が出題されることは，決して多くはありません。ですから，日本政治史の学習は教養科目の日本史で済ませてしまい，あとは限られた過去問を解いておくだけでも大丈夫です。ここは学習効率を優先させるようにしましょう。

（2）行政学の学習のコツ

　続いて，行政学の学習で注意すべきポイントを挙げておきましょう。

①虫食い学習でも OK。

　政治学と同様に，行政学も「各論」の寄せ集めのような性格をもっています。ですから，理解しにくいテーマの学習は，後回しにして構いません。ただし，政治学と異なり，行政学では出題テーマにあまり偏りがみられません。飛ばしたテーマは，後で必ずフォローしておきましょう。

②問題演習は二巡目以降で勝負しよう。

　行政学では，総合的な問題がしばしば出題されています。1つの問題のなかに，複数のテーマの内容が詰め込まれているので，一巡目の段階では，まだ学習していない知識に出くわすことも珍しくありません。この場合，一巡目でしっかり理解しようとするのは時間の無駄です。一巡目はサクッと進め，二巡目以降できちんと解けるように頑張りましょう。

③誤りのパターンを身につけよう。

　行政学で覚えるべき知識量は，政治学の3分の2程度です。数十年にわたり，そうした狭い範囲から出題が続いてきたので，いまでは一定の誤りのパターンが定着しています。「アメリカではノースコート・トレヴェリアン報告，イギリスではペンドルトン法によって資格任用制が導入された」という選択肢などは，その代表例です。ここではアメリカとイギリスに関する説明が入れ替えられているのですが，こうした内容は過去に繰り返し出題されてきた超定番のものです。過去問をとりあえず眺めるだけでも，こうしたパターンは身につくので，問題演習はサクサク進めるようにしましょう。

④念のため行政絡みの時事にも注意しよう。

　あまり多くはありませんが，行政絡みの時事的な問題が出題されることもあります。行政改革や地方分権改革などの分野でみられることがあり，過去には行政刷新会議などが出題されています。合否を分けるほど重要な問題になるとは思えませんが，ここで点数を稼げれば，他の受験者を上回ることができるのも事実です。できればニュースにも目を配り，「改革」絡みで話題になった用語がある場合はチェックしておくようにしましょう。

　最後になりますが，問題演習では完璧を期すよりもスピード感をもって学習を進めることが重要です。「習うより慣れよ」の精神で，くじけず頑張っていきましょう。

第1部

政治学

テーマ**1**

政治権力

重要度
A

🗣 出題傾向

「政治権力」では，権力観，支配の正統性，権力構造論が出題されている。大半は学説問題であり，学者名とキーワードの結びつきを問う問題が多い。

権力観は，試験によって出題されやすい個所が異なっている。地方公務員試験では，ラズウェルやダールなどの基本的な権力観が問われやすく，国家公務員試験では，ルークスやフーコーなどの応用的な権力観まで問われている。

支配の正統性は，単独の問題としてはあまり出題されていない。選択肢のひとつとして，ウェーバーかメリアムの学説を問う形が一般的である。

> ウェーバーの「支配の3類型」のうち，最も出題されやすいのは「合法的支配」である。このポイントは行政学でも出題されるので，注意しよう。

権力構造論は，国家公務員試験よりも地方公務員試験で出題される傾向にある。圧倒的に出題数が多いのは，ミルズのパワー・エリート論である。

🗣 理解しておきたい事項

❶ 政治権力の定義

政治権力	「他者をその意思に反しても行動させる可能性」(ウェーバー)

　　　　┗━━▶ 端的に言えば「強制力」のこと。正統化されたとき，人々は
　　　　　　　これに自発的に服従するようになる(「権威」の成立)。

❷ 権力観

実体的権力観と関係的権力観が，二大権力観とされている。他の権力観は，これらへの批判から生まれたものである。

```
実体的権力観 ◀━━▶ 関係的権力観 ━━━▶ 「非決定権力」
     ┃                               ┃
     ┗━▶ 「非ゼロサム的権力」          ┗━━▶ 「三次元的権力」
```

実体的権力観	権力はなんらかの「資源の保有」(ないし「価値の付与と剥奪」)によって生じるとみる権力観	ラズウェル(異説もある)
関係的権力観	具体的場面における人々の行動から,権力の行使を推測しようとする権力観	ダール
非ゼロサム的権力	権力は人々を動員し,目標を達成することで,社会内の価値を増大させているとみる権力観	パーソンズ
非決定権力	人々を行動させないように仕向けることで,特定の争点を議題から排除しようとする権力	バクラックとバラッツ
三次元的権力	本人に意識させないまま,その認識や思考まで形成してしまう権力	ルークス

❸ 権力構造論

パワー・エリート論(ミルズ)	軍(軍隊)・産(産業界)・政(政界)のエリートたちが団結して,アメリカ政治を動かしているとする。	⬄	多元的エリート論(ダール)	争点ごとに異なるエリートが,政策決定に関与しているとする。ニューヘブンでの研究に基づいて提唱された。

 出るのはココだ!

権力の定義
①「他者をその意思に反しても行動させる可能性」とは,ウェーバーによる権力の定義である。
②権力が自らを正統化することに成功したとき,権威が成立する。

権力観
①資源の保有から権力の発生を説明するのが「実体的権力観」である。代表的論者には,マキァヴェリ,マルクス,ラズウェルがいる。
②具体的場面における人々の行動から権力の発生を推測するのが「関係的権力観」である。代表的論者にはダールがいる。
③「さもなければBがしなかったような事柄をBに行わせる場合,その度合いに応じてAはBに対して権力をもつ」とは,ダールによる権力の定義である。
④パーソンズは「非ゼロサム的権力」観を提唱し,権力は社会内の価値を増大させると主張した。また,実体的権力観を「ゼロサム的権力」観として批判した。

権力の正統性
①メリアムは,支配の正統化に用いられる手段として,感情に働きかける「ミランダ」と,知性に働きかける「クレデンダ」を区別した。
②ウェーバーは,伝統的正統性,合法的正統性,カリスマ的正統性という3類型を示した。官僚制支配は,合法的正統性に基づく支配の典型例とされる。

政治権力に関する次の記述のうち，妥当なものはどれか。

【市役所・平成 28 年度】

1 モスカは，あらゆる組織はその目的を実現するために規模を拡大するが，規模が拡大すればその組織は少数の指導者による支配となると主張し，これを「寡頭制の鉄則」と呼んだ。

2 ウェーバーは，政治権力は価値の剥奪によって成り立つとし，服従者による政治権力の承認は必要ないとした。

3 メリアムは，政治権力を維持するに当たって，国旗や国歌のような非合理的な崇拝の感情を引き起こす象徴としての「ミランダ」は不要であるが，公共への奉仕など社会で承認された同意に対する合理的な服従である「クレデンダ」は必要であるとした。

4 ミルズは，アメリカ合衆国における政治権力は，政界，軍部，産業界のトップエリートからなる「パワーエリート」によって握られているとした。

5 ミヘルスは，少数者が多数者を支配する「少数支配の鉄則」は，民主主義社会においては成り立たないとした。

政治権力では，さまざまな「入れ替え」に注意しなければならない。ある主張を行った学者の名前を他の学者名と入れ替えたり（選択肢1），ペアとなる概念の説明を入れ替えたりして，誤りの選択肢を作るというテクニックが頻繁に用いられている。なお，ミヘルスについては，「ミヘルスは寡頭制の鉄則を否定した」という誤りの選択肢が頻出である（同5）。肯定したのか否定したのか，文章は最後までしっかりと読むようにしよう。

1 ✖ 寡頭制の鉄則を提唱したのはミヘルスである。

「組織の規模が拡大すると，必ず少数者の指導者による支配が生まれる」とする主張を，寡頭制の鉄則という。寡頭制の鉄則を提唱したのはミヘルスである。モスカも少数者による支配を主張したが，寡頭制の鉄則を主張したわけではない。

🔑 **寡頭制の鉄則：大規模組織では少数者による支配が避けられないとする法則**

2 ✖ 政治権力を価値の剥奪と関連づけたのはラズウェルである。

政治権力は価値の剥奪（＝金品の強奪など）によって成り立つと主張したのは，ラズウェルである。ウェーバーは，①政治権力を定義づけたこと（「ある社会関係の中で抵抗を排してでも自己の意思を貫徹しうる可能性」），②支配の3類型（伝統的支配，合法的支配，カリスマ的支配）を提示したことで有名である。

3 ✖ メリアムはミランダとクレデンダをともに重視した。

メリアムは，政治権力を維持するためには正当化が必要であると考えた。そして，正当化の手段としてミランダ（国旗や国歌など）とクレデンダ（イデオロギーなど）の2つを挙げ，これらはともに重要な役割を果たしているとした。

4 ⭕ ミルズはパワーエリートが政治権力を握っていると主張した。

ミルズは，政界，軍部，産業界のトップエリートたちが陰で強く結びついているとして，これをパワーエリートと呼んだ。そして，アメリカ合衆国における政治権力はパワーエリートによって握られており，一般国民は政治的無関心に追いやられているとした。

5 ✖ ミヘルスは民主主義社会でも「少数支配の鉄則」は成立するとした。

民主主義社会では平等が重んじられるため，少数者による支配は回避されているというのが，一般的な考え方である。しかし，ミヘルスは，ドイツ社会民主党などを考察し，民主主義社会においても「少数支配の鉄則」（寡頭制の鉄則）は成立するとした。

正 答 4

問題 1-02 支配の正当性に関する次の記述のうち，妥当なものはどれか。

【地方上級・平成 17 年度】

1 社会の混乱期に現れる超人的資質を持った指導者を，カリスマ的指導者という。

2 M. ウェーバーは支配の正当性として，合法的正当性と伝統的正当性の 2 つを挙げた。

3 王権神授説などの非合理的な政治理論は，支配の正当性としては機能しない。

4 正当性を持たない権力は，社会秩序の維持に寄与することはできない。

5 現代の政治は安定していることから，政治家にカリスマ性が求められることはない。

本問では，常識を総動員して誤りの選択肢を切り捨てていかなければならない。たとえば，かつては王権神授説が国王の支配を根拠づけていたこと，クーデターで成立した軍事政権が恐怖政治で治安を維持しうること，現代においてヒトラーがカリスマ的指導者として台頭したこと，などを思い浮かべれば，正答はおのずと絞られる。

1 ○ カリスマとは超人的・超自然的な才能や能力のことである。

社会の混乱期には，超人的資質をもったカリスマ的指導者の出現が期待される。これは，問題を一気に解決してほしいという大衆の願望の表れである。

🗝 **カリスマ：超人的・超自然的な才能や能力のこと。元来の意味は「神の恩寵」。**

2 ✗ ウェーバーは，支配の正当性の3類型を提示した。

ウェーバーは，支配の正当性として，合法的正当性，伝統的正当性，カリスマ的正当性という3類型を提示した。

3 ✗ 王権神授説も支配の正当性として機能しうる。

ある人物による支配を「正しい」とする根拠が示され，人々がそれを受け入れたとき，支配の正当性は成立する。 その根拠が客観的にみて合理的か否かとは無関係である。王権神授説のような非合理的な政治理論も，人々が受け入れるかぎりにおいて，支配の正当性として機能する。

🗝 **王権神授説：国王はこの世の支配権を神から授けられたとする理論**

4 ✗ 正当性を欠く権力も，事実上の力として社会秩序の維持に寄与しうる。

たとえば，クーデターで成立した軍事政権は正当性を欠くが，強権をもって支配を行い，社会秩序の維持に寄与することは可能である。

暴力で支配することも可能だけど，不安定になりがちだよ。

5 ✗ 現代においても，政治家にカリスマ性が求められることがある。

現代においても，戦争や大不況などで社会が混乱した際には，困難な問題を一挙に解決してくれるカリスマ的政治家の出現が期待される。

正答 1

C.W.ミルズがその著書『パワー・エリート』において主張した内容に関する次の記述のうち，妥当なものはどれか。

【地方上級（全国型）・平成16年度】

1 いかなる組織であっても，これが大規模化した場合にはエリートの出現が不可避であり，一部のエリートに権力が集中せざるをえない。

2 大統領を頂点とする政界，財界，軍部のトップ・エリートたちが相互に協力し合い，アメリカ政治を一元的に支配している。

3 K.マルクスは資本家階級による一元的支配を主張したが，実際に政治権力を担っているエリートは争点ごとに多元的に存在している。

4 暴力（軍事力）こそが権力を生む資源であり，これを掌握した者が権力者として一国を支配する。

5 近代以降の社会においては，従来の家産官僚制に代えて，近代官僚制が権力を掌握していく傾向にある。

本問に取り組む際には、なんとなく正答の選択肢を選べるようになるのではなく、他の選択肢が誰についての説明なのかを見抜いたうえで、自信をもって切り捨てることができるようになってほしい。特に**家産官僚制や近代官僚制（選択肢 5）は、もともと行政学で学ぶ概念であり、政治学ではあまり深く学ばないので、この機会に覚えてしまおう。**

1 ✖ **ミヘルスの「寡頭制の鉄則」の説明である。**

　ミヘルスは、ドイツ社会民主党の研究から、大規模組織では必ず少数者支配が生まれると主張した。これを寡頭制の鉄則という。

2 ⭕ **ミルズはパワー・エリート論を主張した。**

　ミルズは、政界・財界・軍部のトップエリートが一枚岩的団結を誇りつつ、アメリカ社会を支配していると主張した。このように権力を握ったエリート集団をパワー・エリートという。

3 ✖ **多元的エリート論を主張したのはダールである。**

　ダールはニューヘブン研究を行い、争点ごとに異なるエリートが存在することを見出した。これを多元的エリート論という。

4 ✖ **暴力から権力が発生するとしたのはマキァヴェリである。**

　マキァヴェリは、暴力（軍事力）の保有によって権力が発生すると主張した。このように、なんらかの資源の保有が権力を発生させるとする主張を、実体的権力観（実体説）という。

5 ✖ **近代官僚制の台頭を説いたのはウェーバーである。**

　ウェーバーは、近代官僚制を純粋技術的に卓越した組織としてとらえた。そして、近代社会の到来とともに、家産官僚制に代えて近代官僚制が台頭してきたと主張した。

官僚制論については、行政学のページで詳しく説明しているよ。

🔑 **家産官僚制（身分制に基づく官僚制）→ 近代官僚制（技術的能率装置）**

正　答 2

R. ダールが『統治するのは誰か』で述べている内容として妥当なものは，次のうちどれか。

【地方上級（全国型）・平成 17 年度】

1 アメリカ合衆国において集団間の競争が激しくならないのは，集団間で事前に調整が行われているためである。

2 政治権力は一枚岩的に団結したパワー・エリートが担っているわけではなく，争点ごとに異なるエリートがこれを担っている。

3 政治権力は軍隊や富などの資源を保有することから発生し，他者をその意思に反しても行動させうるものとして作用する。

4 ある集団において強力なリーダーシップを発揮している指導者が，他の集団の中に置かれた場合でも同様に強力なリーダーシップを発揮できるとは限らない。

5 社会的亀裂が存在している国においても，各下位集団のリーダーが比例原理や相互拒否権の原則などに立脚して協力し合えば，民主政治を維持することは可能である。

本問では『統治するのは誰か』について問われているが，「そんな書籍は知らない」とあせる必要はない。**各選択肢を読めば，ダールの主張と矛盾する内容やダール以外の学者が提唱した概念などが記されていることに気づくはず。**後は，消去法を併用しながら，ダールの主張に沿った内容の選択肢を選び出せばよい。**書籍名はいわば「目くらまし」なので，それに惑わされず，落ち着いて問題にあたっていこう。**

---

1 ✗ **ダールは，集団間の競争を通じて調整が実現すると主張した。**

ダールは，集団間の競争を通じて調整がなされることで，政策が形成されると主張した。こうした考え方を政治的多元論（多元主義）という。

🔑 **政治的多元論 → 集団間の競争と調整を通じた政策決定**

2 ◯ **ダールは多元的エリート論を主張した。**

ダールは，ニューヘブンにおいて調査を行い，政策決定に影響力をもつエリートは争点ごとに異なっていることを見出した（『統治するのは誰か』）。こうした考え方を多元的エリート論という。

🔑 **多元的エリート論（ダール）⇔ 一元的エリート論（ミルズ）**

3 ✗ **ダールは関係的権力観を主張した。**

政治権力は資源の保有によって発生するとする考え方を，実体的権力観という。これに対して，**ダールは関係的権力観を主張し，具体的場面の考察から権力をとらえるべきであるとした。**また，**権力を「他者をその意思に反しても行動させうるもの」と定義づけ**たのは，ウェーバーである。

🔑 **関係的権力観 →「本来ならしないようなことをＡがＢに行わせたとき，ＡはＢに権力を行使した」（ダール）**

4 ✗ **ダールはコンティンジェンシー理論の論者ではない。**

つねに最適なリーダーシップのスタイルや組織形態などは存在せず，それは状況に応じて変化するという理論を，**コンティンジェンシー理論（条件適合理論）**という。ダールはコンティンジェンシー理論の論者ではない。

5 ✗ **多極共存型デモクラシーを主張したのはレイプハルトである。**

オランダやベルギーなどの中欧諸国では，社会的亀裂（言語や宗教などの違い）に沿って下位集団が形成されており，各下位集団のリーダーが協調しあうことで民主政治が維持されている。こうした民主政治のあり方は，レイプハルトによって多極共存型デモクラシーと名付けられた（P.155参照）。

正答 2

テーマ **2**

リーダーシップ

重要度 **C**

出題傾向

「リーダーシップ」では，リーダーシップの4類型とリーダー論が出題されている。出題にあまりバリエーションがなく，簡単な問題となることが多い。

リーダーシップの4類型は，基本的な内容が繰り返し出題されているので，確実に得点したい。投機的リーダーシップと創造的リーダーシップの違いさえわかれば，あとは悩まずに正解できるはずである。

リーダー論は，学説問題として出題されている。プラトンの「哲人王」思想，パレートの「エリートの周流」論，ウェーバーの政治家論（「結果責任」論）などには，注意が必要である。

> リーダーシップは，エリートと非エリートの関係において発揮される能力である。そこで本書では，エリートと非エリートの関係に注目して提唱された「コーンハウザーの社会類型論」（P.30）も，リーダーシップの関連事項として扱っている。

理解しておきたい事項

❶ リーダーシップの4類型

リーダーシップのあり方は，社会の状況に応じて変化する（状況理論）		
社会の安定期	伝統的リーダーシップ	伝統や慣習に基づくリーダーシップ。伝統的な社会でみられ，リーダーは独創性を発揮しづらい。
	代表的リーダーシップ	大衆の利益を充足しようとするリーダーシップ。近代以降に発達し，制度的リーダーシップとも呼ばれる。
社会の不安定期	投機的リーダーシップ	大衆の不満の爆発を導こうとするリーダーシップ。戦争やスケープゴートが作り出される。
	創造的リーダーシップ	新しい社会を創造しようとするリーダーシップ。将来のビジョンやイデオロギーを提示する。

❷ リーダー論

プラトン	古代ギリシャのポリス（都市国家）にあって，哲人王の登場を期待した。哲人王は，哲学の素養によって善のイデア（理想の姿）を見てとり，理想的な政治をこの世で実現するものとされた。
マキァヴェリ	近代初期のイタリアにあって，分裂した国家を君主が統一し，強力な支配を行うことを期待した。君主は，狐の知恵と獅子のどう猛さを発揮しなければならないとされた。
パレート	エリートによる支配を肯定し，エリート主義を主張した。また，策略に優れた狐型エリートと力に優れた獅子型エリートが，交互に社会を支配するという法則を提示した（「エリートの周流」）。
ウェーバー	政治家に必要な資質として，情熱・洞察力・責任の3点を挙げた。また，責任については，政治家はよい結果を導くことが求められているとして，結果責任の重要性を強調した。

❸ コーンハウザーの社会類型論

コーンハウザーは，社会におけるエリートと非エリートの関係に注目し，「（非エリートによる）エリートへの接近可能性」と「（エリートによる）非エリートの操縦可能性」という2つの基準を導き出した。そして，両者の高低を組み合わせることで，社会の4類型を提示した（P.30 参照）。

出るのはココだ！

リーダーシップの4類型

①リーダーシップのあり方は，社会の状況に応じて変化する。

②伝統や慣習が重視されるのは，伝統的リーダーシップの場合である。

③大衆の利益の充足が図られるのは，代表的リーダーシップの場合である。

④戦争やスケープゴートが作り出され，大衆の不満の爆発が導かれるのは，投機的リーダーシップの場合である。

⑤将来のビジョンやイデオロギーが提示されるのは，創造的リーダーシップの場合である。

⑥制度的リーダーシップとは，代表的リーダーシップの別名である。

リーダー論

①哲人王思想を展開したのは，プラトンである。

②狐の知恵と獅子のどう猛さを兼ね備えた君主を理想としたのは，マキァヴェリである。

③狐型エリートと獅子型エリートの交代を主張したのは，パレートである。

④ウェーバーは，政治家に求められる責任は結果責任であると主張した。

次の文**ア**〜**ウ**は，政治的リーダーシップの類型に関する記述であるが，文中の空所**A**〜**C**に該当する語の組合せとして，妥当なのはどれか。

【地方上級（特別区）・平成 17 年度】

ア ┌─**A**─┐ リーダーシップとは，価値体系の安定している社会において成立し，利益の充足を政治に求める大衆の利益感覚の延長線上に，課題を設定するものである。

イ ┌─**B**─┐ リーダーシップとは，その場限りの公約を乱発したり，戦争に不満のはけ口を求めて，深刻な大衆の不満を充足させるものである。

ウ ┌─**C**─┐ リーダーシップとは，危機的状況に際してこれまでの価値体系そのものの変革を図ろうとするものである。

	A	B	C
1	代表的	投機的	創造的
2	代表的	創造的	投機的
3	伝統的	投機的	創造的
4	伝統的	創造的	投機的
5	創造的	投機的	代表的

リーダーシップの類型に関する問題では，**キーフレーズを拾っていくだけで正答にたどり着くことができる。**

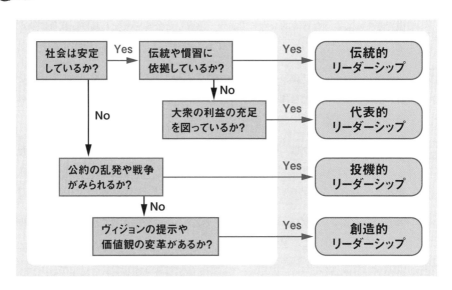

A：「代表的」が該当する。

　「（価値体系の）安定している社会」，「利益の充足」というキーフレーズより，代表的リーダーシップとわかる。

B：「投機的」が該当する。

　「公約を乱発」，「戦争」，「不満のはけ口」というキーフレーズより，投機的リーダーシップとわかる。

C：「創造的」が該当する。

　「危機的状況」，「価値体系（そのもの）の変革」というキーフレーズより，創造的リーダーシップとわかる。

　以上から，**1**が正答となる。

正答 **1**

政治的リーダーシップの類型に関する記述として，妥当なのはどれか。

【地方上級（特別区）・平成21年度】

1 代表的リーダーシップは，大衆の不満が強い時期に，大衆の欲求を，その場その場で満たしていくような冒険的なものであり，矛盾した公約を乱発したり，戦争に欲求不満のはけ口を求めたりするのがその例である。

2 創造的リーダーシップは，これまでの生活様式とは別のビジョンを提示し，それを実行に移そうとして支持を集めるスタイルをとり，危機的状況に際して，価値体系の変革を図ろうとするものである。

3 伝統的リーダーシップは，政治は大衆の同意に基づいて行われるべきであるとの建前の下，大衆の利益を代表するのが指導者の役割だとして行動するものをいい，大衆に価値体系の転換を求めないものである。

4 制度的リーダーシップは，指導者が生まれながらの身分によって地位につき，先例主義による支配行為をし，独創的なものや専門的な技能などを排斥するものである。

5 投機的リーダーシップは，あらゆる方針が集団の討論で決定され，何事も納得づくで進められ，指導者はこれに激励と援助，技術的アドバイスを与えるものである。

政治的リーダーシップの類型では，伝統的リーダーシップ，代表的リーダーシップ，投機的リーダーシップ，創造的リーダーシップという4類型が出題されやすい。本問もそうした出題傾向に沿った問題であり，難易度は低い。選択肢**5**でその他の類型について説明されているが，「**投機的リーダーシップの説明ではなさそうだ**」と判断できれば十分である。

1 ✖ **戦争に不満のはけ口を求めるのは投機的リーダーシップである。**

「公約の乱発」や「戦争」によって大衆の不満をごまかしながら，これを導いていこうとするのは，投機的リーダーシップである。

2 ⭕ **価値体系の転換を導くのは創造的リーダーシップである。**

社会の「危機的状況」に際して「新しいヴィジョン」を提示し，「新しい価値観」を創造することで大衆を導こうとするのは，創造的リーダーシップである。

3 ✖ **大衆の利益を代表するのは代表的リーダーシップである。**

さまざまな政策の実施を通じて「利益の分配」を行い，大衆から支持を得てこれを導こうとするのは，代表的リーダーシップである。

4 ✖ **先例主義に立脚するのは伝統的リーダーシップである。**

先例としての「伝統や慣習」を重視し，それらを根拠に大衆を導こうとするのは，伝統的リーダーシップである。

🗝 **制度的リーダーシップ：代表的リーダーシップに同じ**

5 ✖ **メンバーの参加と合意に基づくのは民主的リーダーシップである。**

指導者とメンバーの相互了解に基づくリーダーシップは，民主的リーダーシップである。この概念は，小集団研究においてリピットとホワイトが用いたものである。

正　答 2

 ワンポイントアドバイス

リピットとホワイトは，小集団におけるリーダーシップと作業量の関係を研究するなかで，次のような「リーダーシップの3類型」を提示した。

類型	説明	成員の労働意欲	集団の作業量
専制的リーダーシップ	強権的に命令を下す	低い	多い
放任的リーダーシップ	成員に任せきりにする	低い	少ない
民主的リーダーシップ	話し合いを重視する	高い	多い

次の表は，コーンハウザーの四つの社会類型を表したものであるが，表中の空所A〜Dに該当する語の組合せとして，妥当なのはどれか。

【地方上級（特別区）・平成18年度】

		非エリートの操作可能性	
		低　い	高　い
エリートへの接近可能性	低　い	A	B
	高　い	C	D

	A	B	C	D
1	全体主義社会	共同体社会	大衆社会	多元的社会
2	全体主義社会	共同体社会	多元的社会	大衆社会
3	全体主義社会	大衆社会	多元的社会	共同体社会
4	共同体社会	全体主義社会	大衆社会	多元的社会
5	共同体社会	全体主義社会	多元的社会	大衆社会

コーンハウザーの社会類型論では，「これなら自信をもって判別できる」という類型を2個程度作っておくと，問題が解きやすくなる。たとえば，「共同体社会→ムラ社会→エリートと非エリートが身分的に隔絶した社会」，「全体主義社会→ヒトラー→一方的な大衆操作が行われる社会」と覚えておけば，A＝「共同体社会」，B＝「全体主義社会」とわかり，これだけで正答は4か5に絞られる。

A：「共同体社会」が該当する。

　　エリートと非エリートが隔絶している社会なので，「共同体社会」が該当する。たとえば，中世のムラ社会では，領主層は身分的に偉い人々で庶民は接近できなかった。同時に，庶民は血縁や地縁で家族やムラに強く結びつけられていたので，領主といえども庶民を動員することはできなかった。

B：「全体主義社会」が該当する。

　　エリートが非エリートを一方的に操作している社会なので，「全体主義社会」が該当する。全体主義社会では，マスコミや警察などを支配層が独占的に利用するため，大衆は支配層に接近しづらくなり，逆に支配層は大衆を操作しやすくなる。

C：「多元的社会」が該当する。

　　非エリートが，エリートから操作されずにエリートへ接近できる社会なので，「多元的社会」が該当する。たとえば，民衆がさまざまな圧力団体に所属しているような社会では，団体活動を通じて政治に影響力を行使することが可能になる。その一方で，支配層は，団体という壁を超えて民衆を直接操作することは難しくなる。

コーンハウザーがもっとも高く評価したのは，多元的社会だよ。

ここに注目！

D：「大衆社会」が該当する。

　　エリートと非エリートが相互に影響力を及ぼしやすい社会なので，「大衆社会」が該当する。大衆社会では，大衆が大衆運動を通じて支配層に働きかけようとする一方，支配層も個々の大衆に直接働きかけてこれを操作しようとする。

以上から，**5**が正答となる。

正答 **5**

テーマ **3**

政治制度

重要度
A

 出題傾向

「政治制度」では，政治制度の類型と各国の政治制度が出題されている。教養科目の政治でも最頻出テーマとされているので，しっかりと学習しておきたい。

政治制度の類型は，近年ではあまり出題されていない。主に大統領制と議院内閣制の違いが問われているが，出題内容がある程度限定されてしまうため，頻繁には出題しにくいのであろう。

各国の政治制度は，頻繁に出題されている重要テーマである。アメリカについて詳しく問われるほか，イギリス，フランス，ドイツ，中国についても，ひととおりの知識をもっているかが試される。

> フランスとドイツについては，大統領の選出方法や大統領の権限の強弱が問われやすい。また，難易度がやや上がった場合には，上院議員の選出方法が問われることもある。

 理解しておきたい事項

❶ 政治制度の類型

権力 分立制	大統領制	三権（立法・行政・司法）を厳格に分立させた制度。議会（立法）と大統領（行政）は，それぞれが独立した選挙を通じて成立する。　⇒立法と行政の厳格な分離
	議院内閣制	三権の分立が緩やかな制度。内閣（行政）は議会（立法）の信任に基づいて活動する。　⇒立法と行政の融合
権力集中制 （民主集中制）		国民を代表する国会に権力を集中させる制度。共産主義国家などでみられる。

	法案提出権	議会での答弁義務	不信任	議会解散権	議員兼職
大統領	ない	ない	受けない	ない	できない
内閣	ある	ある	受ける	ある	原則必要

❷ 各国の政治制度

〈アメリカの大統領制〉

		定数	選出方法	任期	年齢要件
大統領		1	間接選挙（有権者の選んだ選挙人が大統領を選出）	4 年（3 選禁止）	35 歳以上
連邦議会	上院	100（各州 2 名）	小選挙区制（同一州の 2 名は改選時期が異なる）	6 年（2 年ごとに1/3 改選）	30 歳以上
	下院	435	小選挙区制	2 年	25 歳以上
最高裁判所		9	大統領による任命（上院の承認が必要）	終身	なし

☞ 選挙権は，有権者登録を済ませた 18 歳以上の合衆国市民に与えられる。

〈イギリスの議院内閣制〉

		定数	選出方法	任期	年齢要件
内閣		不定	国王が下院第一党の党首を首相に任命（慣行）／大臣はすべて国会議員	なし	なし
国会	上院	不定	国王による任命	終身	なし
	下院	650	小選挙区制	5 年	18 歳以上
最高裁判所		12	国王による任命	75 歳定年	75 歳未満

出るのはココだ！

政治制度の類型

①不信任や議会の解散は，原則として議院内閣制に特徴的な制度である。

②大統領制では，大統領は法案提出権や議会での答弁義務をもたない。

③中国では，国会に当たる全国人民代表大会（全人代）に権力が集中している。国家主席（元首）は全人代によって選出され，形式的権限しかもたない。

各国の政治制度

①アメリカの大統領は間接選挙で選出される。憲法の規定（戦前は慣行）により，大統領は2 期 8 年を超えて職にとどまることはできない。

②アメリカの連邦議会議員は，すべて小選挙区制で選出される。

③イギリスの首相は，慣行上，下院第一党の党首が国王によって任命される。

④フランスでは，強力な大統領を中心に政治運営が行われている。ただし，議院内閣制の要素ももっているため，「半大統領制」と呼ばれることもある。

アメリカ合衆国の政治制度に関する次の記述のうち，妥当なものはどれか。

【市役所・平成 28 年度】

1　大統領選挙は，大統領選挙人が大統領を選ぶ間接選挙を採用しており，大統領選挙人の数は連邦議会の上院議員数と同数である。

2　大統領は行政府の長であり，連邦政府の各省庁を指揮監督するとともに，連邦議会下院の解散権を持つ。

3　連邦議会は本会議中心主義を採用しており，法案の審議は議員と大統領および各省長官との質疑応答を中心に行われる。

4　大統領と連邦議会は相互に対等の関係にあり，連邦議会が可決した法案について，大統領は署名を拒否することができない。

5　各省長官や外国大使などの高級公務員の人事については，大統領が指名を行い，連邦議会上院が承認するという手続きがとられる。

アメリカの政治制度では，**大統領選挙が間接選挙であること**（選択肢1），**大統領が議会の解散権をもたないこと**（同2），**大統領が法案の拒否権をもっていること**（同4）が，とくに頻出である。教養政治でも繰り返し出題されている重要ポイントなので，しっかりと頭に入れておこう。

1 ✖ アメリカの大統領選挙人の数は両院議員数と同数である。

　アメリカの大統領は，①有権者による大統領選挙人の選出，②大統領選挙人による大統領の選出，という2段階の選挙を通じて選出されている（間接選挙）。そして，大統領選挙人の数は，連邦議会の両院議員数（上院議員数＋下院議員数）と同数と定められている。

2 ✖ アメリカの大統領は連邦議会下院の解散権をもたない。

　アメリカでは厳格な三権分立制がとられている。そのため，連邦議会下院は大統領に対する不信任決議権をもたず，大統領は連邦議会下院の解散権をもたない。

3 ✖ アメリカの連邦議会は委員会中心主義を採用している。

　アメリカの連邦議会では，政策分野ごとに委員会が設けられており，委員会で可決された法案だけが本会議に送付される。そして，委員会で可決された法案の大半は，本会議でも可決されて法律となる。そのため，アメリカの連邦議会は，委員会中心主義をとっているといわれる。また，アメリカでは厳格な三権分立制がとられており，行政府に属する大統領や各省長官が，立法府にあたる連邦議会で質疑応答に加わることはない。

　🔑 **本会議：議員全員が集まって審議や採決を行う会議**

4 ✖ アメリカの大統領は法案への署名を拒否することができる。

　アメリカの大統領は，連邦議会が可決した法案について，署名を拒否することができる。これを**大統領の拒否権の行使**という。拒否権にあった法案は，そのままでは不成立となる。しかし，**連邦議会の両院がこれを出席議員の3分の2以上の賛成で再可決すれば，法律として成立する。**

5 ⭕ アメリカの連邦議会上院は高級公務員の人事承認権をもつ。

　各省長官や外国大使，最高裁判所判事などの高級公務員の人事については，大統領が指名を行い，連邦議会上院が承認するという手続きがとられる。上院の承認が得られない場合，大統領は当該人物を正式任命することができない。

正 答 5

アメリカの大統領制に関する記述として，妥当なのはどれか。

【地方上級（特別区）・平成 26 年度】

1 大統領は，議会の解散権を有するが，議会も大統領に対する不信任決議権を有しており，大統領と議会の均衡が維持されている。

2 大統領は，議会が可決した法案に対して拒否権を行使することができ，拒否権を行使した場合，その法案が法律として成立することは一切ない。

3 大統領は，議会に法案を提出することはできないが，議会に教書を送り，必要な立法措置を勧告することができる。

4 大統領は，国家元首の地位と行政部の首長の役割を兼ね，議会の議員から選出されるため，議会に対して責任を負う。

5 大統領は，任期が 4 年であり，伝統に基づく慣行によって 3 選が禁止されているが，憲法上の禁止事項ではない。

アメリカの政治制度については，厳格な三権分立という大原則さえ知っていれば，さまざまな知識をこれに関連づけて覚えることができる。たとえば，大統領と議会の間で不信任や解散が行われることはない（選択肢**1**）。大統領と議員の兼職は禁止されている（同**4**）。大統領は法案提出権をもたず，教書を通じて立法措置を勧告するにとどまる（同**3**）。大統領の法案拒否権は，議会の再可決によって乗り越えられる（同**2**）。問題を解いていて迷ったときには，つねに上記の大原則に立ち返ってみよう。

1 ✖ 議会の解散や大統領の不信任という制度は存在しない。

アメリカでは厳格な三権分立が成立しているため，大統領は議会を解散できず，議会は大統領を不信任できない。**解散と不信任は，一般に議院内閣制で設けられる仕組みである。**

2 ✖ 大統領の拒否権は，議会の再可決によって乗り越えられる。

アメリカにおける立法権は，あくまでも議会に帰属する。そこで，大統領が拒否権を行使した場合でも，議会の両院が出席議員の3分の2以上の賛成で再可決すれば，法案は成立する。

🔑 **大統領の拒否権 → 議会の再可決（出席議員の3分の2以上）→ 法案の成立**

3 ⭕ 大統領は教書を通じて立法措置を勧告できる。

アメリカでは厳格な三権分立が成立しているため，**法案提出権は議員にしか認められない。**しかし，大統領は議会に教書を送付し，立法措置を勧告することができる。

4 ✖ 大統領を議会の議員から選ぶことはできない。

大統領は，**18歳以上の出生による合衆国市民**のなかから間接選挙で選出される。議会の議員が大統領になることも可能ではあるが，大統領と議員の兼職は禁止されているため，議員辞職が求められる。また，**大統領が議会に責任を負うこともない。**

5 ✖ 大統領の3選禁止は，第二次世界大戦後に憲法に明文化された。

大統領の3選禁止は，ワシントン大統領以来の慣行として，歴代の大統領に受け継がれてきた。しかし，第二次世界大戦中にF.ルーズベルト大統領が4選を果たしたことから，戦後になって3選禁止の規定が憲法に明文化された。

正答 3

問題 2-03 **イギリスの政治制度に関する記述として，妥当なのはどれか。**

【地方上級（東京都）・平成19年度】

1 議会は，貴族院と庶民院との二院で構成され，二院の権限は，上院である貴族院が，下院である庶民院より優位となっている。

2 議員は，国民の選挙により選出され，選挙区制は，上院には大選挙区制が採用され，下院には小選挙区制が採用されている。

3 内閣は，議会に対し連帯して責任を負い，内閣の閣僚は，上院の議員または下院の議員の中から選ばれる。

4 首相は，原則として下院の第一党の党首から選任され，閣僚を任命し，大法官を兼務する。

5 閣僚は，閣内大臣と閣外大臣とに分かれ，閣外大臣は，影の内閣をつくり閣内大臣に協力する。

テーマ 3 政治制度

イギリスの政治制度については，一般にアメリカほど細かな内容は問われない。出題内容にあまりバリエーションがないため，過去問と同様の内容が繰り返し出題されることも多い。**過去問をしっかりと解いて，必要な知識はそこで身につけてしまおう。**なお，選択肢 4 で触れられている大法官が再び出題される可能性はかなり低い。ほとんど気にしなくてよいだろう。

政治の制度

1 ✖ **イギリスでは下院の優位が定められている。**

イギリスでは，わが国における衆議院の優越と同様に，下院の優位が定められている。これは，1911 年の議会法で定められたものである。

「上院の優位」という選択肢は，ひっかけなので注意しよう。

2 ✖ **イギリスの上院議員は国王により任命される。**

イギリスの国会議員のうち，選挙で選出されるのは下院議員だけである。上院議員は選挙を受けず，すべて国王によって任命される。

3 ⭕ **イギリスの内閣は議会に対して連帯責任を負う。**

イギリスでは議院内閣制が採用されており，議会からの信任に基づいて内閣が活動する。内閣が下院から不信任を受けたときは，下院を解散しないかぎり，総辞職しなければならない。また，閣僚はすべて国会議員でなければならない。

4 ✖ **大法官は内閣の一員である。**

大法官は内閣の一員であり，首相がこれを兼任しているわけではない。なお，大法官は法務に関する権限の一部を行使しており，枢密院（国王の諮問機関）の一員ともされている。

5 ✖ **影の内閣は野党が組織する。**

影の内閣は，内閣に対抗して野党が設置する組織である。野党党首が影の首相を務め，その他，影の財務大臣や影の外務大臣なども置かれる。

🔑 **影の内閣：内閣に対抗する野党側の組織。国会では内閣と影の内閣が論争を行う。**

正 答 3

各国の政治制度に関する次の記述のうち，妥当なものはどれか。

【地方上級（全国型）・平成 27 年度】

1 アメリカでは，大統領は国民による直接選挙によって選ばれる。大統領選挙は連邦議会の上院議員選挙と同時に実施されるため，大統領の所属政党と連邦議会の上院の多数党は，これまで常に一致してきた。

2 カナダでは，大統領と首相がともに置かれている。大統領が国家元首として儀礼的な役割のみ果たしているのに対して，行政権は首相に導かれた内閣が司るため，一般に，カナダは議院内閣制の国であるとされる。

3 イギリスでは，首相は議会上院の第1党から選ばれる慣習があり，上院で「建設的不信任」を受けた場合に解任される。国家元首である国王は，儀礼的な役割のみを担っている。

4 フランスでは，大統領と首相がともに存在し，両者が行政権を分担的に掌握している。それぞれが国民による直接選挙で選ばれるため，「コアビタシオン」と呼ばれる状況が生じることもある。

5 ドイツでは，連邦レベルにおいて大統領と首相が存在し，大統領は主として国家元首としての役割を担い，慣行として政治的中立性を求められる。首相は連邦議会で選出され，大統領によって任命される。

各国の政治制度に関する問題では，アメリカ，イギリス，ドイツ，フランス，中国の5か国が取り上げられやすく，本問のようにカナダが出題されることは珍しい。選択肢2のポイントは，**カナダの国家元首がイギリス国王だという点にある。**国王のいない国で，国王に代わる国家元首として設置されたのが大統領だという知識があれば，カナダに大統領はいないということが理解できよう。

1 ✖ **アメリカの大統領は間接選挙で選出される。**

アメリカ大統領は，有権者が大統領選挙人を選出し，大統領選挙人が大統領を選出するという「二段階の選挙」で選出されている。また，有権者がいずれの選挙でも同一政党に投票するとは限らないため，大統領の所属政党と上院の多数党は異なることも多い。

2 ✖ **カナダに大統領はいない。**

カナダはイギリスの旧植民地であり，カナダの国家元首は現在でもイギリス国王とされている。そのため大統領は置かれておらず，行政権は首相に導かれた内閣が行使している（議院内閣制）。

🔑 **イギリス国王 → カナダやオーストラリアの国家元首も務める**

3 ✖ **イギリスで内閣不信任案可決権をもつのは下院である。**

イギリスでは，首相は議会「下院」の第1党から選ばれる。また，わが国と同様，下院が内閣不信任決議権をもっている。建設的不信任とは，後任の首相を決めたうえで内閣を不信任する仕組みであり，ドイツで導入されている。イギリスでは導入されていない。

🔑 **建設的不信任：「後任の首相の決定 → 内閣不信任案の可決」（ドイツ）**

4 ✖ **フランスの首相は大統領によって選任される。**

フランスでは，大統領が首相を選任する。ただし，首相は議会の下院から不信任を受けることがあるため，大統領は下院の多数党から首相を選任するのが一般的である。そのため，**大統領と首相の政党は必ずしも一致せず，「コアビタシオン」（保革共存政権）が生じることもある。**

🔑 **コアビタシオン：保守政党と革新政党が政権（大統領と首相）を分有すること**

5 ⭕ **ドイツは議院内閣制を採用している。**

ドイツの首相は下院（連邦議会）で選出され，**大統領によって任命される。**大統領は主に国家元首として形式的権限を行使しており，政治運営は議院内閣制によって行われている。

正 答 5

各国の政治制度に関する次の記述のうち，妥当なものはどれか。

【地方上級（全国型）・平成 14 年度】

1 日本の内閣総理大臣は，イギリスの首相とは異なり，国務大臣を自由に任命・罷免できる強力な権限を有しており，その点で大統領的な地位に置かれている。そのため，日本の議院内閣制は「半大統領制」とも呼ばれている。

2 イギリスの首相はしばしば多数党の党首以外から任命されており，しかも議会は小党分立の状況にあることが多い。そのため，首相はリーダーシップを発揮しにくく，不安定な立場に置かれている。

3 アメリカ合衆国の大統領は，連邦議会に対して政治的責任を負うことがなく，大統領府という補佐機構を持ち，大統領補佐官を自由に任命する権限も有している。そのため，大統領は強力なリーダーシップを発揮している。

4 フランスの大統領は，国民議会および元老院の議員によって選出されており，政局の影響を強く受けやすい。そのため，大統領が強力なリーダーシップを発揮することはほとんどない。

5 東南アジア諸国では，一党制の下で大統領が強力なリーダーシップを発揮していることが多い。たとえば，インドネシアの大統領は，国内で唯一の合法的政党の指導者として，立法権と行政権を掌握している。

　　　各国の政治制度は政治学の頻出テーマであるが，そのなかで東南アジア諸国の政治制度が問われたことは皆無に近い。したがって，本問の選択肢**5**については，ほとんど気にしなくてよい。ただし，大統領選挙が行われたり，クーデターが起こったりした場合には，東南アジア各国の政治状況がニュースで報道されることも多い。**時事に関する知識が思いがけず役に立つことも多いので，ニュースは必ずチェックしておこう。**

1 ✖ 半大統領制とはフランスの大統領制のことである。

　半大統領制とは，大統領制と議院内閣制の折衷的な形態を意味しており，一般にフランスの政治制度について用いられる。また，**イギリスの首相は，国王を介して国務大臣を自由に任命・罷免できる。**

🔑 半大統領制＝大統領制＋議院内閣制

2 ✖ イギリスの首相には下院第1党の党首が就任する。

　イギリスでは，憲法的慣習として，下院第1党（多数党）の党首が国王によって首相に任命されている。また，**小選挙区制が採用されているため，下院では第1党が過半数の議席を獲得することが多く，そのため首相のリーダーシップは強力である。**

3 ⭕ アメリカ大統領は強力なリーダーシップを発揮している。

　アメリカでは「厳格な三権分立」が実現しているため，大統領は連邦議会に対して政治的責任を負うことはなく，不信任を受けることもない。また，**大統領は大統領府や大統領補佐官などの強力な補佐機構をもっている。**その点では，大統領は強力なリーダーシップを発揮しているということができる。

4 ✖ フランスの大統領は直接選挙で選出されている。

　フランスの大統領は直接選挙で選出されている。この点では，隣国ドイツの大統領が間接選挙で選出されているのとは対照的である。また，フランスの大統領は強力な法的権限を与えられており，強力なリーダーシップを発揮することも多い。

🔑 仏大統領（直接選挙・強力な権限）⇔ 独大統領（間接選挙・形式的な権限）

5 ✖ 東南アジア諸国には立憲君主国が多い。

　東南アジア諸国の4割程度は立憲君主制を採用しており，大統領は置かれていない。また，民主化を進めて一党支配体制を脱却した国もみられ，たとえば**インドネシアでは，現在では多党制が根づいている。**

正答 **3**

テーマ **4**

議会制度

重要度 **B**

 出題傾向

「議会制度」では，議会政治の原理，各国の議会制度，議会論などが幅広く出題されている。議会史が出題されることもあるが，あまり頻出ではない。

議会政治の原理は，国民代表の原理と審議の原理を中心に出題されている。特に前者が頻出であり，バークのブリストル演説で提唱された点が問われやすい。

各国の議会制度は，アメリカとイギリスの議会制度を中心に出題されている。議会と政府の関係について踏み込んだ出題がなされた場合は，「政治制度」（テーマ3）の知識も必要となるので，併せて注意しておきたい。

日本の国会の仕組みが出題されることもある。憲法でも学ぶ内容なので，しっかりと確認しておくべきである。

議会論は，ポルズビーの議会類型論とモチヅキのヴィスコシティ論を中心に出題されている。変換型議会とアリーナ型議会の説明の入れ替えや，「わが国の国会のヴィスコシティは低い」とする記述などは，典型的なひっかけのパターンなので，見逃さないように注意したい。

 理解しておきたい事項

❶ **議会政治（代議制）の原理**

議会政治を運営する際には，次の3原理を満たすことが必要だと考えられている。これらは，議会が地域的利害によって支配されたり，多数意見が少数意見を抑えつけたりすることを防ぎながら，民主的な決定に至ることを保障するものである。

国民代表の原理	議員（議会）は，全国民の代表でなければならないとする原理。バークがブリストル演説で主張した。
審議の原理	議決は公開の討議を経て行われなければならないとする原理
多数決の原理	慎重な討議を行ったうえで，最終的には多数意見を採用するべきだとする原理

❷ 各国の議会制度（立法過程）

	法案提出 ━━	➡ 議会での審議・採決 ━━	➡ 議会の可決後
アメリカ	議員が行う。大統領は議会に教書を送付し，立法を勧告するにとどまる。	最初に委員会で審議する。委員会を通過した法案は本会議に送られ，多くがそのまま成立する（委員会中心主義）。	大統領が拒否権を行使した場合，議会の再可決がなければ，不成立となる。
イギリス	内閣と議員が行う。実際には内閣提出法案が中心となる。	本会議を三回に分けて開き，全議員ですべての法案を審議する（本会議中心主義）。	国王の形式的な裁可を経て，成立する。

☞ イギリスでは，議会法によって下院の優越が確立されている。

❸ 議会論

議会類型論	ポルズビー	変換型議会：議会内での発案や討論を通じて，国民の要求を政策に変換しようとする議会（アメリカ）
		アリーナ型議会：与野党が議会内で論戦を行い，有権者にアピールしようとする議会（イギリス）
ヴィスコシティ論	ブロンデル，モチヅキ	議会は政府立法を妨げる粘着力（ヴィスコシティ）をもつ。日本の国会のヴィスコシティは高い。

出るのはココだ！

議会史と議会政治の原理

①議会の起源は，イギリスの身分制議会に求められる。当時の議会は封建貴族と都市代表からなり，国王の課税要求に同意を与える役割を担った。

②20世紀には「議会主義の危機」が到来した。利害対立で院内の意見集約が困難となったこと，活発化した国家活動の統制が困難となったことなどによる。

③国民代表の原理は，バークがブリストル演説において主張したものである。

④多数決は，十分な討議を経てから行わなければならない。

各国の議会制度

①アメリカ議会は委員会中心主義，イギリス議会は本会議中心主義をとる。

②アメリカ大統領は，教書を通じて議会に立法を勧告できる。拒否権を行使することもできるが，議会（両院）が出席議員の3分の2以上の賛成で再可決すれば，乗り越えられる。

議会論

①アメリカ議会は変換型，イギリス議会はアリーナ型に位置づけられる。

②わが国の国会のヴィスコシティは高い。会期不継続の原則，二院制，全会一致の慣行などにより，野党の抵抗が大きな影響力をもつためである。

近代政治における代議制の発達に関する次の記述のうち，空欄に該当する語句の組合せとして妥当なものはどれか。

【地方上級（全国型）・平成 20 年度】

　議会制の起源は，中世ヨーロッパの（　**A**　）議会に求められる。その後，ピューリタン革命期のイギリスにおいて（　**B**　）が（　**C**　）を主張したが，当時としては急進的な意見であったため，これが実現することはなかった。さらに 18 世紀になると，バークがブリストル演説において（　**D**　）の理念を掲げ，これが近代以降の議会制の基本原理とされていった。

	A	B	C	D
1	身分制	レベラーズ	男子普通選挙	国民代表
2	身分制	レベラーズ	男子普通選挙	委任代表
3	身分制	自由党	男女普通選挙	委任代表
4	職能制	レベラーズ	男女普通選挙	委任代表
5	職能制	自由党	男子普通選挙	国民代表

　議会に関する問題では，「**中世の身分制議会（貴族・都市代表）→近代議会（制限選挙）→現代議会（普通選挙）**」という議会の変遷が問われやすい（空欄**A**）。また，近代議会の関連事項として，**バークがブリストル演説で提唱した国民代表概念が出題されることも多い**（空欄**D**）。本問では，この2か所の空欄さえ埋めることができれば正答が導けるように工夫されているため，見かけほど難易度は高くない。レベラーズへの言及は，いわば目くらましにすぎないので，慌てないようにしよう。

A：「**身分制**」が該当する。

　議会制の起源は，中世の身分制議会に求められる。戦費調達の必要に迫られた国王が，課税への同意を求めて貴族や都市の代表者を召集したことで，議会が始まった。

　🔑 身分制議会（各身分の代表者）⇔ 職能制議会（各職業の代表者）

B：「**レベラーズ**」／ **C**：「**男子普通選挙**」が該当する。

　ピューリタン革命期のイギリスでは，人民の権利を最大限に認めるべきだとする「レベラーズ（水平派）」が台頭し，男子普通選挙などの急進的な主張を展開した。しかし，その一部が反乱を起こして鎮圧された後は，勢力を衰退させていった。

　🔑 普通選挙：財産の多寡や人種などを問わずに参政権を認める選挙（⇔制限選挙）

D：「**国民代表**」が該当する。

　バークは，国会議員は国民全体の代表者でなければならないと主張し，国民代表の概念を打ち出した。言い換えれば，国会議員は地域的利害の代弁者（委任代表）であってはならないとするのが，バークの主張である。

　🔑 国民代表：国会議員を国民全体の代表者とする概念

以上から，**1**が正答となる。

正答 1

 ワンポイントアドバイス

バークは，議会制度と政治思想で出題されることがある。

	出題分野	出題内容
バーク	議会制度	ブリストル演説で国民代表の概念を示した。
	政治思想	保守主義の立場に立ち，フランス革命を批判した（『フランス革命の省察』）。

議会政治に関する記述として，妥当なのはどれか。

【地方上級（東京都）・平成 15 年度】

1 議会政治の原理の一つとして国民代表の原理があり，議会を構成する議員は，選出母体の代理人ではなく，国民全体の代表者であるとされ，この原理はトクヴィルが著書「アメリカにおけるデモクラシー」の中で初めて明確に主張した。

2 議会政治の原理の一つとして審議の原理があり，議会での決定は公開の場で，できるだけ多くの議員による慎重な審議を経て下されなければならないとされ，この原理は多数決原理と相反するものである。

3 議会政治の原理の一つとして行政監督の原理があり，議会は国家意思の発動を効果的に監督する機能を具備していなければならないとされ，この原理は行政部に対する立法部の優越性を保障する目的をもっている。

4 議会には，一議院で議会を構成する一院制と，二つの議院で構成する二院制があり，連邦制国家は一院制を採用する傾向があるのに対し，単一国家は二院制を採用する傾向がある。

5 議院内閣制においては，議会は内閣総理大臣に対して不信任議決でき，内閣総理大臣は議会を解散できるのに対し，大統領制においては，議会は大統領に対して不信任議決できるが，大統領は議会を解散する権限をもっていない。

本問では，国民代表の原理や多数決原理など，何十年も前から公務員試験で出題されてきた古典的な内容が問われている。国民代表の原理は，国会議員に立候補したバークがブリストル選挙区での演説において示したことで有名である。多数決原理は，慎重な審議を通じて互いに譲歩し合ったうえで，最終的には多数意見に従うべきだとする原理であり，現代社会における価値観の多様化が背景にある。いずれも基本的な内容なので，ここで覚えてしまおう。

1 ✖ **国民代表の原理はバークが提唱した。**

議員は選出母体の意向に拘束される「代理人」ではなく，国民全体の利益を考えて自由に行動する「代表者」であるとする理論を，国民代表原理という。国民代表原理は，バークがブリストル演説において主張し，確立されてきたものである。

2 ✖ **多数決原理は採決前の慎重な審議を要請する。**

多数決原理とは，審議を慎重に行ったうえで，多数決によって多数意見を確定し，最終的には少数者も多数者に従うべきだとする原理のことである。したがって，審議の原理は多数決原理と相反するものではなく，むしろ多数決原理を成り立たせるうえで不可欠な原理である。

🔑 多数決原理：「慎重な審議 → 多数決（多数意見に従う）」

3 ⭕ **議会政治の原理は行政監督の原理と関連している。**

議会政治では，議会が政治運営の中心に位置づけられ，行政部は議会の監督下に置かれる。したがって，議会政治の原理には，行政監督の原理が含まれることになる。

4 ✖ **連邦制国家は二院制を採用することが多い。**

連邦制国家では，国家を構成する各州の意見を国政に取り入れなければならない。そこで，国民の意見を幅広く反映する下院と，州の意見を反映する上院によって，議会は構成される（二院制）。

🔑 連邦制国家の議会＝上院（州代表）＋下院（国民代表）

5 ✖ **不信任決議は議院内閣制で典型的にみられる特徴である。**

大統領制では，一般に大統領が議会に責任を負うことは想定されておらず，議会は大統領を不信任することはできない。逆に，大統領は議会を解散することができない。

正答 **3**

次の文は，ポルスビーの議会類型論に関する記述であるが，文中の空所A〜Dに該当する語または国名の組合せとして，妥当なのはどれか。

【地方上級（特別区）・平成27年度】

アメリカの政治学者ポルスビーは，開放的な政治システムのもとにある議会の機能の中心が，議員・政党等に媒介された社会的要求を政策へ変換することにあるとし，現代議会を大きく次の2類型に整理した。

　　　A　　　型議会は，人々の要求を議員が法案にし，具体的な立法作業を議員が担っているので，「立法作業の議会」ともいう。そこでは，　　B　　の議会が代表例とされている。

　　　C　　　型議会は，与党の意向に沿って官僚らが法案を作成し，議会は政府法案をめぐり与野党で論戦する「論戦の議会」ともいう。そこでは，　　D　　の議会が代表例とされている。

	A	B	C	D
1	変換	イギリス	アリーナ	アメリカ
2	変換	アメリカ	アリーナ	イギリス
3	アリーナ	アメリカ	変換	フランス
4	アリーナ	イギリス	変換	アメリカ
5	アリーナ	フランス	変換	イギリス

ポルスビーのいう「変換型議会」と「アリーナ（競技場）型議会」の区別が求められている。ここでは問題文をじっくりと読んで，「**何かを何かに変換する**と書いているのはどちらか」「**何かと何かが激突する**と書いているのはどちらか」を**判断し**てみればよい。両類型の代表国については，問題文をさらりと読んで，「**アメリカでは政府に法案提出権がない**」という受験の常識を当てはめてみれば，解答は容易であろう。

A：「**変換**」が該当する。

　　人々の要求を議員が法律に変換していく議会は，変換型議会と呼ばれている。

B：「**アメリカ**」が該当する。

　　アメリカでは大統領制がとられており，立法府と行政府の役割が明確に区別されているため，法案提出権は議員のみがもつ。そこで，議員は人々の要求を汲み取り，これを法律に変換しようとする。

C：「**アリーナ**」が該当する。

　　政府法案をめぐり与野党が激突する議会は，アリーナ（競技場）型議会と呼ばれている。

D：「**イギリス**」が該当する。

　　イギリスでは議院内閣制がとられており，法案の多くは政府（内閣）によって提出される。そこで，与党が政府法案の成立に向けて団結する一方，野党議員はそれを阻止すべく団結し，両者が議会内で激突する。

以上から，**2**が正答となる。

正 答 **2**

　ワンポイントアドバイス

　イギリス議会はアリーナ型議会に分類される。議会内では，野党側が「影の内閣（シャドウ・キャビネット）」を形成して，与党側の「内閣」に論戦を挑んでいる。

名称	説明
内閣	与党側が形成し，政治運営にあたる。首相と大臣からなる。
影の内閣	野党側が形成し，内閣に対抗する。影の首相と影の大臣からなる。

各国の政治システムに関する次の記述のうち，妥当なものはどれか。

【地方上級（全国型）・平成 18 年度】

1 二元的代表制とも呼ばれる大統領制では，政治に求められる代表性と効率性が，それぞれ大統領と議会によって確保される。

2 アメリカを典型とする大統領制では，政府の議会からの独立性が強いことから，議院内閣制に比べて強い政府が生まれやすい。

3 N. ポルズビーは議会を変換型議会とアリーナ型議会に分類したが，そのうち前者の典型とされたのはイギリス議会である。

4 わが国の国会は，二院制や年間複数会期制，会期不継続の原則などを採用しているため，審議における粘着性（ヴィスコシティ）が低いとされている。

5 議院内閣制の下ではしばしば連立政権が誕生しており，実際，第二次世界大戦後のわが国を含む先進国において，少数党が与党となった例も見られる。

議会に関する諸理論は，最近になって公務員試験で出題されるようになったテーマである。**ヴィスコシティ概念とポルズビーの議会類型（変換型議会とアリーナ型議会）は特に重要なので，内容の確認が必要である。**

---

1 ✖ **大統領は効率性，議会は代表性を確保する。**

大統領は行政部の最高意思決定者であり，迅速に政策を決定できる。これに対して，議会は多様な国民の意見を汲み上げ，慎重な議論を通じてそれを政策に反映しようとする。したがって，大統領は効率性，議会は代表性の確保に寄与しているといえる。

2 ✖ **大統領制では，政府が議会からけん制されることも多い。**

大統領制では，大統領選挙と議会選挙がともに行われるため，大統領の所属政党と議会の多数党が一致しないケースも生じる。これを分断された統治（分割政府）という。**分断された統治の下では，大統領（政府）と議会の政策路線が対立し，政治運営が行き詰まってしまうこともある。**

🔑 **分断された統治：大統領の所属政党と議会の多数党が異なる状態**

3 ✖ **変換型議会の典型例はアメリカ議会である。**

アメリカ議会では，個々の議員が有権者や圧力団体の要求を政策に変換しようとする（変換型議会）。イギリス議会では，与党と野党がそれぞれ団結しあい，政策について議会内で激しく論争を展開する（アリーナ型議会）。

4 ✖ **わが国の国会のヴィスコシティは高い。**

議会が政府立法を妨げる能力をヴィスコシティ（粘着性）という。わが国の国会は二院制を採用しているため，ねじれ国会が生じた場合には，参議院で野党側の強い抵抗が可能となる。また，年間複数会期制を採用しているため，各会期は短く，野党側は会期末まで抵抗して政府法案を廃案に追い込みやすい。こうした制度的要因により，わが国の国会のヴィスコシティは高いとされている。

🔑 **ヴィスコシティ：議会が政府立法を妨げる能力 → 日本では高い**

5 ⭕ **少数党が与党となる例もみられる。**

少数党も他党と連立することで，政権に加わることができる。たとえば，**20世紀後半のドイツでは，少数党の自由民主党がキリスト教民主・社会同盟ないしドイツ社会民主党と連立を組むことで，長期にわたって政権を担っていた。**

正 答 5

テーマ **5**

選挙制度

重要度 **A**

出題傾向

「選挙制度」では，選挙制度の類型，各国の選挙制度，選挙法則が出題されている。選挙制度の類型を中心に，教養科目の政治で出題されることも多い。

選挙制度の類型は，おもに小選挙区制と比例代表制の特徴の比較という形で出題されている。大半の問題では，「小選挙区制→死票が多い→公平性が低い」，「比例代表制→死票が少ない→公平性が高い」というポイントが問われている。

典型的なひっかけのパターンは，「小選挙区制は少数代表制に該当する」というものである。小選挙区制は多数代表制に該当するので，注意すること。

各国の選挙制度は，アメリカと日本の選挙制度を中心に出題されている。後者については，重複立候補の仕組みやドント式を用いた議席計算など，細かなポイントまで問われている。

選挙法則は，デュヴェルジェの法則を中心に出題されている。近年では，「M＋1の法則」やメディアン・ヴォーター定理が出題されるケースも増えている。

理解しておきたい事項

❶ 選挙制度の類型

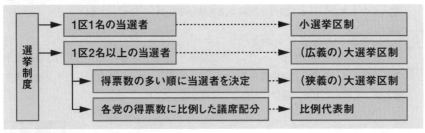

❷ 小選挙区制と比例代表制の比較

小選挙区制では，各選挙区の最多得票者が当選とされる。これに対して，比例代表制では，得票数に応じて各党へ議席が配分される。拘束名簿式（比例代表制）の場合，各党の当選者は，事前に提出された候補者名簿に付された順位に従って確定される。

	小選挙区制	比例代表制
死票の多寡	2位以下の票はすべて死票となる →死票が多い	票数に応じて議席が配分される →死票が少ない
予想される政党制	大政党の候補者が当選しやすい →二大政党制が成立しやすい	中小政党の候補者も当選できる →多党制が成立しやすい
候補者と有権者の関係	選挙区の面積が小さい→候補者と有権者が親密になりやすい	選挙区の面積が大きい→候補者と有権者が疎遠になりやすい
その他の特徴	ゲリマンダー（恣意的な選挙区割り）が発生しやすい	各党への議席配分の計算が面倒である

第2章 政治の制度

❸ 各国の選挙制度

〈アメリカの大統領選挙（間接選挙）〉

有権者（有権者登録を済ませた18歳以上の合衆国市民） →選出→ 各州の選挙人（州選出の両院議員数と同数だけ選出する） →選出→ 大統領（過半数の選挙人の票を獲得した候補者を当選とする）

〈わが国の衆議院議員選挙（並立制）〉

衆議院議員 （465名）	小選挙区制 （289名）	各選挙区で最多得票者を当選とする。小選挙区制の候補者は、比例代表制でも同時に立候補できる。
	比例代表制 （176名）	全国11ブロックで実施。「各党への議席配分（ドント式）→当選者の決定（拘束名簿式）」という手順を踏む。

出るのはココだ！

小選挙区制と比例代表制の比較

①死票が多く、大政党に有利な結果を生むのは、小選挙区制の特徴である。

②ゲリマンダーが発生しやすいのは、小選挙区制の特徴である。

③わが国の比例代表制では、議席配分の計算にドント式を用いている。

各国の選挙制度

①アメリカ大統領は、間接選挙によって選出されている。

②わが国の衆議院議員選挙では、「並立制」が用いられている。ドイツの下院選挙では「併用制」が用いられているが、両者は異なる仕組みである。

選挙法則

①小選挙区制は二大政党制、比例代表制は多党制を生みやすい（デュヴェルジェの法則）。

②各選挙区の合理的な候補者数は「定数（M）＋1」となる（M＋1の法則）。M位以内の候補者を嫌う有権者が、M＋1位の候補者（次点候補者）に票を集中させるためである。

選挙制度に関する次の記述のうち，妥当なのはどれか。

【市役所・令和 2 年度】

1 　小選挙区制では，当選者の決定に結びつかない死票が少ないため，民意の多様性が議席に反映されやすい。

2 　小選挙区制では，各政党の得票率がわずかに変化しただけでも，各政党の獲得議席数が大きく変化しやすい。

3 　比例代表制は，イギリスの下院議員総選挙で採用されているが，このほかの先進国で採用されている例は少ない。

4 　比例代表制は，候補者にではなく政党に投票することから，大政党に有利であり，二党制になりやすい。

5 　比例代表制は，日本の衆議院議員総選挙と参議院議員選挙で採用されているが，両者とも都道府県を 1 つの選挙区として実施されている。

本問では，①小選挙区制と比例代表制の特徴（選択肢 1・2・4），②各国の具体的な選挙制度（3・5）という 2 つの内容が問われている。このうち前者では基本的な内容が問われやすいので，絶対に誤らないようにしよう。小選挙区制と比例代表制の特徴については，両者を対比しながら覚えておくことがポイントとなる。

1 ✖ **小選挙区制では死票が多く，民意の多様性を反映しにくい。**

小選挙区制では当選者が 1 名に限られるため，得票数で 2 位以下となった候補者の票はすべて死票となり，死票が多くなる。また，2 位以下の候補者を支持した有権者の意見が反映されないという点で，小選挙区制では民意の多様性が議席に反映されにくいといえる。

🔑 **死票：落選者に投じられた票のこと。小選挙区制では死票が多くなる。**

2 ⭕ **小選挙区制は得票率の変化に対して敏感に反応する。**

小選挙区では，二大政党の候補者が僅差で競合することも多い。そのため，各政党の得票率がわずかに変化しただけでも，各選挙区における勝者が入れ替わり，各政党の獲得議席数が大きく変動することになる。

小選挙区制では，二大政党の議席比は得票比の 3 乗に比例するといわれているよ（「3 乗比の法則」）。

3 ✖ **イギリスの下院議員総選挙では小選挙区制が採用されている。**

下院議員総選挙についてみると，**イギリスとアメリカは小選挙区制を採用している代表国である。フランスも小選挙区制を採用しているが，2 回投票制とされており**，第 1 回投票で過半数の票を得た候補者がいない場合は，上位者の間で第 2 回投票（決選投票）が行われる。逆に，**比例代表制はドイツやイタリア，日本（小選挙区制との並立制）などで採用されている。**

4 ✖ **比例代表制は公平な選挙制度で多党制になりやすい。**

比例代表制は，得票数に比例して各政党に議席を配分する仕組みであり，その点で民意を反映しやすい公平な選挙制度といえる。また，得票数の少ない政党にも議席獲得のチャンスを与えるため，比例代表制の下では多党制が生まれやすい。

5 ✖ **衆参両院の比例代表制では，異なる選挙区が設定されている。**

衆議院議員総選挙における比例代表制は，**全国を 11 の選挙区（ブロック）に分けて実施されている。**これに対して，**参議院議員選挙における比例代表制は，全国を 1 つの選挙区として実施されている。**

正 答 2

選挙制度に関する次の記述のうち，妥当なものはどれか。

【地方上級・平成13年度】

1 　比例代表制には，死票が少なく民意を反映しやすい，得票率と議席率を一致させやすい，新たな政党を出現させやすいといった長所がある。

2 　小選挙区制は，多数党の過剰代表，定期的な選挙区割りの変更，仕事のできる政府が登場しにくいといった短所がある。

3 　イギリスでは19世紀半ばから選挙が実施されており，現在では20歳以上の男女による普通選挙が実施されている。

4 　ドイツ下院では小選挙区制と比例代表制から同数の議員が選出されており，この並立制はわが国における衆議院選挙の模範となった。

5 　わが国では第1回帝国議会選挙において20歳以上の男子による普通選挙が実施されたが，男女普通選挙が実施されたのは第二次世界大戦後のことである。

　本問では基本的な内容ばかりが問われており，特に難しいところはない。強いて注意すべきポイントを挙げるとすれば，①ドイツの併用制とわが国の並立制が異なる仕組みであること，②わが国の選挙制度が「男子制限選挙→男子普通選挙（1925年）→男女普通選挙（1945年）」と変遷してきたこと，という2点が重要である。

1 〇 **比例代表制は公平性が高く，小党の議会進出も容易にする。**

　比例代表制では，得票数が少なくても，それに見合った議席数が割り当てられる。したがって，小規模な新党も議席を獲得する可能性が高くなる。

　🔑 **比例代表制 → 多党制（新党も進出しやすい）**

2 ✖ **小選挙区制では仕事のできる政府が登場しやすい。**

　小選挙区制は大政党に有利な選挙制度であり，二大政党制を生みやすい。そのため，いずれか一方の政党が過半数の議席をとり，政府を構成して，政府立法を次々と成立させることが期待できる。このような政府が「仕事のできる政府」である。

3 ✖ **イギリスの選挙権年齢は18歳以上である。**

　イギリスを含め，先進各国の選挙権年齢は18歳以上とされている。また，イギリスの選挙の歴史は古く，18世紀初頭には第1回イングランド議会選挙が行われている。

4 ✖ **ドイツ下院の選挙制度は「併用制」である。**

　ドイツ下院では「小選挙区比例代表併用制」を採用している。この制度では，①比例代表選挙で各党の議席数を決定し，②具体的な当選者は各党の名簿から補充するが，③小選挙区選挙での当選者がいる場合には，その人物を名簿からの補充者に優先して議員とする。これは，わが国の衆議院議員総選挙で採用されている「小選挙区比例代表並立制」とは異なる仕組みである。

　🔑 **並立制：小選挙区選挙と比例代表選挙の当選者を単純に足し合わせる仕組み**

5 ✖ **第1回帝国議会選挙は男子「制限選挙」であった。**

　わが国の第1回帝国議会選挙では，25歳以上の資産家の男子のみが選挙権を与えられた。わが国の帝国議会選挙において男子普通選挙が導入されたのは1925（大正14）年のことであり，それ以前は男子制限選挙が実施されていた。

正 答 1

アメリカの選挙に関する次の記述のうち，妥当なものはどれか。

【地方上級（全国型）・平成24年度】

1 大統領は，国家元首，行政府の長，軍の最高司令官の地位にあり，任期は4年とされている。選挙は西暦で4の倍数の年に行われており，有権者は18歳以上で自ら有権者登録を済ませた者とされているが，その中には永住権保持者も含まれる。

2 大統領は，各州から選出された大統領選挙人を通じて，間接的に選出される。州選出の選挙人の票は，州内で各候補者が獲得した票数に比例して配分されるため，死票の発生は極力抑えられている。

3 大統領選挙では，大半の有権者が二大政党の候補者のいずれかに投票するため，第二次世界大戦後に第三党の候補者が勝利したことはない。また，大統領は，就任に際して下院の信任を得る必要があるため，下院の多数党から閣僚を選ぶことが多い。

4 中間選挙年に実施される下院議員選挙で自らの所属政党が敗北した場合，大統領は困難な議会運営を強いられることになる。しかし，その責任を負わされ，次の大統領選挙での立候補が禁止されるといった法律上の規定はなく，再選をめざすこともできる。

5 大統領選挙では，大統領候補と副大統領候補がペアとして扱われ，同時に当選が決まる。副大統領は閣議を開催したり，下院の議長を務めたりすることで，大統領を補佐するという重要な役割を担うため，両者は不可分の関係にあると考えられるためである。

本問で最も難しいのは選択肢1である。しかし，わが国の国政選挙の参政権が国民に限られるということは，憲法でも学ぶ基本知識であり，そこからアメリカも同様であろうと推測することは十分に可能である。**政治学の問題では，憲法，経済学，財政学，行政学，国際関係など，他科目の知識が役立つこともあるので，応用力を働かせてほしい。**

1 ✖ 大統領選挙の有権者に永住権保持者は含まれない。

アメリカ大統領選挙の選挙権は，アメリカ国籍の保持者にのみ与えられる。永住権をもつだけでは，有権者になることはできない。

2 ✖ 州選出の選挙人の票は，原則として一体のものとして扱われる。

州選出の選挙人の票は，ネブラスカ，メイン両州を除き，州ごとに一体のものとして扱われる。したがって，州内である政党の候補者が他の政党の候補者よりも支持を集めた場合には，その候補者が当該州の選挙人の票を総取りする（勝者総取り方式）。

3 ✖ 大統領は就任に際して下院の信任を得る必要はない。

アメリカでは厳格な三権分立制がとられており，大統領は就任に際して議会（下院）の信任を得る必要はない。また，議員と閣僚の兼職は禁止されているため，下院の多数党から閣僚を選ぶということもない。

4 ◯ 大統領が下院選挙での敗北の責任をとることはない。

アメリカでは，議会（下院）の多数党と大統領の政党がしばしば異なっている。このようなケースでも，法的にはなんら問題なく，政治運営が困難になるという政治的な問題が生じるのみである。

🔑 **分断された統治：議会の多数党と大統領の政党が異なる状態**

5 ✖ 副大統領は上院議長の地位にある。

副大統領は「上院」議長を形式的に務めることとされている。しかし，副大統領の実質的な権限は特に定められておらず，大統領の補佐役を務めるかどうかも，大統領が判断して決定する。閣議を開催するのも，大統領の権限である。

正 答 4

次の文は，各国の国民代表を選出する選挙制度に関する記述であるが，文中の空所Ａ～Ｃに該当する国名の組合せとして，妥当なのはどれか。

【地方上級（特別区）・平成29年度】

選挙制度は，大きくは，多数代表制と比例代表制の2つに分けることができる。

多数代表制は，1選挙区から1人の代表を選出する小選挙区制がその典型であり，アメリカや ┃ Ａ ┃ では相対多数でも当選とする制度だが， ┃ Ｂ ┃ では1回目の投票において絶対多数でなければ当選としないとする制度で，一度で決まらない場合，上位者で決選投票を行う。

比例代表制は，個々の有権者の票をできるだけ生かし，有権者の政党支持の分布がそのまま議席比に反映されるように配慮されており，過度の小党乱立を防ぐために，一定の得票率を獲得しないと議席を比例配分しないという ┃ Ｃ ┃ の5％条項は有名である。

	A	B	C
1	フランス	イギリス	オーストラリア
2	フランス	イギリス	ドイツ
3	カナダ	フランス	オーストラリア
4	イギリス	フランス	ドイツ
5	イギリス	オーストラリア	カナダ

　　本問では，選択肢に挙げられている国々を，**①イギリスとその旧植民地（アメリカ，カナダ，オーストラリア）②フランス，③ドイツという3つのグループに**分けてみればよい。①は**小選挙区制，②は小選挙区制だが2回投票制，③は比例代表制**を採用しているという点がポイントである。なお，オーストラリアの選挙制度は，実際には複雑なところもあるが，ほとんど試験では問われていないので，あまり気にする必要はない。

A：「イギリス」または「カナダ」が該当する。

　　アメリカの小選挙区制では，投票を1回だけ行い，他の候補者より1票でも多く獲得した候補者を当選としている（＝相対多数決制）。こうした制度は，イギリスやカナダなどでも採用されている。

B：「フランス」が該当する。

　　小選挙区制のうち，有権者が投票を2回行う可能性をもった仕組みを，小選挙区2回投票制という。この場合，**1回目の投票では絶対多数（過半数）の票を獲得した候補者だけが当選**とされ，該当者がいなければ**上位者間で決選投票が行われる**。小選挙区2回投票制は，フランスなどで採用されている。

候補者	獲得票数（得票率）
a 氏	45 票（45%）
b 氏	43 票（43%）
c 氏	12 票（12%）

結果
〈アメリカ〉ただちに a 氏が当選とされる。〈フランス〉a 氏と b 氏が決選投票に進む。

C：「ドイツ」が該当する。

　　比例代表制では，得票数に比例して各党に議席が配分されるため，小党分立状況が生まれやすい。そこで，一定の得票率（3%や5%など）に達しないと，その政党にはいっさい議席を配分しないとするルール（阻止条項）を導入している国もある。その代表国はドイツである。

🔑 **5%条項：ドイツの阻止条項。得票率5%が議席の獲得ラインとされる。**

以上から，**4** が正答となる。

正　答　4

デュヴェルジェの法則の説明として妥当なものは，次のうちどれか。

【市役所・平成 24 年度】

1 小選挙区制の下では，各党の議席率はその得票率の 3 乗に比例する。

2 小選挙区制は二大政党制を生みやすく，比例代表制は多党制を生みやすい。

3 選挙区の定数を M とすると，合理的な候補者数は M+1 となる。

4 小選挙区制においてはゲリマンダーが発生しやすい。

5 小選挙区制で二大政党が競合している場合，メディアン・ヴォーターの好む政策を掲げた政党が選挙において勝利する。

「**デュヴェルジェの法則**」の内容をストレートに問う単純な問題である。デュヴェルジェの法則は，選挙制度と政党システムの関係について述べた超有名な法則であり，「知っていて当たり前」というレベルの項目である。他の選択肢で示された諸法則を知らないとしても，**正解の選択肢さえ見つけ出すことができれば十分なので，この法則の内容は絶対に覚えておこう。**

1 ✖ **得票率と議席率を 3 乗の関係とするのは「3 乗比の法則」である。**

小選挙区制は大政党に有利な選挙制度であり，大政党は得票率に比べてはるかに大きな議席比を得ることができる。経験上，各党の議席率はその得票率の 3 乗にまで広がると言われている。

🔑 **3 乗比の法則：「〈得票率〉a：b → 〈議席率〉$a^3 : b^3$」（小選挙区制の場合）**

2 ⭕ **デュヴェルジェの法則では，小選挙区制が二大政党制を生むとされる。**

小選挙区制では中小政党の候補者が当選しにくく，生き残った大政党も競争を通じて二大政党制にまとまっていく。これに対して，比例代表制では中小政党も議席を獲得しやすいため，多党制が生まれやすい。

🔑 **デュヴェルジェの法則：小選挙区制（二大政党制）⇔ 比例代表制（多党制）**

3 ✖ 合理的な候補者数を「定数+1」とするのは「M+1の法則」である。

　　たとえば選挙区の定数を3とすると，選挙予測で3位以内となった候補者をすべて不満とする有権者は，4番目の候補者に票を投じ，逆転を期待する。その結果，4番目の候補者までが，当選可能性の高い「合理的な候補者」となる。これを一般化したのが，M+1の法則である。

 M+1の法則：各選挙区の合理的な候補者数は「M+1」である（Mは定数）

4 ✖ 小選挙区制でゲリマンダーが発生しやすいことは法則化されていない。

　　小選挙区制では，恣意的な選挙区割り（ゲリマンダー）が行われやすいとされている。これは，敵対勢力の地盤を意図的に分割することで，権力者のグループが選挙で優位に立てるためである。しかし，これはしばしば観察される事実にすぎず，法則として提唱されているわけではない。

5 ✖ メディアン・ヴォーター定理を定式化したのはブラックである。

　　「小選挙区制で二大政党が競合している場合，メディアン・ヴォーター（中位投票者）の好む施策を掲げた政党が選挙において勝利する」という定理を，メディアン・ヴォーター定理という。これを提唱したのはブラックであり，デュヴェルジェではない。

正　答 2

ワンポイントアドバイス

　投票者をその主義主張に応じて左から右（または右から左）へと一列に並べたとき，ちょうど真ん中に位置する投票者を，メディアン・ヴォーターという。上記の「メディアン・ヴォーター定理」は，次のように説明される。

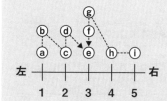

← 有権者a〜iの政策選好
　（両端から数えて真ん中に位置する有権者eが
　　メディアン・ヴォーターとなる）

← 政策的立場（1〜5）

　上図で，A党がメディアン・ヴォーターの好む「3」の位置の政策を掲げたとする。このとき，たとえばB党が「2」の位置の政策を掲げれば，有権者e〜i（5人）は自分の好みにより近い政党Aに投票する。また，B党が「4」の位置の政策を掲げれば，有権者a〜g（7人）はやはり自分の好みにより近い政党Aに投票する。いずれにせよ，結果として政党Aが勝利し，政党Bは敗北する。B党が「1」や「5」の位置の政策を掲げても，結果は同様である。

テーマ **6**

政党

重要度 **A**

出題傾向

「政党」では，政党の定義，類型，機能などが出題されている。また，政党システム論や連立政権論なども出題されている。

政党の定義，類型，機能は，政党の基礎知識に関する出題である。バークの定義，名望家政党と大衆政党の相違点，利益集約機能と利益表出機能の区別などが問われやすい。

政党システム論と連立政権論は，学説内容を詳しく問う問題が出題される。サルトーリの7類型，最小勝利連合の概念は，しっかりと押さえておきたい。

政党については，国家総合職試験で出題された事項が，他試験に波及していくことも珍しくない。カルテル政党，ネットワーク型政党，リプセットとロッカンの凍結仮説などが，その代表例である。

理解しておきたい事項

❶ 政党の定義

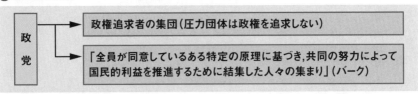

政党	政権追求者の集団（圧力団体は政権を追求しない）
	「全員が同意しているある特定の原理に基づき，共同の努力によって国民的利益を推進するために結集した人々の集まり」（バーク）

❷ 政党の類型

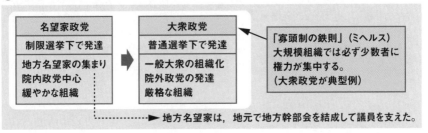

名望家政党	大衆政党	「寡頭制の鉄則」（ミヘルス）大規模組織では必ず少数者に権力が集中する。（大衆政党が典型例）
制限選挙下で発達	普通選挙下で発達	
地方名望家の集まり院内政党中心緩やかな組織	一般大衆の組織化院外政党の発達厳格な組織	

地方名望家は，地元で地方幹部会を結成して議員を支えた。

・包括政党（キルヒハイマー） ⇒ 階級や宗派を超えて広く支持を集める政党

・カルテル政党（メアなど） ⇒ 国庫補助などの既得権益をもつ政党

・ネットワーク型政党 ⇒ 市民グループのネットワークを基盤に形成された政党

❸ 政党の機能

利益集約	社会的利害を調整し，政策にまとめる
利益表出	人々の利害を吸い上げ，明らかにする
政治的リクルートメント	公職に人材を送り出す
政治的コミュニケーション	政治的な知識や情報を伝達する（⇒政治教育）

❹ サルトーリの政党システム論

一党制	支配政党以外の政党は結成を禁止される
ヘゲモニー政党制	中心政党と衛星政党からなり，政権交代は認められない
一党優位政党制	自由な選挙の結果，特定の一党が長期政権を任せられる
二大政党制	2つの大政党が政権をめぐって競合する
穏健な多党制	3〜5の政党が競合する。政党間の意見の隔たりは小さい
極端な多党制	6〜8の政党が競合する。政党間の意見の隔たりは大きい
原子化政党制	極端に多くの政党が分立する。社会の混乱期に生じる

出るのはココだ！

政党の基礎知識

①バークは政党を定義づけ，徒党（よからぬことを企む集団）と区別した。

②名望家政党は，院内政党を中心に活動し，緩やかな結合を特徴とした。

③ミヘルスは，ドイツ社会民主党を研究し，寡頭制の鉄則を主張した。

④アメリカの政党は地方分権的であり，イギリスの政党は中央集権的である。

⑤アメリカでは政党の党議拘束が弱く，各議員は院内で自由に投票する（交差投票）。

⑥アメリカの政党は献金，イギリスの政党は党費，ドイツの政党は国庫補助を重要な活動資金源としている。

政党の理論

①一党優位政党制では，制度上，政権交代が認められる。

②穏健な多党制では，安定した連立政権が形成されることも多い。

③ヨーロッパ諸国では，社会的亀裂（対立軸）に沿って政党が形成され，1920年代以降はその配置が固定化した。これを凍結仮説という。

④一党でも離脱すれば過半数の議席を下回ってしまうような連立政権を，最小勝利連合という。最小勝利連合は安定しやすい。

第3章 政治の動態

政党に関する記述として，妥当なのはどれか。

【地方上級（東京都）・平成 19 年度】

1 シュンペーターは，政党とは，全員が同意する特定の原理に基づいて公共の福祉を促進するため，メンバーが結束して政治権力をめぐる競合的闘争を展開しようとする集団であるとした。

2 デュヴェルジェが分類した大衆政党と幹部政党とを比較すると，大衆政党は，組織の結束力が強く集権的であり，幹部政党は，組織の結束力が弱く分権的である。

3 バーカーは，政党と徒党とを明確に区別し，政党は，ある原理に基づき共同の努力によって国家的利益を推進するための人々の集合体であるとした。

4 バークによると，政党は，一方の端を社会に他方の端を国家にかけている橋であり，バークは，政党を社会における思考や討論の流れを政治機構の水車まで導入し回転させる導管や水門にたとえている。

5 ミヘルスは，政党を幹部による少数支配という視点で分析し，民主主義的な政党には寡頭制はみられないことを指摘した。

政党については，①政党の定義（バーク），②寡頭制の鉄則（ミヘルス），③政党システム論（サルトーリ）という3点が，コンスタントに出題され続けている。また，連立政権論が相次いで出題された時代もあったが，現在ではそれに代えて，④幹部政党と大衆政党の対比（デュヴェルジェ）が出題されやすくなっている。本問では，まさにこれらの事項が取り上げられている。

1 ✖ **シュンペーターとバークの主張が混じり合っている。**
　「全員が同意する特定の原理に基づいて公共の福祉を推進する」という部分は，バークの政党の定義に合致する。これに対して，「メンバーが結束して政治権力をめぐる競合的闘争を展開しようとする集団」という部分は，シュンペーターの政党の定義に合致する。

2 ◯ **幹部政党は分権的であり，大衆政党は集権的である。**
　幹部政党は，地方幹部会（地方の名望家の集まり）の連合体であるため，組織の結束力が弱く分権的である。大衆政党は，多数の党員を抱えて組織が大規模化しているため，組織の結束力が強く集権的である。

3 ✖ **バーカーではなくバークによる政党の定義である。**
　バークは，「（全員が同意している）ある原理」に立脚して，「国家的（国民的）利益」を追求する集団を政党と定義した。この定義に従えば，意見を異にする人々が寄り集まり，党派的利害を追求している「徒党」は，「政党」とは明確に区別されることになる。

バークとバーカーは紛らわしいけど，しっかり区別しよう。

4 ✖ **政党の架橋機能を指摘したのはバーカーである。**
　バーカーは，政党は社会と国家を結ぶ橋の役割を果たしていると指摘した。これを政党の架橋機能という。

5 ✖ **ミヘルスは民主主義的な政党にも寡頭制がみられると主張した。**
　ミヘルスは，ドイツ社会民主党の研究から「寡頭制の鉄則」を導き出し，大規模組織では必ず少数者に権力が集中するとした。

正答 2

政党に関する次の記述のうち，妥当なものはどれか。

【市役所・平成22年度】

1 M. ウェーバーは，政党の起源を貴族とその従者によって形成された貴族主義的政党に求め，これが市民革命後に名望家政党へと変質し，さらに普通選挙の導入によって党規律の緩やかな大衆政党へ発展したと主張した。

2 デュヴェルジェの法則とは，小選挙区制は二大政党制をもたらし，比例代表制は多党制をもたらすとするものであるが，前者の典型例はアメリカ下院，後者の典型例はフランス下院に求められる。

3 幹部政党が制限選挙の下で確立された政党形態であるのに対して，大衆政党は普通選挙の下で発達した政党形態であり，地方幹部会から構成される分権的構造をその特徴としている。

4 二大政党制においては，二大政党のイデオロギー的距離が大きくなりやすいため，争点が明確になるという利点が生じるものの，政党間の対立で政策決定に時間がかかるようになるという欠点も生じる。

5 S. ロッカンらによれば，西ヨーロッパ各国における多党制の政党配置は，国民革命および工業革命という2つの革命を通じて形成された社会的亀裂に沿って作り上げられ，固定化されたものである。

政党は政治学の最頻出テーマのひとつであり，歴史・類型・政党システム論などについて幅広く問われる。基本事項はある程度学習していて当たり前なので，**試験ではやや難しめの選択肢の正誤を判断できるか否かが勝負となる**。本問では選択肢 **5** がこれに当たるので，ロッカンの凍結仮説もしっかりと理解しておきたい。

1 ✖ **大衆政党は厳格な党規律をもつ。**

名望家政党は，地元に確固たる支持基盤をもった名望家議員が，互いに緩やかに結合することで成立していた。これに対して，大衆政党では組織が大規模化し，高度に整備されるようになったため，党規律が強化されるようになった。

🔑 大衆政党：「組織の大規模化 → 寡頭制化 → 党規律の強化」

2 ✖ **フランス下院選挙では小選挙区2回投票制がとられている。**

ヨーロッパ大陸では，比例代表制を採用している国が多い。しかし，フランス下院選挙では小選挙区2回投票制が採用されている。各選挙区の定数は1人とされ，第1回投票で過半数の票を得た候補者がいない場合は，上位者が第2回投票へと進み，決着がつけられる。

3 ✖ **地方幹部会から構成されている政党は幹部政党である。**

地方幹部会とは，制限選挙の下で，地元の名望家（実力者）をメンバーとして形成された団体のことである。議員を政界に送り出し，その活動を支える役割を担っている。地方幹部会は互いに緩やかに結びついて政党を結成しており，デュヴェルジェはこれを幹部政党と呼んだ。

🔑 幹部政党 → 地方幹部会の連合体

4 ✖ **二大政党制では迅速な決定が行われやすい。**

二大政党制では，一方の政党が過半数の議席を獲得し，政権を担うのが一般的である。この場合，与党は政府提出法案を多数決により次々と可決し，迅速に実施に移すことが可能となる。

5 ⭕ **ロッカンは社会的亀裂が政党配置を決定づけたと主張した。**

ロッカンは，近代国家を誕生させた「国民革命」や資本主義を発達させた「工業革命」を通じて，「都市−農村」「経営者−労働者」などの亀裂が社会に生じてきたと考えた。そして，この社会的亀裂に沿って諸政党が誕生し，1920年代までには西ヨーロッパの政党配置が完成したと主張した。これを凍結仮説という。

🔑 凍結仮説：「社会的亀裂の出現 → 政党の形成 → 政党配置の固定化（凍結）」

正答 5

第3章 政治の動態

政党組織に関する次の記述のうち，妥当なものはどれか。

【地方上級（全国型）・平成 22 年度】

1 包括政党とは，小規模の支持者を強力に組織することで，選挙において議席を伸張してきた政党のことであり，わが国では共産党などがこれに当たる。

2 幹部政党とは，名望家議員によって議会内で結成され，中央集権的な組織づくりを進めてきた政党のことであり，わが国では戦前の立憲政友会などがこれに当たる。

3 ネットワーク型政党とは，自然発生的に形成された市民グループを横断する形で結成されてきた政党のことであり，わが国では 1980 年代末から現れた神奈川ネットなどがこれに当たる。

4 大衆政党とは，大衆の平等な政治参加を前提として，党首制度を意図的に放棄した非寡頭制的政党のことであり，わが国では公明党がこれに当たる。

5 間接政党とは，大規模な個人党員およびこれから徴収された党費によって支えられている政党のことであり，わが国ではかつての社会党や民社党がこれに当たる。

　政党組織については，幹部政党と大衆組織政党（選択肢**2**）が最頻出である。幹部政党の「幹部」という言葉を利用して，「**幹部政党は集権的構造をもっている**」という選択肢が出題されやすいが，典型的なひっかけなので注意しよう。なお，本問の場合，各類型に該当する政党の例は，正誤の判断にほとんど影響しないので，気にする必要はない。

1 ✖ **包括政党は国民各層から幅広い支持を集める。**

　包括政党は，階級や宗教などの違いを超えて，国民各層から幅広い支持を集める。共産党のように，特定階級（労働者階級）の一部を強力に組織することで台頭してきた政党は，階級政党と呼ばれる。

2 ✖ **幹部政党は地方分権的である。**

　幹部政党は，地方ごとに名望家たちが組織する「地方幹部会」の緩やかな連合体であり，分権的構造をもっている。幹部政党の議員たちは，それぞれの地元にある地方幹部会の支援を受けて当選しており，政党よりも地方幹部会と密接に結びついている。

　🔑 **幹部政党（分権的構造）⇔ 大衆組織政党（集権的構造）**

3 ⭕ **ネットワーク型政党は組織や個人の緩やかな結びつきを特徴とする。**

　ネットワーク型政党は，市民運動の延長線上で形成された政党である。さまざまな組織や個人が緩やかに結びつきながら，政党活動を支えている。

4 ✖ **大衆政党では党首制度が発達した。**

　大衆政党は，大衆を党員として組織に取り込むことで大規模化した。そのため，組織の寡頭制化が進み，党首を中心とする幹部組織が発達している。

5 ✖ **間接政党とは団体をメンバーとする政党のことである。**

　間接政党（中間政党）とは，個人ではなく，団体をメンバーとする政党のことである。労働組合が結集してつくった労働党などが，その例とされる。

正 答 3

ワンポイントアドバイス

政党の類型については，カルテル政党という概念が出題されることもある。
カルテル政党：議員を有している政党への国庫補助の仕組みなどを作り上げ，自分たちを有利な立場に置いている既存政党のこと。議席を獲得していない新党は，資金などの面で不利な状況に追いやられる。

サルトーリの政党制論に関する次の記述のうち，妥当なものはどれか。

【地方上級・令和3年度】

1 一党優位政党制では，政権を担当する政党が法令によって定められており，他の政党が政権を担うことはない。

2 二大政党制の国でも，さまざまな政党が合法的に存在するものの，2つの大規模な政党のどちらかが政権につく。

3 原子化政党制では，議会に議席を持つ政党の数は3〜5であり，これらの政党間のイデオロギー的距離は小さい。

4 分極的多党制では，極右政党と極左政党のどちらかが中心となって政権を担当するため，中道的政策が実施されることはない。

5 穏健な多党制では，複数の政党が存在を認められているものの，実際にはヘゲモニー政党が政権を担当する。

本問では，①基本的な頻出事項（選択肢**1・3・5**）と②やや変わり種の内容（同**2・4**）が組み合わされている。とくに選択肢**4**はめったに出題されていない内容なので，あまり気にする必要はない。

第3章 政治の動態

1 ✗ **一党優位政党制では政権交代が認められている。**

　一党優位政党制は，自由選挙の下で特定の一党が勝利しつづけ，政権を担いつづけることで成立する。政権を担当する政党が法令で定められており，他の政党が政権を担うことがないのは，ヘゲモニー政党制の場合である。

🔑 **ヘゲモニー政党制（政権交代は不可）⇔一党優位政党制（政権交代は可）**

2 ◯ **二大政党制といっても二大政党しか存在しないとはかぎらない。**

　たとえばイギリスは二大政党制の国であり，保守党と労働党の議席数が圧倒的に多いため，二大政党が交代で政権を担っている。しかし，二大政党が議席を独占しているわけではなく，スコットランド国民党や自由民主党なども一定の議席を確保している。

スコットランド国民党は地域政党の一種で，地域限定で活躍しているんだ。

ここに注目！

3 ✗ **政党の数が「少なめ」の政党制は「穏健な多党制」である。**

　政党数が「少なめ（3〜5）」であれば穏健な多党制，「多め（6〜8）」であれば，分極的多党制（極端な多党制），「ばらばら（極端に多数）」であれば原子化政党制に分類される。また，穏健な多党制では，いずれの政党も政権を獲得する可能性をもつため，主張が穏健化しやすく，政党間のイデオロギー距離は近くなる。

4 ✗ **分極的多党制では中道的政策が実施されることもある。**

　分極的多党制では，極左政党から極右政党に至るまで，多くの政党が政権を目指して競合しあう。そのため，左寄りの連立政権，中道の連立政権，右寄りの連立政権のいずれかが誕生することとなり，結果として中道的政策が実施されるケースも出てくる。

5 ✗ **ヘゲモニー政党が政権を担当するのはヘゲモニー政党制である。**

　ヘゲモニー政党制では，複数の政党が存在していても，法令によって定められた特定の一党（ヘゲモニー政党）が政権を担いつづける。この場合，ヘゲモニー政党以外の小党は，衛星政党とよばれる。

🔑 **ヘゲモニー政党（支配政党）⇔衛星政党（その他の政党）**

正 答 **2**

政党システムに関する次の記述から正しいものを選んだ組合せとして，妥当なものはどれか。

【地方上級・令和2年度】

ア レイプハルトは，多数決型民主主義とコンセンサス型民主主義を対比し，後者は複数政党による連立政権などによって特徴づけられるとした。

イ デュヴェルジェは，選挙制度に比例代表制を採用すると，小規模な政党は次第に淘汰されていき，二大政党制がもたらされるとした。

ウ ダウンズの空間競争モデルによると，都市化や産業化によって有権者のイデオロギー分布が中央に収斂すると，二大政党の政策に極端な差異が生じやすくなる。

エ 日本の55年体制においては，自由民主党と日本社会党が二大政党として政権を争う関係にあり，両党の間で定期的に政権交代が行われていた。

オ イギリスの政党システムは，保守党と労働党の二大政党制であるが，2000年代以降の下院議員総選挙では，若者の投票率に上昇傾向が見られる。

1 ア，ウ

2 ア，オ

3 イ，エ

4 イ，オ

5 ウ，エ

本問では，時事性を盛り込んだ**オ**の内容がやや難しい。しかし，**時事的な問題は後回しにして**，他の選択肢の正誤を先に判断するように工夫すれば，正答となる選択肢はおのずと絞られてくる。逆に，**ア〜エ**の内容は確実にわかるようにしておきたい。

第3章 政治の動態

ア ◯ コンセンサス型民主主義は連立政権を特徴とする。

多数決型（ウェストミンスター型）はイギリス，コンセンサス型（合意型）民主主義はオランダ，ベルギー，スイスが代表国である。

類型	代表国	特徴（例）
多数決型民主主義	イギリス	小選挙区制，二大政党制，単独政権，集権的
コンセンサス型民主主義	オランダ	比例代表制，多党制，連立政権，分権的

イ ✖ 比例代表制は多党制をもたらす。

デュヴェルジェは，小選挙区制は二大政党制をもたらし，比例代表制は多党制をもたらすと主張した。これをデュヴェルジェの法則という。

ウ ✖ 有権者のイデオロギー分布が中央に収斂すると，二大政党は接近する。

有権者のイデオロギー分布が中央に収斂し，穏健な中道寄りの意見をもつ者が増えてくると，二大政党も自らの主張を穏健化させ，多くの有権者に気に入られようとする。

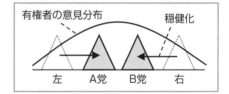

エ ✖ 55年体制は「自民党の一党優位体制」であった。

1955年，社会党が分裂を克服して再統一を果たすと，自由党と民主党は合同して自由民主党（自民党）を結成した。こうして成立した「保守」（自民党）対「革新」（社会党）という政治体制を**55年体制**という。55年体制は1993年まで続いたが，その間，ほぼ一貫して自民党が単独で政権を担いつづけた。

オ ◯ イギリス総選挙では若者の投票率に上昇傾向がみられる。

本問の出題時，イギリスにおける若者の投票率の高さがニュースで報道され，話題となっていた。ただし，現在からすると過去の話題なので，あまり気にしなくてよい。

以上から，妥当なものは**ア**と**オ**であり，**2**が正答となる。

正答 2

テーマ **7**

圧力団体

重要度 **B**

出題傾向

　「圧力団体」では，圧力団体の定義・種類・台頭理由などが幅広く出題されている。また，近年では，わが国の圧力団体の特徴もしばしば出題されている。

　圧力団体の定義・種類・台頭理由は，出題にあまりバリエーションがなく，過去問と同様の内容が繰り返し問われている。特に圧力団体が政権の獲得を目指さないという点は，これまで何度も出題されてきた最重要ポイントである。

> 　近年，国家公務員試験を中心に，政策受益団体の出題数が増えている。政策受益団体とは，福祉国家化の進展に合わせて，行政とネットワークを築くようになった団体のことであり，福祉関連団体や外郭団体などがこれに当たる。

　わが国の圧力団体の特徴は，教養科目の政治でも出題されたことのある重要事項である。アメリカと日本の対比という形で出題されることもあるので，あらかじめ日米の違いを理解しておくようにしたい。

理解しておきたい事項

❶ 圧力団体の定義・種類・機能

圧力団体	なんらかの利益を実現するため，政権の外から働きかける団体

マッケンジー	部分団体	特定の利益の実現を目指す団体
	促進団体	社会正義などの促進を図る団体
	潜在団体	圧力活動を行う可能性を秘めた団体

村松岐夫	セクター団体	特定の経済的利益の実現を図る団体
	政策受益団体	行政機関とネットワークを形成している団体
	価値促進団体	特定の価値観を実現しようとしている団体

┈▶ 政党と同様の機能（P.67）を果たす。ただし，政党の第一の機能が利益集約であるのに対して，圧力団体の第一の機能は利益表出である。

❷ 圧力団体の台頭理由

・代表制の機能不全

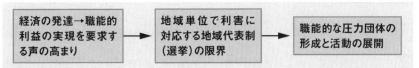

・政党の寡頭制化

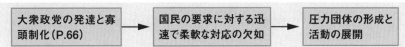

・国家活動の積極化

❸ わが国の圧力団体の特徴（アメリカとの比較）

	日本	アメリカ
団体形成の経緯	「既存集団丸抱え」（例：農村の全戸がおつきあいで農協に加入）	問題解決を目指して，諸個人が自発的に団体を形成
圧力活動の対象	行政府	立法府（議員）
圧力活動の媒介者	議員（官庁への「口利き」）	ロビイスト（プロの代理人）
政党との関係	系列化の傾向（例：財界団体と自民党の結びつき）	必ずしも系列化は進んでいない

出るのはココだ！

圧力団体の定義・種類・機能

①政党は政権獲得を目指すが，圧力団体は政権獲得を目指さない。

②社会正義などの促進を図る団体は，促進団体と呼ばれる。

③政党と圧力団体は機能的に区別できない。

わが国の圧力団体の特徴

①「既存集団丸抱え」は，わが国の圧力団体の特徴である。

②アメリカではロビイストが活発に活動している。そこで，これを規制するため，議会への登録と収支報告が義務づけられている（連邦ロビイング規制法）。

圧力団体の問題点

①圧力団体の参加者には偏りがみられる。一般に社会的強者の参加が多い。

②大規模団体では，他人の努力にただ乗りするフリーライダーが生じやすい。

第3章 政治の動態

圧力団体に関する次の記述のうち，妥当なものはどれか。

【地方上級・平成 13 年度】

1 労働組合や宗教団体は組織力が弱いため，これを圧力団体と呼ぶことはできない。

2 圧力団体は潜在的な利害調整の集団であり，その影響力が大きくなると政党の機能は相対的に減少する。

3 現代社会においては政党の機能が強く，圧力団体の活動はほとんど見られない。

4 圧力団体は，政府に対して直接的，具体的に影響力を行使することはない。

5 アメリカなどの先進諸国では，圧力団体の加入者には社会的・経済的弱者が多い。

圧力団体の問題では,「圧力団体の加入者には社会的・経済的強者が多い」(選択肢**5**)という点が問われやすい。「**圧力団体の加入者には社会的・経済的弱者が多い**」という選択肢が繰り返し出題されているが,これは誤りなので注意しよう。また,近年の問題では,ネオ・コーポラティズムに言及した選択肢が目につく。巨大な圧力団体の代表者と官僚が政府の審議会などに集まり,政策を形成しているとするもので,本問でも選択肢**4**がそれに関連した内容となっている。

1 ✖ **政治に圧力をかけている団体はすべて圧力団体である。**

　労働組合や宗教団体は,集票力や資金力を背景として政治に働きかけている。この場合,組織力の強弱とは無関係に,政治に圧力をかけているという事実のみをもって,そうした団体は圧力団体とみなされる。

2 ⭕ **圧力団体は利害調整を行うことで,利益集約機能を果たす。**

　圧力団体が互いに利益を主張し合って衝突した場合,利害調整が行われて意見がまとまっていくことがある。圧力団体がこのような利益集約機能を十分に果たしていれば,政党が利害調整を行う必要性は低下するので,政党の機能は相対的に減少する。

3 ✖ **現代社会において圧力団体の活動は活発化してきた。**

　現代社会では複雑な利害関係が生じており,選挙を通じて地域代表を選ぶだけでは,そうした利害が十分に表出されることはない。そこで,利害関係者が自ら圧力団体を形成し,利害表出の活動を活発に展開するようになった。

4 ✖ **圧力団体は政府に対して直接的・具体的に働きかけることも多い。**

　圧力団体は,陳情活動を展開したり,審議会に委員を送り込んだりすることで,政府に対して直接的,具体的に影響力を行使している。

5 ✖ **圧力団体の加入者には社会的・経済的強者が多い。**

　圧力活動には時間やお金がかかるため,圧力団体の加入者はそれらを分担することが求められる。しかし,社会的・経済的弱者はそうした負担に耐えられないことが多く,その結果,圧力団体の加入者には社会的・経済的強者が多くなる。

正答 **2**

圧力団体に関する記述として，妥当なのはどれか。

【地方上級（東京都）・平成 20 年度】

1 　圧力団体は，政権の獲得を直接の目的とはしない団体であり，地域代表制の補完機能や利益表出機能などの機能を有する。

2 　圧力団体が台頭した最大の理由は，工業化や都市化により社会の利害が分化し国民の多様化が進み，行政国家から立法国家への転換が図られたことである。

3 　圧力団体は，部分団体，促進団体および潜在団体の 3 つに分類され，このうち潜在団体は，共通の経済的利益を基礎にした団体であり，環境保護団体や消費者団体は潜在団体に該当する。

4 　わが国の圧力団体の特徴は，他の目的で存在している集団を自己の組織に参加させる「既存集団の丸抱え」であり，職業的ロビイストを通じて，行政部ではなく立法部を対象として圧力団体の働きかけが行われることである。

5 　アメリカの圧力団体の特徴は，圧力団体の働きかける対象が，政党の組織の規律が厳しいため，個々の議員ではなく政党の本部であることである。

圧力団体に関する問題のなかで，近年しばしば目にするのが，わが国の圧力団体の特徴を問う選択肢（選択肢**4**）である。**わが国では，農村の農家が農協に一括加入したり，職場の労働者が労働組合に一括加入するなど，「既存集団丸抱え」の傾向がみられる**との指摘がある。また，**明治期以来，官庁の影**響力が大きいことから，議員を媒介とした行政部への圧力活動が盛んである。これらの特徴は，教養科目の政治で問われたこともあるので，できるだけ頭に入れておきたい。

1 ○ **圧力団体は政権の獲得を目指さない。**

圧力団体は政党とは異なり，政権の獲得は目指さない。また，地域代表制（選挙で地域単位の代表者を選ぶ仕組み）ではすくい上げきれない職能的利害を政治に伝えたり，団体加入者の利益を政治に伝えるなどの重要な機能を営んでいる。

2 ✘ **圧力団体が台頭した背景には行政国家化の進展がある。**

立法国家が行政国家へと転換し，政府の行政活動が活発化したことで，圧力団体は政府に働きかけてさまざまな利益を引き出そうとするようになった。

🔑 **行政国家：行政活動が活発化した国家。20世紀以降は行政国家の時代とされる**

3 ✘ **環境保護団体や消費者団体は促進団体に分類される。**

共通の経済的利益を基礎にした団体（財界団体や労働組合など）は，一部の国民の利益を代表するので，部分団体に分類される。また，環境保護団体や消費者団体は，公共利益の促進を図るので，促進団体に分類される。

🔑 **潜在団体：圧力活動を行う可能性を秘めた団体（業界の親睦会など）**

4 ✘ **わが国の圧力団体は行政部へ働きかけることが多い。**

わが国では行政部（官庁）が政策決定に大きな影響力をもっているため，圧力団体も行政部へはたらきかけることが多い。その際，職業的ロビイストが介在することはあまりないが，**議員が介在してロビイスト的役割を果たすことは多い。**

🔑 **ロビイスト：圧力活動の代理人。アメリカでは職業的ロビイストが存在する**

5 ✘ **アメリカの圧力団体は個々の議員に働きかける。**

アメリカでは政党の規律が弱いため，議員は自己の考えに従って法案を支持するか否かを決定できる。そこで，圧力団体は個々の議員に働きかけ，その取り込みを図る。

正 答 1

利益集団に関する次の記述のうち，妥当なのはどれか。

【市役所・平成 28 年度】

1 　20 世紀に入り，伝統的な紐帯から解放された大衆の間で個人主義が台頭したことを受けて，利益集団に自ら参加する人々の数は大幅に減少し，利益集団の活動は全般的に停滞するようになった。

2 　トルーマンは，人間の行動は合理的であるとする合理的選択論の立場から，諸個人は対価を支払わずに，非排除性を持つサービスの便益を受けようとすると指摘し，利益集団は自然発生することはないとした。

3 　ダールは，既存の特殊利益集団と官庁との結びつきにより利益集団の新規参入が妨げられていることを「利益集団自由主義」と呼び，これをアメリカ合衆国における非民主主義的性格の表れとして批判した。

4 　20 世紀のアメリカ合衆国では，利益集団によるロビイング活動が政治腐敗を招くなどの弊害を数多く生んだことから，新たに連邦ロビイング規制法が制定され，利益集団の活動が禁止された。

5 　政党の運営が少数者の手に委ねられている場合には，利益集団はその少数者に働きかけ，民主的に行われている場合には，政党活動への参加者全体に働きかけるなど，政党運営の形態は利益集団の活動に影響を与えることがある。

本問では，①利益集団に関する理論（選択肢**1・2・3**），②圧力活動の実態（同**4・5**）という2つの内容が問われている。選択肢**5**は初出の内容であるが，「権力者に近づけば利益が得られる」という一般常識を当てはめれば，解答は容易であろう。

1 ✖ **20世紀に入ると利益集団への参加者が増え，その活動は活発化した。**

20世紀に入り個人主義が台頭すると，自己の利益を実現するため，利益団体に自ら参加する人々の数が大幅に増加し，利益集団の活動は全般的に活発化した。

2 ✖ **フリーライダー論を展開したのはオルソンである。**

対価を払わずに便益のみを受けようとする人々を，一般に「フリーライダー」（ただ乗り者）という。オルソンは，合理的選択論の立場からフリーライダー論を展開し，利益集団が形成されにくい理由を説明した。

合理的選択論では，各人が自己利益の最大化を目指して行動すると考えるんだ。

3 ✖ **利益集団自由主義を提唱したのはローウィである。**

既存の特殊利益集団と官庁の結びつきによって，利益集団の新規参入が妨げられているとする主張を「利益集団自由主義」という。ローウィは，従来の通説であった政治的多元論を批判し，利益集団自由主義論を展開した。

🔑 政治的多元論：利益集団間の自由競争を通じて政策は形成されているとする学説

4 ✖ **連邦ロビイング規制法は利益集団の活動を禁止してはいない。**

連邦ロビイング規制法（1946年）は，いわゆる「ロビイスト」に対して，議会への登録と収支報告を義務づけた。利益集団の活動自体を禁止したわけではない。

5 ⭕ **利益集団はつねに効果的な働きかけを行おうとしている。**

利益集団は，自己の利益を促進するため，つねに効果的な働きかけを行おうとしている。政党に対しても，党内で権力をもっている者に働きかけることで，利益を確実に得ようとしている。

正 答 5

ワンポイントアドバイス

圧力団体（利益集団）に関する理論では，政治的多元論（ダールなど）と利益集団自由主義（ローウィ）に加えて，ネオ・コーポラティズム（シュミッターとレームブルッフ）が問われることもある。145ページに問題が掲載されているので，あわせてチェックしておこう。

第3章 政治の動態

テーマ **8**

マスコミ

重要度 **B**

 出題傾向

「マスコミ」では，マスコミの機能と効果が出題されている。インターネットの役割などに言及されることもあるが，出題の大半は学説問題である。

マスコミの機能は，ラズウェルおよびラザースフェルドとマートンの学説に出題が集中している。細かな内容が問われることは少なく，両者の主張内容を入れ替えて誤りとするような単純な問題が出題されやすい。

マスコミの効果は，リップマン，ラザースフェルド，ノエル゠ノイマンの学説を中心に出題されている。擬似環境とステレオタイプ（リップマン），コミュニケーションの二段階の流れ（ラザースフェルド），沈黙の螺旋（ノエル゠ノイマン）などの概念は，特に頻出である。

> マスコミでは，アナウンスメント効果もしばしば出題されている。バンドワゴン効果とアンダードッグ効果の説明が入れ替えられやすいので，絶対にひっかからないようにしたい。

 理解しておきたい事項

❶ マスコミの機能

ラズウェル	環境の監視	人々を取り巻く環境を監視し，警告などを発する働き（「報道」）
	社会諸部分の相互の関連づけ	さまざまな出来事の意味を解説し，人々を行動に向けて組織していく働き（「評論」）
	社会的遺産の伝達	伝統的な価値観などを継承していく働き
ラザースフェルドとマートン	地位付与	特定の人物などの評価を引き上げる働き
	社会規範の強制	社会規範を遵守するように仕向ける働き
	麻酔的逆機能	大量の情報を与えることで，人々から行動のエネルギーを奪ってしまう働き

☞ そのほか，「娯楽の機能」（ライト）なども指摘されている。

❷ マスコミの効果

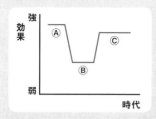

Ⓐ**弾丸理論（1920年代〜）**：マスコミは孤立化した大衆に働きかけて，これを操作しうる。
Ⓑ**限定効果説（1940年代〜）**：マスコミの及ぼす影響力は限定的である。
Ⓒ**強力効果説（1970年代〜）**：マスコミは一定の強力な効果を及ぼしている。

第3章 政治の動態

Ⓐ	**リップマン**	マスコミは，擬似環境（現実の不正確なコピー）を作り出したり，ステレオタイプ（一種の固定観念）を広めたりすることで，人々の行動に絶大な影響を与えている。
Ⓑ	**ラザースフェルドら**	マスコミは，各集団のオピニオンリーダーを媒介として，間接的に人々に影響を与えている。 ⇒「コミュニケーションの二段階の流れ」仮説
	クラッパー	マスコミは，人々の態度を変改するほどの強い効果はあまりもたない。人々は情報を取捨選択して接触するため，既存の態度が補強されるに留まる。 ⇒補強効果
Ⓒ	**ノエル＝ノイマン**	マスコミによって少数派とされた意見の持ち主は，孤立化を恐れ，自分の意見を言わなくなる。 ⇒沈黙の螺旋
	マコームズら	マスコミが取り上げた争点は，人々によって重要であると認識され，公的な議題とされるようになる。 ⇒議題設定効果

 出るのはココだ！

マスコミの機能
①環境の監視，社会諸部分の相互の関連づけ，社会的遺産の伝達という3点を指摘したのは，ラズウェルである。
②地位付与，社会規範の強制，麻酔的逆機能という3点を指摘したのは，ラザースフェルドとマートンである。

マスコミの効果
①擬似環境やステレオタイプという概念は，リップマンによって広められた。
②ラザースフェルドらは，オピニオンリーダーの果たす役割を重視した。
③ノエル＝ノイマンは沈黙の螺旋，マコームズらは議題設定効果という概念を主張し，マスコミは一定の強力な効果をもつとした。

アナウンスメント効果
・マスコミが優勢とした候補者の票が伸びる現象を，バンドワゴン効果という。
・マスコミが不利とした候補者の票が伸びる現象を，アンダードッグ効果という。

マスコミに関する次の記述のうち，妥当なものはどれか。

【地方上級（全国型）・平成21年度】

1 リップマンは，擬似環境に囲まれながら生活している大衆へ真実を伝達するメディアとして，新聞などのマスコミに大きな期待を寄せた。

2 ラザースフェルドは，マスコミの影響力がオピニオンリーダーを媒介として大衆に及ぼされると主張し，いわゆる「コミュニケーションの二段階の流れ」仮説を提唱した。

3 ラズウェルは，マスコミが大衆に及ぼす影響を研究し，これを地位付与，社会規範の強制，麻酔的逆機能という3つの機能に分類した。

4 テレビや新聞は，大衆の心理に働きかけてステレオタイプを作り上げ，現実を過度に単純化してとらえる傾向を抑制する働きを営んでいる。

5 テレビや新聞は，インターネットの普及によってその影響力を弱めており，情報の信頼性という点においても，インターネットはテレビや新聞を上回るに至っている。

マスコミに関する問題では，ありがちな「ひっかけのパターン」に注意しなければならない。①**リップマンがマスコミや世論を高く評価したとする記述（選択肢 1・4）**，②**ラザースフェルドがマスコミの強力な効果を主張したとする記述**，③**マスコミの機能に関するラズウェルおよびラザースフェルドとマートンの主張を入れ替えた記述（同 3）**などは，すべて誤りである。ひっかからないように注意しよう。

1 ✖ **リップマンはマスコミや世論に批判的であった。**

リップマンは，マスコミの作り上げた擬似環境によって大衆が操作される危険性を指摘し，マスコミや大衆への過度の期待を戒めた。

🔑 擬似環境：現実のコピー。マスコミの視点が入り込み恣意的になりやすい

2 ⭕ **ラザースフェルドは「二段階の流れ」仮説を提唱した。**

ラザースフェルドは，1940 年の大統領選挙に際してエリー調査を行った。そして，**マスコミの伝達する情報は，一部のオピニオン・リーダーを媒介として，一般民衆に間接的影響を与えるにすぎない**と主張した。これを「コミュニケーションの二段階の流れ」仮説という。

3 ✖ **地位付与などの機能を指摘したのはラザースフェルドとマートンである。**

マスコミの機能の研究者として特に有名なのは，ラズウェルおよびラザースフェルドとマートンである。このうち，**環境の監視（報道），社会的諸部分の相互の関連づけ（評論），社会的遺産の伝達**を指摘したのは，**ラズウェル**である。また，**地位付与，社会規範の強制，麻酔的逆機能**を指摘したのは，**ラザースフェルド**らである。

4 ✖ **ステレオタイプは現実を過度に単純化する。**

テレビや新聞は，大衆の心理に働きかけてステレオタイプを作り上げることで，現実を過度に単純化してとらえる傾向を助長しやすい。

🔑 ステレオタイプ：一種の固定観念（パターン化された思考）

5 ✖ **インターネット上の情報はしばしば信頼性を欠く。**

インターネットでは誰でも手軽に情報を発信できるため，不正確な情報が氾濫している。情報の信頼性という点では，テレビや新聞の方が優れていると考えられる。

正 答 2

第3章 政治の動態

マス・メディアの機能または効果に関する記述として，妥当なのはどれか。

【地方上級（東京都）・平成20年度】

1 アナウンスメント効果とは，マス・メディアによる選挙の予測報道が人々の投票行動に影響を与えることをいい，アナウンスメント効果のうちバンドワゴン効果とは，予測報道で不利とされた候補者が予想よりも票を得ることをいう。

2 皮下注射モデルとは，コミュニケーションの2段の流れ仮説から導き出され，注射による即効性にたとえて，マス・メディアは人々に強力で即時的な影響を与えるとする理論のことをいう。

3 ガーブナーは，テレビの影響を調査して，ドラマを長時間見る人は短時間しか見ない人よりも，ドラマで描かれる内容が現実社会で起きると考える比率が高いことを明らかにし，マス・メディアの知識ギャップ仮説を提起した。

4 ノエル＝ノイマンは，マス・メディアの報道によって自分の意見が少数派だと感じた人は沈黙するようになることを明らかにし，マス・メディアの培養理論を提起した。

5 マコームズとショーは，選挙における調査に基づき，人々はマス・メディアが強調する争点に影響されるとして，マス・メディアには議題設定機能があるとした。

マス・メディアの効果に関する理論は，「弾丸理論（皮下注射モデル）→限定効果説→強力効果説」という形で発達してきた。このうち，従来は弾丸理論と限定効果説が主に出題されてきたが，**近年では強力効果説が出題されるケースも増えている**。マス・メディアの効果に関する問題では，単純に人名と学説名の組合せの正誤が問われることもある。本問でも，「ガーブナー→培養効果」「ノエル＝ノイマン→沈黙の螺旋」という連想だけで選択肢3・同4が解けるので，まずは人名と学説名を暗記してしまおう。

第3章

政治の動態

1 ✖ **不利とされた候補者の票を増加させるのはアンダードッグ効果である。**

アナウンスメント効果には2種類ある。予測報道で不利とされた候補者が予測よりも票を得ることは，アンダードッグ効果と呼ばれる。また，予測報道で有利とされた候補者が予測を上回る票を得ることは，バンドワゴン効果と呼ばれる。

🔑 **苦戦者の票を伸ばす → アンダードッグ効果（判官びいき効果）**
　　優位者の票を伸ばす → バンドワゴン効果（勝ち馬効果）

2 ✖ **コミュニケーションの2段の流れ仮説は皮下注射モデルを否定した。**

皮下注射モデル（弾丸理論）は，マス・メディアの強力で即時的な影響力を主張したが，これを批判し，マス・メディアの間接的で限定的な影響力を主張したのが「コミュニケーションの2段の流れ仮説」である。

🔑 **皮下注射モデル：弾丸理論に同じ。マス・メディアの圧倒的影響力を指摘した。**

3 ✖ **ガーブナーはマス・メディアの培養効果を主張した。**

ガーブナーは，マス・メディアが視聴者の態度形成に及ぼす長期的影響を指摘し，これを培養効果（涵養効果）と呼んだ。

🔑 **培養効果：テレビドラマの視聴者の研究などで確認された長期的効果**

4 ✖ **ノエル＝ノイマンは「沈黙の螺旋」を提唱した。**

ノエル＝ノイマンは，少数派とされた人々が自分の意見を次第に表に出さなくなる現象に注目し，これを「沈黙の螺旋」と呼んだ。この現象は，孤立化を恐れる心理（「他人から白い目で見られたくない」）から生じると考えられている。

🔑 **沈黙の螺旋：マス・メディアの影響で少数意見が沈黙に向かっていくこと**

5 ⭕ **マコームズとショーは議題設定効果を主張した。**

マコームズとショーは，マス・メディアは受け手の意見を変えてしまうほどの強い効果はあまりもたないが，何について議論すべきかを決定する「議題設定効果」はもっていると主張した。

🔑 **議題設定効果：何について議論すべきかを決める効果**

正答 5

ラザースフェルドは，人々に対するマス・コミュニケーションの影響について，オピニオン・リーダーが大きな役割を果たすという「コミュニケーションの二段階の流れ」仮説を主張した。この仮説に関する次の記述のうち，妥当なものはどれか。

【市役所・平成 26 年度】

1　この仮説は，新聞やラジオがマス・コミュニケーションの中心であった時代よりも，テレビが普及した現代に適合する。

2　この仮説は，大衆社会論の「周囲から孤立し，原子化した大衆」というイメージの基礎を与えた。

3　この仮説は，政治宣伝が活発ではないアメリカには適合するが，日本には適合しない。

4　この仮説は，マス・コミュニケーションの人々への影響は限定的であるという見解の基礎となった。

5　この仮説は，マス・コミュニケーションは権力を擁護する側面と批判する側面の 2 つが必要であるという見解の基礎となった。

本問では，一見，「コミュニケーションの二段階の流れ」仮説についての知識だけが問われているようにみえる。しかし，実際には，マスコミュニケーション（マスコミ）の効果に関する学説史をきちんと理解していなければ，自信をもって解けないように工夫が施されている。「弾丸理論（1920年代）→限定効果説（1940年代）→強力効果説」という学説の流れを理解したうえで，「コミュニケーションの二段階の流れ」仮説が限定効果説のひとつに位置づけられる点を，しっかりと確認しておこう。

1 ✖ **「二段階の流れ」仮説は，新聞やラジオの時代に適合する理論であった。**

この仮説が提唱された1940年代には，少数のオピニオン・リーダーが新聞やラジオに積極的に接触し，そこで得た情報をもとに民衆へ影響を与えていた。こうした時代状況を背景に，マスコミは民衆に対して間接的影響力しか及ぼさないとしたのが，「二段階の流れ」仮説であった。

2 ✖ **大衆社会論に立脚していたのは弾丸理論である。**

20世紀になって大衆社会論が台頭すると，「周囲から孤立し，原子化した大衆」に対して，マスコミが圧倒的な影響力を及ぼしているとする学説が登場した。これが弾丸理論である。その代表的論者はリップマンである。

🔑 弾丸理論：マスコミが孤立化した大衆に圧倒的影響力を及ぼしているとする理論

3 ✖ **アメリカでは政治宣伝が活発である。**

アメリカでは，選挙や住民投票などの際に，候補者や団体が政治宣伝を活発に行っている。これに対して，日本では政治宣伝はそれほど活発ではなく，地方ではむしろ一部のオピニオン・リーダーが強い影響力をもっているケースもみられる。

4 ⭕ **「二段階の流れ」仮説は限定効果説のひとつである。**

「二段階の流れ」仮説では，マスコミの影響力は間接的であって，弾丸理論が主張するような直接的・圧倒的な影響力は認められないとされた。

🔑 「二段階の流れ」仮説：マスコミの間接的・限定的な影響力を主張する理論

5 ✖ **「二段階の流れ」仮説はマスコミの「効果」に関わる理論である。**

「二段階の流れ」仮説では，マスコミの「効果」が考察され，その効果は間接的・限定的であるとされた。権力の擁護や批判といった「機能」の有無が考察されたわけではない。

正 答 4

第3章 政治の動態

マスメディアに関する次の記述のうち，妥当なものはどれか。

【地方上級・平成 28 年度】

1 リップマンは，人々は個々人の頭の中にあるイメージに基づいて社会を認識しているとして，これを擬似環境と呼んだ。そして，それから脱却するには，マスメディアによる情報を通じて，ステレオタイプを強化することが必要であると主張した。

2 人々は，自分が社会の中で少数派であると自覚すると，多数派による反対や社会での孤立を恐れて自分自身の意見を表明しなくなるが，これを「沈黙の螺旋」という。

3 テレビ等を通じて「何が現実であるか」という共有された現実感覚を得るというマスメディアの影響力を，涵養効果（培養効果）という。これはドラマなどのエンターテインメントには見られず，ニュースのみに見られる現象である。

4 1940 年代からアメリカ大統領選挙について分析しているミシガン大学の調査によれば，マスメディアは人々の政党帰属意識を大きく変化させる効果を持っている。これは，マスメディアの強力効果説を支持するものである。

5 マスメディアは，何が重要な争点かを設定するプライミング効果，事前に特定の刺激を与えることで特定の知識を活性化させる議題設定効果（フレーミング効果）などを通じて，人々の認知的機能に影響を与えている。

本問で注目してほしいのは，選択肢 5 にある「プライミング効果」と「フレーミング効果」という 2 つの概念である。近年，これらは幅広い試験で問われるようになっているため，意味をしっかりと理解しておく必要がある。

1 ✖ **社会認識のもとになる頭の中のイメージをステレオタイプという。**

リップマンは，人々は頭の中に一定のパターン化されたイメージをもっており，それをもとに社会を認識していると考えた。リップマンはこれをステレオタイプと呼び，ステレオタイプの形成に際してマスメディアが大きな役割を果たしていると主張した。

2 ◯ 少数派が沈黙してしまう現象を「沈黙の螺旋」という。

　「沈黙の螺旋」は，ノエル＝ノイマンが提唱した概念である。たとえば，総選挙後に与党の支持率が伸びるのは，選挙で勝利した政党を自分も支持しないと，多数派の人々から白い目で見られてしまうのではないかと心配するためだといわれている。

3 ✖ 涵養効果（培養効果）はテレビドラマの研究で確認されている。

　ガーブナーは，テレビの犯罪ドラマを題材に研究を進め，長時間視聴者のほうが犯罪に対する不安を強く抱く傾向にあることを見出した。こうしたマスメディアの長期的効果を培養効果（涵養効果）という。

4 ✖ ミシガン大学の調査では人々の政党帰属意識の安定性が確認された。

　ミシガン大学の調査によれば，人々の政党帰属意識（政党アイデンティフィケーション）は安定しており，マスメディアの報道によって大きく変化することはまれである（p.112 参照）。

　🔑 **政党帰属意識：特定政党に対する強い帰属意識や愛着心**

5 ✖ 何が重要な争点かを設定する効果を議題設定効果という。

　マスメディアは，何が重要な争点化を設定する議題設定効果（アジェンダ・セッティング効果），事前に特定の刺激を与えることで特定の知識を活性化させるプライミング効果などを発揮している。

正 答 2

ワンポイントアドバイス

厄介ではあるが，プライミング効果とフレーミング（フレーム）効果の違いも理解しておこう。

効果名	具体例
プライミング効果	政治家の汚職事件が報道されると，「政治家には清廉潔白さが必要だ」とする見方が広まり，選挙結果に影響が出る。→認識のフレームの形成
フレーミング効果	選挙の際に政策重視の報道をするか，人柄重視の報道をするかによって，有権者の投票行動が大きく変わってしまう。→報道のフレームの違い

第3章　政治の動態

テーマ**9**

政治意識

重要度 **C**

出題傾向

「政治意識」では，政治意識一般についての理論のほか，社会的性格や政治文化などの関連概念も幅広く出題されている。

> 政治意識の問題は，各学者の主張内容を問う形式（「○○は△△と主張した」）と，概念の意味を問う形式（「□□の意味として妥当なものはどれか」）のいずれかで出題されている。後者の難易度は低いことが多い。

政治意識一般は，ラズウェルの精神分析的手法に出題が集中している。その他，アイゼンクの図式が出題されることもあるが，かつてほど頻出ではない。

政治意識の関連概念は，出題事項が拡散する傾向にある。しばしば出題されているのは，フロムとリースマンの社会的性格論，アーモンドとヴァーバの政治文化論である。近年では，イングルハートの静かなる革命，パットナムの人間関係資本の出題数も増加している。イデオロギーについては，地方公務員試験ではマルクスとマンハイムの理論，国家公務員試験ではナショナリズムが出題されやすい。

理解しておきたい事項

❶ 政治意識論

ラズウェル	政治的人間(P)は，権力を得ようとする私的動機 (p) を公的対象に転位(d)し，それを公益の名で合理化(r)するとした。 ⇒「p} d} r} =P」	（例）いじめを受けた子どもが，無意識のうちに権力欲をもち，成長してから国会議員になった。そして，自分が議員になったのは，地元に貢献するためだと思い込んでいる。
アイゼンク	「硬い心－柔らかい心」という心性の軸と，「保守的－革新的」という政治的態度の軸を組み合わせ，そのなかにさまざまな政治的立場を位置づけた。	心性の変化は起きにくいが，政治的態度の変化は起きやすい。そのため，硬い心をもつ共産主義者が，同じく硬い心をもつファシストに転向することもある。

❷ 社会的性格

社会的性格	共通の生活様式や経験をもつことで形成された性格構造の中核（フロムが提唱した概念）	フロム（『自由からの逃走』）	ナチスの台頭理由を，ドイツ人の「権威主義的性格」に求めた。人々は自ら進んで自由を捨て，ナチスと一体化することで，心理的安定を得たとされる。
		リースマン（『孤独な群衆』）	伝統指向型（伝統社会），内部指向型（近代社会），他者指向型（現代社会）という3類型を示した。

❸ 政治文化

アーモンドとヴァーバは，各国で世論調査を行い，「政治システム」「入力」「出力」「政治システムの一員としての自己」のそれぞれについて，人々が明確な関心・態度・指向をもつか否かを調査した。そして，政治文化を3つに類型化し，デモクラシーに適合的な市民文化はこれらの混合型だと主張した。

類型	政治システム	入力	出力	自己	該当国
未分化型	×	×	×	×	メキシコ
臣民型	○	×	○	×	西ドイツ，イタリア
参加型	○	○	○	○	アメリカ，イギリス

未分化型（パロキアル型）：政治に対する全面的な無関心／臣民型：政治に対する受身の態度／参加型：政治に対する積極的な態度

出るのはココだ！

政治意識
①政治的人間を「p}d}r」＝P」として定式化したのは，ラズウェルである。
②アイゼンクは，共産主義者からファシストへの転向を心理学的に説明した。

社会的性格
①共通の生活様式や経験をもつことで形成された性格構造の中核が，社会的性格である。
②フロムは，ナチスの台頭理由をドイツ人の社会的性格に求めた。
③リースマンは，現代人の社会的性格を他者指向型として類型化した。

政治文化
①デモクラシーに適合的なのは，参加型文化を中心とする混合的な政治文化である。
②パットナムは，人間関係資本の観点からイタリアを分析し，イタリア北部の発展は水平的な人間関係が支えてきたものだと主張した。
③イングルハートは，脱物質主義的価値観の台頭によって，政治のあり方が変わりつつあると主張した（『静かなる革命』）。

「政治的人間（P）」の成立には，権力を得ようとする私的動機（p）だけでは不十分であって，私的動機の公的対象への転移（d）と公益の名による合理化（r）も必要である」と主張した政治学者がいる。彼はそれを「p}d}r＝P」という図式にまとめているが，その人物に関する説明として妥当なものは，次のうちどれか。

【地方上級（全国型）・平成 14 年度】

1 「公的異議申立て（自由化）」と「包括化（参加）」という 2 つの軸を用いて民主化の度合いを測定し，現実においてかなりの程度民主化された政治体制をポリアーキーと呼んだ。

2 現実の人間はその合理性がかなり限定されていることから，効用の最大化をめざすよりも，一定の満足水準を達成するような行為を選択すると主張した。

3 C. メリアムとともにシカゴ学派に属し，政治学の科学化を推進する中で，政治学に精神分析の手法を導入することを提唱した。

4 各国の政党制を詳細に研究して，それを一党制，ヘゲモニー政党制，二党制，一党優位政党制，穏健な多党制，極端な多党制，原子化政党制に分類した。

5 正義論を復活させ，正義の原理の内容として「平等な自由原理」と「格差原理」の 2 つを挙げたが，両者が衝突する場合には前者が後者に優先すると主張した。

本問は一見難しそうだが，実際には内容をよく理解していなくても，正答にたどり着くことは十分に可能である。問題文では，ある政治学者が政治的人間を分析するにあたり，私的動機や合理化に注目したと述べられている。これは，その政治学者が人間を心理的側面から分析したということを意味している。

そこで，その趣旨に最も合致した選択肢を探していけば，すぐに **3** が正答であるとわかる。このように，**問題文が長い場合にはそこにヒントが隠されているケースもあるので，問題文はしっかりと読むようにしよう。**

1 ✖ ポリアーキー概念を提唱したのはダールである。

2 ✖ 満足化原理を提唱したのはサイモンである。

3 ◯ ラズウェルは精神分析の手法を用いて政治的人間を考察した。

ラズウェルは，政治学の科学化を提唱するメリアムに賛同し，自らは精神分析の手法を用いて政治的人間の科学的研究を推進した。**ラズウェルによれば，政治的人間は権力欲によって突き動かされる存在であり，そうした権力欲は幼少時のトラウマ（精神的な傷）によって生じるとされる。**

4 ✖ 政党制を 7 タイプに分類したのはサルトーリである。

5 ✖ 格差原理などの正義の原理を提唱したのはロールズである。

正 答 **3**

 ワンポイントアドバイス

ラズウェルは，政治権力，マスコミ，政治意識，政治的無関心で出題されることがある。

	出題分野	出題内容
ラズウェル	政治権力	社会的価値の付与と剥奪が権力を生むとした（実体説）。
	マスコミ	マスコミの機能として環境の監視，社会諸部分の相互の関連づけ，社会的遺産の伝達の 3 つを挙げた。
	政治意識	精神分析の手法を政治学に導入し，「p}d}r= P」という定式を示した。
	政治的無関心	政治的無関心を無政治的態度，脱政治的態度，反政治的態度の 3 つに類型化した。

政治的社会化の説明として正しいものは，次のうちどれか。

【市役所・平成16年度】

1 家族や地域社会などの影響を受けながら，政治意識が身についていくこと。

2 政党が国民の錯綜した利益を集約し，これを法制化すること。

3 行政府の活動が活発化し，社会的領域に幅広く浸透していくこと。

4 国民の政治的関心が高まり，大衆運動などの政治参加が活発化すること。

5 巨大な圧力団体と政府の交渉によって，重要政策が決定されていくこと。

用語の意味をストレートに問う問題は，国家公務員の試験ではほとんど出題されないが，地方公務員の試験ではまれに出題されることがある。基本的な用語の意味は，学習の過程で必ず確認しておこう。

1 ⃝ 政治的社会化とは政治意識を身につけていく過程のことである。

政治的社会化とは，政治意識を身につけていく過程のことである。政治的社会化は，家族（家庭），近隣住民（地域社会），教育（学校），報道（マスコミ）などの影響を受けて進むと考えられている。

他の選択肢に目を奪われず，正答をストレートに探し出そう。

ここに注目！

2 ✘ 政党の利益集約機能についての説明である。

政党は政権を担う団体であることから，多様な国民の利益を集約する「利益集約機能」を引き受けることになる。

3 ✘ 行政国家化についての説明である。

19世紀末から20世紀初頭にかけて政府の活動が活発化したことで，いわゆる行政国家が誕生した。それ以前は，法律を制定する議会を中心に政治が営まれており，立法国家が成立していた。

4 ✘ 政治参加についての一般的説明である。

現代社会では政治的無関心が広まっているが，国民の政治関心が高まったときには，突如として大衆運動などの政治参加が活発化することもある。

5 ✘ ネオ・コーポラティズムについての説明である。

オーストリアやスウェーデンなどでは，巨大な圧力団体と政府が直接交渉し，重要政策を決定している。これをネオ・コーポラティズムという。ネオ・コーポラティズムでは圧力団体の協力が得られるので，政策の効果的な実施が期待できる。

正答 1

第4章

政治の意識と行動

イデオロギーの終焉に関する記述として，妥当なのはどれか。

【地方上級（東京都）・平成 15 年度】

1 　イデオロギーの終焉は，先進諸国における技術革新の進展，福祉国家政策の展開，社会主義圏内の諸国家の対立を主な背景として，欧米の知識人たちを中心に，1950 年代半ばから論じられるようになった。

2 　シルズは，脱工業社会論を打ち出し，イデオロギーの終焉を，単にマルクス主義の終焉ととらえることに反対し，生活水準の向上が全体的イデオロギーの機能を消滅させたとした。

3 　ベルは，民衆は過去の政治的経験からイデオロギーに失望しており，イデオロギーが民衆を動員する道具として有効な地域はもはや存在しないとした。

4 　アロンは楽観主義的終焉論を主張し，アメリカの知識人たちは，イデオロギーの終焉を唱えているにもかかわらず，国家と一体化した体制にとらわれていると批判した。

5 　ポパーは，歴史主義の立場からイデオロギーの終焉論を批判し，それ自体が体制の維持を意図する一つのイデオロギーであると主張した。

イデオロギーの終焉とは，戦後の先進国においてイデオロギーはもはやその効力を失ったとする主張のことである。本問は，イデオロギーの終焉について幅広く問うものであるが，ポイントは選択肢 **1・2・3** にある。「**豊かな社会の到来とファシズムや共産主義への幻滅→イデオロギーの終焉**」という図式は頭に入れておこう。選択肢 **4・5** はやや高度な内容なので，あまり気にする必要はない。

1 ◯ **イデオロギーの終焉は戦後間もない時期に提唱された。**

　イデオロギーの終焉は，戦後間もない時期に，ベルらによって提唱された。技術革新や福祉国家化によって人々の生活が豊かになったこと，社会主義（共産主義）諸国の対立で人々が社会主義に幻滅したことなどが，その理由として挙げられている。

2 ✖ **脱工業社会論を打ち出したのはベルである。**

　脱工業社会（ポスト工業社会）という概念は，ベルによって提唱されたものである。脱工業社会は豊かな社会であり，そこではイデオロギーが効力を失うとされた。

　🔑 **脱工業社会：第三次産業中心の豊かな社会。工業社会に次いで到来した。**

3 ✖ **ベルは先進国におけるイデオロギーの終焉を主張した。**

　ベルは，あくまでも先進国を念頭においてイデオロギーの終焉を主張した。第三世界（発展途上地域）については，その限りではないとされた。

4 ✖ **アロンは懐疑主義的終焉論を提唱した。**

　アロンは，アメリカの知識人がイデオロギーの終焉を唱えつつ，自らが国家と一体化し，支配的イデオロギーにとらわれている現状を批判的にとらえた。こうしたことから，アロンの立場は懐疑主義的終焉論と呼ばれている。

5 ✖ **ポパーは歴史主義を批判した。**

　ポパーは，社会科学が「歴史の法則」の提示にこだわることを歴史主義と呼び，これを厳しく批判した。ポパーによれば，人間の意図を超えて，歴史の進路があらかじめ定まっているわけではないとされる。

ポパーには，『歴史主義の貧困』という著作があるよ。

正答 1

第4章 政治の意識と行動

テーマ**10**

政治的無関心

重要度 **C**

出題傾向

「政治的無関心」では，ラズウェルとリースマンの類型論に出題が集中している。それぞれが単独の問題として出題されることもあれば，両者がひとつの問題にまとめられ，部分的に主張内容を入れ替えながら出題されることもある。

> 地方公務員試験を中心に，屈折的無関心や実存的無関心が出題されることもある。しかし，いずれも頻出というほどではないので，そのおおまかな意味さえ知っていれば，十分に対処できる。

ラズウェルの類型論は，無政治的態度，脱政治的態度，反政治的態度という3類型の相違点がポイントとなる。特にアナーキスト（無政府主義者）が反政治的態度の典型例であるという点は，これまで何度も出題されている。

リースマンの類型論は，伝統型無関心と現代型無関心という2類型の相違点がポイントとなる。大半の問題では，両者の説明を入れ替えることで誤りの選択肢が作られているので，注意したい。

理解しておきたい事項

❶ ラズウェルの3類型

非政治的態度（政治的無関心）	無政治的態度	政治以外の領域への関心が強く，政治的関心が減少した状態
	脱政治的態度	挫折の経験による政治からの引退
	反政治的態度	政治そのものに反感を抱く態度。アナーキスト（無政府主義者）が典型例

❷ リースマンの2類型

伝統型無関心	政治を他者の仕事と考える態度
	伝統社会に典型的だが，近代以降の社会でも年配者などにみられる。
現代型無関心	政治的な知識や情報をもちながらも政治に関心をもたない態度
	政治参加への道が構造的に開かれているなかで生じる。

❸ 屈折的無関心と実存的無関心

屈折的無関心	強力な政治的責任感をもちながらも，政治が政党や圧力団体などに動かされていることに疎外感を抱き，政治的無関心に陥った状態。知識人層に多い。
実存的無関心	重要だと考える政治的価値が特に侵されていないことから，政治に関心を抱いていない状態。中間層に多い。

❹ 政治的有効性感覚と投票行動

政治的有効性感覚：政治に対している影響を及ぼしうるという感覚	
外的有効性感覚	政治家などが期待に応えてくれるという感覚
内的有効性感覚	政治や経済の動きを理解できるという感覚

		内的有効性感覚	
		強い	弱い
外的有効性感覚	強い	投票に参加しやすい	普段は投票に行かない
	弱い	現職に対立する候補者に投票するか，棄権する	投票しにくい

第4章　政治の意識と行動

出るのはココだ！

ラズウェルの類型
①政治以外の領域への関心が強く，政治的関心が減少した状態を，無政治的態度という。

②挫折の経験による政治からの引退を，脱政治的態度という。

③政治そのものに反感を抱く態度を，反政治的態度という。

④アナーキスト（無政府主義者）は，反政治的態度に該当する。

リースマンの類型
①政治を他者の仕事と考える態度を，伝統型無関心という。

②政治的な知識や情報をもちながらも政治に関心をもたない態度を，現代型無関心という。

③政治参加への道が構造的に開かれているなかで生じる政治的無関心は，現代型無関心である。

屈折的無関心と実存的無関心
①政治への疎外感から政治への関心を失った状態を，屈折的無関心という。

②重要だと考える政治的価値が特に侵されていないことから，政治に関心を抱いていない状態を，実存的無関心という。

③屈折的無関心や実存的無関心に陥っている人々が，なんらかの出来事をきっかけとして，とつぜん政治への関心を高めることもある。

政治的無関心に関する記述として，妥当なのはどれか。

【地方上級（特別区）・平成 25 年度】

1 リースマンが分類した政治的無関心の類型のうち，伝統型無関心とは，政治的知識や情報を持っているのにもかかわらず，政治に対する冷淡な態度をとっているタイプである。

2 リースマンが分類した政治的無関心の類型のうち，現代型無関心とは，政治に対する無知を背景に，政治は身分的に特定の少数者が行うものと考えているタイプである。

3 ラスウェルが分類した政治的無関心の類型のうち，無政治的態度とは，無政府主義者などのように，政治が自分の理想や価値観に反していると感じ，政治そのものを軽蔑したり，否定したりする態度である。

4 ラスウェルが分類した政治的無関心の類型のうち，反政治的態度とは，経済・芸術・宗教など政治以外のものに関心を集中する結果，政治に対する知識や関心が低下するものである。

5 ラスウェルが分類した政治的無関心の類型のうち，脱政治的態度とは，かつて政治に関与したものの，自己の期待を充足できず，政治に幻滅を感じ，政治に関心を示さなくなる態度である。

政治的無関心の問題では，①リースマンの 2 類型（伝統型無関心と現代型無関心），②ラズウェルの 3 類型（無政治的態度，脱政治的態度，反政治的態度）という 2 つの学説に出題が集中している。①については，「政治を他者の仕事と考える→伝統型無関心」（選択肢 2），「知識や情報があるなかで発生する→現代型無関心」（同 1）というポイントが頻出である。両類型の説明の入れ替えがなされやすいので，ひっかからないようにしよう。②については，「無政府主義者（アナーキスト）→反政治的態度」というつながりを押さえておこう（同 3）。

1 ✖ **政治的知識や情報をもつなかで生じる無関心は現代型無関心である。**

伝統型の無関心に陥っている人々は，政治を他者の仕事と考えているため，政治的知識や情報から距離を置き，それらを獲得しようとすることもない。

2 ✖ **政治を他者の仕事と考えるのは伝統型無関心である。**

現代型無関心は，政治参加の権利が与えられているにもかかわらず生じること，また，マスコミや教育の発達により政治に関する知識や情報が広く行き渡っているにもかかわらず生じること，などを特徴とする。

そもそも現代社会に「身分的に特定の少数者」はいないよね。

ここに注目！

3 ✖ **無政府主義者を典型例とする無関心は反政治的態度である。**

政治そのものを軽蔑したり，否定したりする態度は，反政治的態度（antipolitical attitude）に該当する。反政治的態度の典型例は無政府主義者である。

🔑 **「反」政治的態度 → 政治への「反感」を抱いている状態**

4 ✖ **政治以外の領域への関心から生じる無関心は無政治的無関心である。**

政治以外の領域に関心を集中する結果，そもそも政治に関心をもてずにいるという状態が，無政治的態度（apolitical attitude）である。

🔑 **「無」政治的態度 → 政治への関心がもともと「無い」状態**

5 ⭕ **政治への幻滅から生じる無関心は脱政治的無関心である。**

政治への幻滅によって，政治的関心を失ってしまった状態は，脱政治的態度（depolitical attitude）と呼ばれる。

🔑 **「脱」政治的態度 → 政治への関心から「脱却」した後の状態**

正 答 **5**

第 4 章 政治の意識と行動

ラズウェルまたはリースマンの政治的無関心に関する記述として，妥当なのはどれか。

【地方上級（東京都）・平成 18 年度】

1 ラズウェルは，政治的無関心のうち，アナーキストと同様に，価値としての権力または権力過程に幻滅を感じて政治的行為をしなくなるタイプを，「脱政治的」無関心であるとした。

2 ラズウェルは，政治的無関心のうち，芸術など政治以外の価値にもっぱら没頭して，相対的に政治には価値を見出さないタイプを，「無政治的」無関心であるとした。

3 ラズウェルは，政治的無関心のうち，政治的知識をもっているにもかかわらず，政治に対して冷淡なタイプは，「現代型」無関心であり，マス・メディアの発達によって政治的関心は高まるとした。

4 リースマンは，政治的無関心のうち，政治に対して要求や期待をもっていたが，容易に実現しがたいことを知り，政治価値を否定するタイプを，「反政治的」無関心であるとした。

5 リースマンは，政治的無関心のうち，政治は他人のものという意識をもち，政治的知識がないタイプは，「伝統型」無関心であり，関心は私生活の領域に集中し，「マイホーム主義」が出現するとした。

　本問は政治的無関心に関する基本問題であり，特に難しいポイントは見当たらない。選択肢 5 の「マイホーム主義」という言葉がやや古めかしいが，意味がわからないということはないだろう。あまり悩まずに，正答を見つけてほしい。

1 ✖ **アナーキストは「反政治的」無関心に該当する。**

　アナーキスト（無政府主義者）は，政治そのものに反感を抱いているので，「反政治的」無関心に該当する。

　🔑 **アナーキスト：国家権力や宗教的権威を否定する人々。無政府主義者。**

2 ⭕ **政治以外の価値に没頭するのは，「無政治的」無関心の特徴である。**

　政治以外の価値にもっぱら没頭し，そもそも政治に関心をもたない態度は，「無政治的」無関心に該当する。

3 ✖ **現代型無関心は，マス・メディアの発達によって促進される。**

　マス・メディアの発達によって，大量の情報が報道されるようになると，人々は消化不良を起こし，政治に対する関心を低下させてしまう。こうしたことから，マス・メディアの発達は現代型無関心を促進すると考えられている。

4 ✖ **政治的挫折の経験によって生じる無関心は，「脱政治的」無関心である。**

　政治に対する要求や期待が実現せず，挫折感をもって無関心に陥っているケースは，「脱政治的」無関心に該当する。これに対して，「反政治的」無関心は，政治そのものに反感を抱いている態度を指す。これらの類型は，ラズウェルによって示されたものである。

5 ✖ **「マイホーム主義」と関連する無関心は，「現代型」無関心である。**

　「マイホーム主義」とは，政治や社会にはあまり関心を向けず，もっぱら私生活の充実を図ろうとする態度のことである。マイホーム主義は現代社会で典型的にみられる態度であり，人々は政治的知識や情報があるなかで政治的無関心に陥るので，「現代型」無関心と結びつく。

正　答 2

第4章　政治の意識と行動

ラズウェルの政治的無関心の類型に関するA〜Dの記述のうち，妥当なもののみを全て挙げているのはどれか。

【財務専門官・平成24年度】

A 「反政治的」とは，自己の信奉する価値が政治と衝突するという予想に基づき，自ら政治過程に反対する場合である。例えばアナーキストや宗教的神秘主義者などは反政治的な政治的無関心に属するといえる。

B 「無政治的」とは，例えば芸術や学術など，政治とは離れた他の活動に取り組むうちに，自らの中でその価値が高められ，相対的に権力への関心を喪失する場合である。

C 「脱政治的」とは，現代政治に対する無力感，絶望感，焦燥感などがデマゴーグによって焚き付けられ，結果的に既成の権力体制を黙認する場合である。しかしながら，この類型は，現存の権力体制を破壊する過激なエネルギーへと転化する危険な動態性を持っている。

D 「無頓着的」とは，政治に対する情熱と能力の度合いによって類型化されるものである。それが発生する原因として，日常生活と政治上の諸決定は直接かかわりがあるとは認識されないと知覚することや，一般的に政治的刺激が欠落していること等が挙げられる。

1 **A, B**

2 **A, C**

3 **B, C**

4 **B, D**

5 **C, D**

　本問では「無頓着的」（**D**）という用語がきわめて特殊であるため、これを見てあせってしまうかもしれない。しかし、解答にあたっては、知らない用語はとりあえず後回しにすればよい。まずは、**A**〜**C**の正誤をじっくりと判断してみよう。なお、**ラズウェルの政治的無関心論が出題された場合、「アナーキスト（無政府主義者）は反政治的態度の代表例である」というポイントが問われやすい**ので、**A**については絶対に誤らないようにしたい。

A 〇「反政治的」態度は、政治そのものへの反感を特徴とする。

　正しい。反政治的態度をもつ者は、政治の存在を嫌い、しばしばこれを打倒しようとする。その典型例はアナーキスト（無政府主義者）である。

B 〇「無政治的」態度は、政治以外の領域への関心を特徴とする。

　正しい。「無政治的」態度とは、政治以外の領域への関心が強すぎて、政治に対する関心を失っている状態のことである。

C ✖「脱政治的」態度は、政治的挫折の経験を経ている点を特徴とする。

　「脱政治的」態度は、政治的挫折を通じて、政治に対する無力感を感じることで生じるものである。本肢では、そうした挫折の経験には触れられていないので、「脱政治的」態度には該当しない。

D ✖ 政治に対する情熱と能力の度合いに注目したのは、リースマンである。

　政治に対する情熱と能力の度合いに注目して、人々の政治的態度を分析したのは、ラズウェルではなくリースマンである。なお、「無頓着的」態度とは政治的無関心の別称であるが、一般的にはあまり用いない用語なので、気にする必要はない。

　以上から、妥当なものは **A** と **B** であり、正答は **1** となる。

正　答　**1**

 ワンポイントアドバイス

　リースマンは、道徳屋と内幕情報屋という 2 つの政治的スタイルを区別した。

	特徴	政治に対する情熱	政治的能力
道徳屋	政治への感情的反応	強い	低い
内幕情報屋	政治的情報の消費	弱い	高い

第4章 政治の意識と行動

テーマ11

投票行動

重要度 A

 出題傾向

「投票行動」では，投票行動理論とわが国の投票行動が出題されている。ただし，後者については問われることはまれである。

投票行動理論は，コロンビア学派とミシガン学派の相違点を中心に出題されている。両学派の説明を入れ替えるというのがお決まりのパターンなので，難易度は低い。その他，近年では，フィオリナの業績投票を問うケースも増えている。

わが国の投票行動は，市役所試験などでまれに出題されている。女性の投票率が男性を上回る傾向にあること，若年層の投票率が低いことなどが問われやすい。国家公務員試験では，無党派層の増大に言及されることがあり，伝統的無党派層・積極的無党派層・脱政党層という3類型も問われている。

近年では，合理的選択論に基づく「投票（棄権）の理論」も出題されるようになっている。「R＝PB－C＋D」という公式が基本となるので，その意味はしっかりと理解しておかなければならない。

 理解しておきたい事項

❶ コロンビア学派とミシガン学派

コロンビア学派	ラザースフェルドら	1940年のエリー調査[※]で，有権者の社会的属性と投票行動の関係を発見

※オハイオ州エリー郡で実施したパネル調査（同じ有権者への反復調査）

	社会経済的地位	宗教	居住地域
共和党支持者	高い	プロテスタント	郊外
民主党支持者	低い	カトリック	都心部

ミシガン学派	ミラー，ストークスら	社会的属性と投票行動を媒介する心理的要因[※]を重視

※心理的要因のなかでもっとも強く作用するのは，政党アイデンティフィケーション（特定政党に対する強い一体感や愛着心）である。

❷業績投票（フィオリナ）

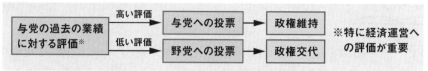

※特に経済運営への評価が重要

❸投票（棄権）の理論

| 「投票によって得られる便益」−「投票に必要なコスト」＞0 | ➡ | 投 票 |

（問題）以下の条件のとき，この有権者は投票するか，棄権するか。

・候補者 X が当選すれば，自分に 1,000 万円分の利益が転がり込む。

・候補者 Y が当選すれば，自分は 500 万円の損失を被る。

・自分の 1 票が選挙結果に影響を与える確率は 0.0001 である。

・投票するには，2,000 円分のコストがかかる。

・自分の投票によって民主主義が支えられると，1 万円分の価値が生じる。

（答）$\{1,000-(-500)\}\times 0.0001-0.2+1=1.05$ 万円＞0 ∴投票する。

> 〈ライカーとオードシュックのモデル〉
> R＝PB−C+D とすると，R＞0 ならば投票し，R≦0 ならば棄権する。
> （ただし，R：投票によって得る利益，P：自分の 1 票が選挙結果に影響を与える確率，B：候補者間の期待効用差，C：投票に必要なコスト，D：投票によって維持される民主主義の価値）

投票行動理論

①コロンビア学派は，社会的属性と投票行動の関係を指摘した。

②エリー調査は，ラザースフェルドらが実施したパネル調査である。

③地位の高い者，プロテスタント，郊外居住者は，共和党に投票しやすい。

④ミシガン学派は，政党アイデンティフィケーションをはじめとする心理的要因を重視した。

⑤業績投票とは，与党の過去の業績を評価して行われる投票のことである。

⑥R＝PB−C+D>0 ならば，有権者は投票する。

わが国の投票行動

①国政選挙の投票率は，50〜60%程度まで低下している。

②無党派層が長期的に増加しており，有権者の 50%程度に達している。

③小選挙区制の導入後，自分の 1 票が無駄にならないように，より勝ちそうな候補者に投票する者が増えた。

第4章 政治の意識と行動

投票行動研究に関する記述として，妥当なのはどれか。

【地方上級（特別区）・平成27年度】

1 ラザースフェルドを中心とするコロンビア大学のグループは，投票行動を決定する要因として，有権者の政党，政策争点，候補者に対する選好とその強度が重要であることを明らかにした。

2 ラザースフェルドを中心とするコロンビア大学のグループは，有権者は，候補者や政党のこれまでの業績について判断して投票行動を決定する業績投票モデルを構築した。

3 キャンベルを中心とするミシガン大学のグループは，パネル調査を実施し，社会経済的地位，宗教，居住地域の3因子が政治的先有傾向の形成に高い相関を持ち，この要因が投票行動に大きな関係があることを明らかにした。

4 キャンベルを中心とするミシガン大学のグループは，有権者と政党との心理的結びつきを政党支持態度とし，この要因によって投票行動を決める場合が最も多いことを示した。

5 キャンベルを中心とするミシガン大学のグループは，多くの有権者が投票時における政策争点を認知し，合理的判断によって投票行動していると分析し，全ての有権者が合理的な有権者であるとした。

解説

投票行動研究の問題では，絶対にチェックしなければならないポイントがある。それは，**コロンビア大学のグループ（コロンビア学派）とミシガン大学のグループ（ミシガン学派）の説明の入れ替え**である。「**コロンビア学派ー社会的属性ーパネル調査**」VS「**ミシガン学派ー心理的要因**」というキーワードのつながりは，必ず頭に入れておこう。

1 ✖ **ミシガン大学のグループに関する説明である。**

「有権者の政党，政策争点，候補者に対する選好」といった**心理的要因に注目したのはミシガン大学のグループである**。これに対して，「有権者の社会経済的地位，宗教，居住地域」といった**社会学的要因に注目したのはコロンビア大学のグループ**である。

2 ✖ **業績投票モデルを構築したのはフィオリナである。**

業績投票モデルとは，有権者は政権担当者ないし政権党（与党）の過去の業績を評価して投票すると想定するものである。たとえば，ある大統領の下で好景気がもたらされれば，有権者はこれを評価して，次の大統領選挙でも現職大統領に投票するとされる。

3 ✖ **コロンビア大学のグループに関する説明である。**

「社会経済的地位，宗教，居住地域……が投票行動に大きな関係がある」と主張したのは，コロンビア大学のグループである。また，**パネル調査とは，同一の対象者に期間をおいて繰り返し面接調査を行う手法のことであり**，コロンビア大学のグループがこれを始めたことで有名である（いわゆる「**エリー調査**」）。

4 ⭕ **ミシガン大学のグループは，政党支持態度に基づく投票を重視した。**

ミシガン大学のグループは，「有権者の政党，政策争点，候補者に対する選好」といった心理的要因を重視した。なかでも**影響力がもっとも強いとされたのが政党に対する選好（政党支持態度）**であった。

🔑 **政党支持態度：政党アイデンティフィケーションに同じ。政党帰属意識ともいう。**

5 ✖ **ミシガン大学のグループは，多くの有権者は合理性を欠くとした。**

ミシガン大学のグループは，有権者の多くが政策争点を重視しておらず，むしろ幼少時からの経験を通じて培ってきた政党支持態度（「△党に一体感を感じる」という態度）に基づいて投票していることを明らかにした。言い換えれば，「△党の候補者であればとりあえず投票する」という有権者が多いということであり，**有権者の合理性を否定する主張につながった。**

正 答 4

第**4**章 政治の意識と行動

ミシガン学派の投票行動研究に関する記述として，妥当なのはどれか。

【地方上級（特別区）・平成 22 年度】

1 ミシガン学派は，マス・メディアよりもオピニオン・リーダーを媒介とするパーソナル・コミュニケーションが有権者の投票行動に大きな影響を与えるとした。

2 ミシガン学派は，有権者の社会的属性と投票行動を媒介する心理的要因を重視し，有権者の意識と投票行動の関係を明らかにした。

3 ミシガン学派は，投票行動は政治的先有傾向に従って行われ，社会・経済的地位，宗教，居住地域の三つが大きな要因であるとした。

4 ミシガン学派は，有権者は自己の効用を基準に政党や候補者を合理的に選択するものとして業績投票をモデル化した。

5 ミシガン学派は，オハイオ州エリー郡で一定の対象者集団に繰り返し実施されるパネル式面接調査を行い，S−O−R モデルに基づき，有権者の投票行動を説明した。

本問は，投票行動理論に関する基本問題なので，ぜひとも正解したい。政治的先有傾向（選択肢 **2**）や S−O−R モデル（同 **5**）という専門用語がやや難しいが，ここでは無視してしまっても，話の大まかな内容は理解できるはずである。**難解な用語の意味にこだわらず，選択肢全体を読んで概要を把握し，正誤の判断に結びつけるようにしよう。**

1 ✖ オピニオン・リーダーの重要性を指摘したのはコロンビア学派である。

オピニオン・リーダーがマスコミと有権者を媒介することで，「コミュニケーションの二段階の流れ」がみられると指摘したのは，コロンビア学派である。

2 〇 **ミシガン学派は心理的要因を重視した。**

コロンビア学派が有権者の社会的属性と投票行動の結びつきを強調したのに対して，ミシガン学派は両者を媒介する心理的要因を重視した。特に幼少期から形成されてきた「政党アイデンティフィケーション」の影響力は大きいとされている。

3 ✖ 政治的先有傾向を重視したのはコロンビア学派である。

有権者の社会的属性（社会・経済的地位，宗教，居住地域）に従って一定の政治的先有傾向が生まれ，それが投票行動に影響を与えると指摘したのは，コロンビア学派である。

🔑 **政治的先有傾向：「どの政党に投票しがちか」というそもそもの傾向**

4 ✖ 業績投票をモデル化したのはフィオリナである。

ミシガン学派は，有権者が政党や候補者の政策を吟味し，合理的に投票を行っているケースは少ないとした。これに対して，フィオリナは「業績投票」の概念を示し，有権者は一定の合理性をもつと批判した。フィオリナによれば，有権者は政党（与党）や候補者（現職候補者）の過去の業績を評価したうえで投票しているとされる。

5 ✖ エリー調査を行ったのはコロンビア学派である。

政治学にパネル調査の手法を持ち込み，いわゆるエリー調査を行ったのは，ミシガン学派である。パネル調査では，一定の対象者集団に繰り返し調査が実施され，その態度変容が観察される。

🔑 **S−O−R モデル：S（刺激）と R（反応）を媒介する要因として，O（有機体）を重視するモデル。有権者の心理を重視するミシガン学派の研究はこれにあたる。**

正 答 **2**

第4章
政治の意識と行動

問題 4-09 選挙と投票行動に関する次の記述のうち，妥当なのはどれか。

【国家一般職［大卒］・平成 25 年度】

1 政党の再編期には，連続する二つの選挙の間で各政党の得票率に大きな変化が見られることが多い。こうした選挙間の変化を分析するために，M. ペゼアセンはエレクトラル・ヴォラティリティ（electoral volatility）あるいは選挙変易性と呼ばれる指標を考案した。この指標はある選挙から次の選挙にかけての全政党の得票の増減（%）の絶対値を合計したものに等しい。

2 小選挙区制と比例代表制を組み合わせた制度の一つにドイツの連邦議会選挙が採用している小選挙区比例代表併用制がある。ドイツでは，小選挙区で獲得した議席数が比例票による議席配分を上回るような政党が出ることがある。その場合には，当選者数が本来の議員定数を上回る，すなわち超過議席が発生する結果となる。

3 中位投票者定理は，いかなる選挙制度の下でも，競争関係にある政党の政策は中位投票者（メディアン・ヴォーター），すなわちその政策次元上で全有権者の中位（メディアン）に位置する有権者の立場へと収斂していくことにより，有権者の政策選択の幅が狭くなることを理論的に示したものである。

4 業績投票は，政府・与党の実績についての評価を行い，これを高く評価すれば与党に，低く評価すれば野党に投票するという投票行動のスタイルである。これを行うには政府・与党の実績に関する情報の収集と分析をしなければならないため，空間モデルによる争点投票と比較して，有権者の意思決定のコストはより大きなものとなる。

5 投票行動に関する社会心理学的モデルを代表するものとしてミシガン・モデルがある。このモデルにおいて投票行動に影響を与える三つの主要な心理学的変数とされるのは，政党帰属意識，争点態度，経済状況に関する認識であるが，このうち政党帰属意識はより長期的に形成される要因，他の二つはより短期的に形成される要因であるとされる。

本問では，選択肢 **1** が国家総合職レベルの難問となっている。しかし，こうした**極端に難しい選択肢はとりあえず無視してしまおう**。他の選択肢をみて，正しい内容があればそれが正答であり，すべて誤りの内容であれば飛ばした選択肢が正答である。

1 ✖ **選挙変異性は，得票率の増加分のみを合計して計算される。**

　エレクトラル・ヴォラティリティ（選挙変異性）は，ある選挙から次の選挙にかけて得票率を伸ばした政党の得票増加分（％）を合計することで計算される。得票率を減らした政党の得票減少分は，計算には用いられない。

2 ⭕ **ドイツの併用制では，超過議席の制度が設けられている。**

　ドイツの小選挙区比例代表併用制では，①比例代表選挙で各党の議席数が決まり，②小選挙区選挙の当選者に各党の議席が割り当てられ，③各党の残り議席が候補者名簿の順位に従って埋められていく。この際，比例代表選挙で配分された議席数を，小選挙区選挙の当選者数が上回った政党については，超過議席が与えられる。

3 ✖ **中位投票者定理は，比例代表制などでは成立しない。**

　有権者をその意見に応じて一列に並べたとき，両端から数えてちょうど真ん中に位置する有権者を中位投票者（メディアン・ヴォーター）という。本肢で説明されている**中位投票者定理が典型的に成立するのは，小選挙区制の場合であり，比例代表制などでは成立しない。**

4 ✖ **業績投票に必要な意思決定コストは，争点投票よりも小さい。**

　政府・与党の業績は，たとえば「生活が楽になったか」といった感覚をもとに，大まかに評価することが可能である。これに対して，争点投票では，ある争点（たとえば税制）について自らが明確な意見をもち，これを各政党の主張と比較しなければならないため，意思決定コストは高くなる。

5 ✖ **「経済状況に関する認識」は「候補者に関する認識」の誤り。**

　ミシガン・モデルでは，心理学的変数として，政党帰属意識（政党アイデンティフィケーション），争点態度，候補者に関する認識（候補者イメージ）の３つが用いられた。経済状況に関する認識が重視されたのは，業績投票の場合である。

正 答 2

第**4**章

政治の意識と行動

第**5**章 政治の思想

テーマ**12**

政治思想

重要度 **C**

出題傾向

「政治思想」では，中世を除く各時代の有名な政治思想が幅広く問われている。なかでも近代の政治思想は重要である。

> 近年では，近現代の自由主義思想が最頻出テーマとなっている。そこで，本書ではこれを別立て（テーマ13）として，詳しく学ぶことにしている。

古代ギリシャの政治思想は，プラトンとアリストテレスさえ押さえておけばよい。プラトンの思想はリーダーシップ（テーマ2），アリストテレスの思想はデモクラシー論（テーマ16）とも関わってくるので，注意しよう。

近代の政治思想は，政治思想のなかでも最頻出のテーマである。市役所試験などでは社会契約論が出題されやすいが，試験の難易度が上がるほど，マキァヴェリやボダンが出題されやすくなる。難易度の高い問題として，ヘーゲルが出題されることもある。その場合，国家の位置づけが重要なポイントとなる。

現代の政治思想は，国家公務員試験を中心に出題されている。最近ではアレントなどが出題されているが，一般に難易度は高い。

理解しておきたい事項

❶ 古代ギリシャの政治思想

プラトン	哲人王（哲学を究めている国王）の下で，階級国家（統治者階級＋軍人階級＋生産者階級）を維持していくべきである。
アリストテレス	人間が人間らしく生きていくためには，ポリスが不可欠である。 ⇒「人間は自然によってポリス的（政治的）動物である」（ゾーオン・ポリティコン）

❷ マキァヴェリとボダン

マキァヴェリ	強力な軍事力をもった君主が，国家を統一していくべきである。君主は恐れられる存在でなければならず，狐の知恵とライオンのどう猛さに学ばなければならない。
ボダン	絶対的で永続的な主権をもった君主が，正しい統治を行っていくべきである。君主は主権に基づいて法律を臣民に強制できるが，その権力は神法・自然法や臣民との契約などによって制限を受ける。

❸ 社会契約論

自然状態：人間がばらばらに生活している状態（政治社会を作る以前の状態）
自然権　：人間が生まれながらにしてもつ権利（自然状態における権利）
社会契約：全員一致に基づく人民相互の契約

ホッブズ （『リヴァイアサン』）	人間は自然権（自己保存権）をもつため，生存競争が起こり，自然状態は闘争状態となる。そこで，社会契約が結ばれて第三者に自然権が譲渡され，絶対的な主権者と国家が誕生した。国民は主権者に対する抵抗権をもたない。　⇒絶対王政の正当化
ロック （『市民政府二論』）	人間は自然権（生命・自由・財産所有権）をもちつつ，自然状態（一応の平和状態）のなかで生活していた。しかし，自然権のよりよき保障のために社会契約が結ばれ，第三者に自然権が信託され，主権者と国家が誕生した。自然権を侵害する主権者に対して，国民は抵抗権を行使できる。⇒名誉革命の正当化
ルソー （『人間不平等起源論』 『社会契約論』）	自然状態において人間は調和の状態にあったが，私有財産制の発達とともに不平等が拡大し，その克服が必要となった。そこで社会契約が結ばれ，人間は自ら作った共同体に自然権を譲渡することとなった。その結果，共同体のメンバーは人民集会に参加し，共同体の意思を決定するとともに，その決定事項に自ら進んで従うこととなった。⇒人民主権と直接デモクラシー

出るのはココだ！

①マキァヴェリは，狐の知恵とライオンのどう猛さをもつ君主に期待した。
②主権概念を深く考察し，その中心に立法権を見出したのはボダンである。
③自然状態を「万人の万人に対する闘争」と表現したのは，ホッブズである。
④自然権の内容を生命・自由・財産所有権としたのは，ロックである。
⑤国民の抵抗権を認め，名誉革命を正当化したのは，ロックである。
⑥人民主権と直接デモクラシーを主張したのは，ルソーである。
⑦歴史や伝統を破壊したとしてフランス革命を批判したのは，バークである。
⑧国家を人倫の最高形態とみなして高く評価したのは，ヘーゲルである。

問題 5-01 古代ギリシアの政治思想家に関する記述として，妥当なのはどれか。

【地方上級（特別区）・令和3年度】

1 ソクラテスは，「国家」を著し，哲学者が追求すべき最高の実在は善のイデアであり，イデアを認識した哲人王が支配するのが理想的な国家であるとした。

2 プラトンは，「政治学」を著し，人間は，善悪や正義を共有する人々の間でポリスを形成するものであり，本性的にポリス的動物であるとした。

3 プラトンは，人々に「無知の知」を自覚させるため，街頭や広場において人々に語りかけ，問答を繰り返したが，ポリスの神を信じず青年を腐敗させたとして死刑の判決を受けた。

4 アリストテレスは，国家は「統治者，戦士，生産者」という3つの階級からなると主張し，統治者と戦士の私有財産を禁じて共産制を説いた。

5 アリストテレスは，支配者の数と，共通の利益をめざしているか否かという基準によって国制を6つに分類し，そのうち，多数者支配の堕落した形態を「民主制」と呼んだ。

古代ギリシャの政治思想は，それほど頻出というわけではない。しかし，ソクラテス，プラトン，アリストテレスの学説を明確に区別できないとかなり苦労するので，学者名とそのキーワードはしっかりと結びつけて覚えておきたい。

1 ✖ 哲人王による支配を理想としたのはプラトンである。

　プラトンは，善のイデアを認識しつつ，統治の技術として高貴な嘘をつくことのできる人物を「哲人王」と位置づけ，哲人王による支配を理想として掲げた。これに対して，ソクラテスはプラトンが師と仰いだ人物である。

2 ✖ 人間を「ポリス的動物」と表現したのはアリストテレスである。

　アリストテレスは，人間はポリス（都市国家）を離れては真の人間たりえないと考え，人間を「ポリス的動物」（ゾーオン・ポリティコン）と呼んだ。

🔑 **ポリス：古代ギリシャでみられた「都市＝国家」という存在**

3 ✖ 「無知の知」の自覚を説いたのはソクラテスである。

　人々と問答を繰り返すことで，われわれの知識の不完全さを明らかにしようとしたのは，ソクラテスである（「無知の知」）。ここでソクラテスが用いた方法は，問答法ないし産婆術などと呼ばれている。

> 師のソクラテスを死に追いやったことから，プラトンはアテネの民主政治に批判的だったんだ。

ここに注目！

4 ✖ 階級国家を主張したのはプラトンである。

　プラトンは，「統治者，戦士，生産者」という3つの階級からなる階級国家を理想とした。また，このうち統治者については，私的利益を追求しないように，家族や私有財産の保有を禁止するべきであるとした。

5 ⭕ アリストテレスは多数者支配の堕落した形態を「民主制」と呼んだ。

　アリストテレスは，多数者が権力を分有しつつ私的利益を追求しているような国制を「民主制」（デモクラティア）と呼び，これを批判した。

🔑 **民主制（多数者支配の堕落形態）⇔ポリテイア（多数者支配の善い形態）**

正答 **5**

次の文章中の空欄に入る人名の組合せとして，妥当なものはどれか。

【市役所・平成27年度】

（　A　）は，（　B　）と同じく自然状態を想定し，また，自然状態が必ずしも安定していないと考えている点で，両者は共通している。しかし，（　B　）が自然状態において人間は相互不信に陥り，暴力的な手段に訴えると考えるのに対し，（　A　）はそのようにはならないと説く。自然権に関しても，（　B　）が社会契約によってその全面的な譲渡によって国家を構築するのに対し，（　A　）は，一部の権利は留保されていると説く。

	A	B
1	ロック	ルソー
2	ルソー	ホッブズ
3	ホッブズ	ロック
4	ロック	ホッブズ
5	ルソー	ロック

　本問は社会契約論に関する問題であり，空欄 **A・B** には，ホッブズ，ロック，ルソーのいずれかが該当する。しかし，**A** と **B** が対比的に示されていることから，正答の候補はホッブズとロックに絞られる。**ルソーの主張はやや独特で，論理展開がホッブズやロックとは異なっている**ためである。あとは問題文を読んでキーフレーズを見つけ出し，ホッブズとロックの区別をつけていけばよい。

　A と **B** のいずれを先に考察するかは，各人の自由である。ここでは，**B** について先に考察してみよう。

B：「ホッブズ」が該当する。

　「自然状態において人間は相互不信に陥り，暴力的な手段に訴える」とあるのは，「**万人の万人に対する闘争**」を意味している。また，「社会契約によってその（＝主権の）全面的な移譲によって社会を構築する」とあるのは，「**自然権の全面的な譲渡**」を意味している。したがって，これらを主張したのはホッブズだと判断できる。

A：「ロック」が該当する。

　「そのようにはならない（＝自然状態において人間は相互不信には陥らず，暴力的な手段に訴えることもない）」とあるのは，「**一応の平和状態**」を意味している。また，「（社会契約によって）一部の権利は留保されている」とあるのは，「**抵抗権の留保**」を意味している。したがって，これらを主張したのはロックだと判断できる。

　以上から，**4** が正答となる。

正　答 **4**

 ワンポイントアドバイス

ホッブズとロックの主張は，対比しながら覚えるとよい。

人名	自然権	自然状態	社会契約	抵抗権
ホッブズ	自己保存	闘争状態	自然権の譲渡	認めない
ロック	生命・自由・財産所有	平和状態	自然権の信託	認める

第5章　政治の思想

西洋政治思想に関する次の記述のうち，妥当なものはどれか。

【地方上級（全国型）・平成 27 年度】

1　J. S. ミルは，少数者の専制による暴走を恐れる立場から，少数者の人格・識見を多数の人々が道徳的に陶冶するとともに，社会のすべての成員が政治に参加するべきであるとした。

2　E. バークは，平和で安定した状態を獲得するために，人間はすべての権利を社会に移譲して一般意志に従うようになるとし，それを体現したフランス革命を支持した。

3　A. ド・トクヴィルは，メディアや知識人，教会等の中間団体こそが民主制を阻害する要因になっているとして，その抑制を主張した。

4　G. W. F ヘーゲルは，弁証法的過程における止揚によって国家が成立するととらえるとともに，これを人倫の最高形態であるとして高く評価した。

5　T. ホッブズは，原則として自然状態において人間どうしが相争うことはないが，各人は自らの権利をよりよく保障するために社会契約を結び，国家を設立するとした。

「ミル→個性ある少数者の自由」（選択肢 **1**），「バーク→フランス革命批判」（同 **2**），「ホッブズ→万人の万人に対する闘争」（同 **5**）は基本事項なので，確実に誤りを見抜かなければならない。**ヘーゲル（同 3）は理論がやや難解なので，細かな理解はあきらめて，キーワードを暗記するにとどめても構わない。** トクヴィル（同 **4**）については，問題の切り口がやや変わっているので，解説を読んでよく理解しておこう。

1 ✖ **ミルは多数者の専制による暴走を恐れた。**

ミルは，しっかりと物事を考えない多数者が暴走し，個性ある少数者の自由を抑圧してしまうことを懸念した。そこで，多数者を道徳的に陶治（教育）することの重要性を主張し，そのためにも社会のすべての成員を政治に参加させるべきだとした。

🔑 **ミル → 普通選挙制／比例代表制／代議政体**

2 ✖ **バークはフランス革命を批判した。**

バークは保守主義者であり，感情に任せて伝統を破壊したフランス革命を批判した。なお，「すべての権利を社会に委譲して一般意志に従う」ことを主張したのは，社会契約論者のルソーである。

🔑 **一般意志：社会全体の真の利益に関わる意志。個別の利害を離れたもの**

3 ✖ **トクヴィルは中間集団の役割を高く評価した。**

トクヴィルはアメリカ社会を観察し，中間集団（地域共同体や自発的集団など）が活発に活動することで，民主制が支えられていると主張した。

🔑 **トクヴィルの著作 → 『アメリカにおける民主主義』**

4 ⭕ **ヘーゲルは国家を高く評価した。**

ヘーゲルは，愛情によって融合しあう「家族」と，欲望で分裂しあう「市民社会」の間から，止揚（一段上に引き上げること）によって「国家」が生み出されると考えた（弁証法的過程）。そして，**国家を人倫の最高形態として高く評価した。**

🔑 **人倫：善の概念が具体化されたもの**

5 ✖ **ホッブズは自然状態を闘争状態ととらえた。**

ホッブズは，自然状態を「万人の万人に対する闘争」ととらえ，人民は自己保存のために国家を設立したと主張した。これに対して，自然状態を戦争状態とは考えず，国家はあくまでも自然権をよりよく保障するために設立されたものだと主張したのは，ロックである。

正 答 4

第5章 政治の思想

テーマ**13**

自由主義

重要度 **B**

 出題傾向

「自由主義」は，政治思想のなかでも特に頻出のテーマである。近代の自由主義と現代の自由主義のいずれについても出題があり，幅広い知識が求められる。

近代の自由主義は，ロック，ベンサム，ミル，グリーンに出題が集中している。このうちグリーンは，高校で学ばないこともあって受験生は軽視しがちであるが，意外と出題されているので，注意が必要である。

現代の自由主義は，バーリン，ロールズ，ハイエク，ノージックを中心に出題されている。なかでもロールズは重要であり，原初状態，無知のヴェール，格差原理などの用語が繰り返し出題されている。

> 自由主義の諸学説については，国家総合職で出題された内容が，国家一般職や地方上級に波及していくことも多い。難易度は高いが，「ドゥオーキン→無人島のオークション」，「セン→ケイパビリティ（潜在能力）・アプローチ」などのポイントだけでも覚えておきたい。

 理解しておきたい事項

❶ 自由主義の流れ

古典的自由主義	ロック，アダム・スミス，モンテスキューなど

↓

功利主義的自由主義	ベンサム，J.S. ミルなど

↓

新自由主義	グリーンなど（New Liberalism）

↓

現代自由主義	ロールズなど（現代リベラリズム） ノージックなど（Neo Liberalism）

❷ 古典的自由主義（ロック）

国家からの自由	自然権（生命・自由・財産所有権）／人民の抵抗権／宗教的寛容（カトリックや無神論者は除く）

❸ 功利主義的自由主義

ベンサム	各人の幸福の量は，各人の感じる快楽と苦痛の量をもとに計算できる（主観価値説）。また，何人も平等であることから，われわれは「最大多数の最大幸福」を目指すべきである（量的功利主義）。
J. S. ミル	われわれは多数者の専制を防ぎ，「個性ある少数者の自由」を尊重するべきである（質的功利主義）。また，代議政体が最善の政体であり，普通選挙，女性参政権，比例代表制も採用するべきである。

❹ 新自由主義（グリーン）

国家による自由	われわれは，人格完成という理想に向けて努力する自由をもっている。しかし，貧困などの社会問題は，そうしたわれわれの努力を台無しにしかねない。そこで，国家は国民生活に積極的に介入し，社会問題を解決することで，人々の自由を守るべきである。

❺ 現代リベラリズム（ロールズ）

「原初状態」の仮想	→	「正義の原理」の導出
人々が自分の置かれた社会的地位を知りえない状態（「無知のヴェール」に覆われた状態）を想定してみる。		自分が最も虐げられた状態にあったとしても受け入れ可能な原理を，人々は支持するはずである。そうした原理が，全員によって受け入れられる「正義の原理」である。

第1原理	平等な自由原理	各人は最大限の自由への平等な権利をもつ。
第2原理	格差原理	不平等は，社会におけるもっとも不遇なメンバーの利益となり，かつ，機会均等が実現している場合にのみ許される。
	機会均等原理	

☞ ロールズは格差原理をもって，福祉国家を正当化した。

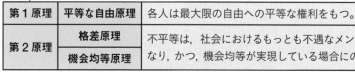

出るのはココだ！

①「最大多数の最大幸福」を主張したのは，ベンサムである。

②「個性ある少数者の自由」を主張したのは，J. S. ミルである。

③グリーンは，国家の積極的介入による社会問題の解決を肯定した。

④ロールズは，無知のヴェールに覆われた原初状態から出発して，正義の原理を導き出した。

⑤ロールズは，格差原理に基づいて福祉国家を肯定した。

⑥ロールズは，少数者の利益を無視しかねないとして，功利主義を批判した。

⑦ノージックは，最低限の活動のみを行う最小国家を理想とした。他方，所得の再分配を行う福祉国家は，個人の権原を侵害するとして批判した。

⑧バーリンは，消極的自由（他者の干渉を拒む自由）を高く評価した。

問題 5-04 次の文中の空欄に当てはまる語句の組合せとして，妥当なものはどれか。

【地方上級（全国型）・平成25年度】

リベラリズム（自由主義）の意味内容は，時代によって変化してきた。J.ロックに始まる古典的リベラリズムでは，〔 **a** 〕自由が主張され，〔 **b** 〕自由が重視された。その後，T.H.グリーンを代表的論者とする新自由主義が台頭すると，〔 **c** 〕自由という概念が提唱され，共通善を実現するための〔 **d** 〕自由が強調されるようになった。さらに現代においては，〔 **e** 〕がリベラリズムを再興し，福祉国家を正当化するなどしている。

	a	b	c	d	e
1	積極的	国家からの	消極的	国家による	J.ロールズ
2	積極的	国家による	消極的	国家からの	R.ノーズィック
3	消極的	国家からの	積極的	国家による	J.ロールズ
4	消極的	国家による	積極的	国家からの	J.ロールズ
5	消極的	国家からの	積極的	国家による	R.ノーズィック

近年の試験では，政治思想に関する出題の大半で自由主義が取り上げられている。しかし，一口に自由主義と言っても，論者によって主張内容が大きく異なっており，本問では特に**ロックとグリーンの違いがポイントとなっている。ロックは，国家への抵抗権を主張することで，個人の自由を守ろうとした**。これに対して，**グリーンは，国家が貧困などの諸問題を解決することで，個人の自由がはじめて守られると主張した**。両者の違いは，しっかりと頭に入れておこう。

a：「消極的」／ b：「国家からの」

ロックは，人民の生まれながらの権利（自然権）を国家が侵害した場合，人民は抵抗権を行使して国家と戦うことができると考えた。このように，国家の干渉をはねのけて国家と距離をおく自由が「消極的自由」であり，それを言い換えれば「国家からの自由」となる。

　🗝 ロック（古典的リベラリズム）→ 消極的自由／国家からの自由

c：「積極的」／ d：「国家による」

グリーンは，人民が人格完成という共通の理想（共通善）を目指す自由をもっていると考え，これを「積極的自由」とした。そして，人格完成を妨げる貧困などの諸問題の解決を，国家に期待した。このように，国家の保護を受けて達成される自由が「国家による自由」である。

　🗝 グリーン（新自由主義）→ 積極的自由／国家による自由

e：「J. ロールズ」

ロールズは，自由主義の立場から，自由競争の重要性を指摘した。しかし，自由競争の結果としてもたらされる繁栄が，一部の社会的弱者の犠牲によって得られるものであってはならないと考え，福祉国家の必要性を指摘した。なお，こうした考えにより，ロールズは「最大多数の最大幸福」を主張する功利主義には批判的な立場をとった。

　🗝 ロールズ（現代リベラリズム）→ 福祉国家論／功利主義批判

以上から，**3** が正答となる。

正 答 **3**

第5章 政治の思想

政治思想に関する次の記述のうち，妥当なものはどれか。

【地方上級（全国型）・平成 19 年度】

1 ベンサムは，「最大多数の最大幸福」という理念を掲げつつ，諸個人の最大幸福追求の自由を最大限に認めるため，国家の干渉は最小限度に抑えるべきであると主張した。

2 J. S. ミルは，真の民主政治は人民の直接参加によって支えられるべきであると主張し，代議政体の意義を否定した。

3 スペンサーは，人間は自らの人格を完成させる自由を持つと考え，国家はその障壁となる事柄を排除するために活動するべきであると主張した。

4 ハイエクは，人々が「無知のヴェール」に覆われているような原初状態を想定し，そこから最も不遇な者を最も手厚く扱うべきだとする正義の原理を導き出した。

5 バーリンは，消極的自由と積極的自由を区別したうえで，消極的自由は閉鎖的な独裁体制を作り出すことがあると主張し，これを批判した。

　　　　　　政治思想では，キーフレーズと人名の結びつきが重要である。「最大多数の最大幸福（→ベンサム）」「代議政体（→ミル）」「国家による障害の排除（→グリーン）」「無知のヴェール・原初状態・正義の原理（→ロールズ）」「消極的自由・積極的自由（→バーリン）」など，本問では各選択肢にキーフレーズがちりばめられているので，これをヒントとして活用したい。なお，選択肢 **2** は**文末までしっかりと読むこと**。「否定した」という部分を見逃すと，正誤の判断を誤りかねない。

1 ◯ ベンサムは自由主義・功利主義を唱えた。

　ベンサムは，諸個人の自由と平等を重視する立場から，①国家による干渉を最少限度に抑えること，②「最大多数の最大幸福」を実現すること，などを主張した。

🔑 **功利主義：効用の最大化を善いことと考え，その実現を目指す思想**

2 ✖ ミルは代議制デモクラシーを主張した。

　ミルは，直接デモクラシーではなく，代議制デモクラシーを高く評価した。その理由としては，①政治に参加した人々が公共の事柄について学び，向上できること，②優秀な資質をもつ人々を活用できること，などが挙げられている。

3 ✖ 人格完成上の障害の排除を国家に期待したのはグリーンである。

　グリーンは，人格の完成を万人に共通の理想と考え，すべての人間は人格完成を目指す自由をもつとした。また，人格完成の障害となっている事柄（貧困など）を，国家は積極的に排除すべきであるとして，「国家による自由」を特徴とする新自由主義を主張した。

🔑 **新自由主義（New Liberalism）→ 国家の積極的な活動を肯定的に評価**

4 ✖ 「無知のヴェール」を想定したのはロールズである。

　ロールズは，自らの社会的地位を知りえない人間は，自分が最も恵まれない地位に置かれた場合でも容認できるような原理を選択するはずだと考えた。そして，**無知のヴェールに覆われた原初状態から出発して，最も不遇な者を最も手厚く扱うべきだとする格差原理**などを，正義の原理として引き出した。

🔑 **無知のヴェール：自らの社会的地位を知りえない状態の例え**

5 ✖ バーリンは消極的自由を高く評価した。

　バーリンは，他者の干渉を拒む自由を消極的自由と呼び，自分のことを自分で決める自由を積極的自由と呼んだ。そして，**全体主義に対抗するためには，国家による統制を拒否しなければならないとして，消極的自由を高く評価した。**

正　答 1

功利主義に関する次の記述のうち，妥当なものはどれか。

【市役所・平成 18 年度】

1 ベンサムは，社会を構成している個々の成員の利益の総計を社会的利益と考え，各成員の個人的快楽および社会全体の快楽を最大化することが，為政者の任務であると主張した。

2 J. S. ミルは，ベンサム流の量的功利主義を継承し，各人を一律に平等扱いすることこそが真の平等であると主張した。

3 J. S. ミルは，「不満足なソクラテスであるよりも，満足した愚者であるほうが優れている」として，個々人の感覚がその個人の幸福の内容を決定すると主張した。

4 グリーンは，外的な拘束や制約のない状態を自由と定義し，自由の下で各人が自らの幸福を最大化していく状態を社会の理想として掲げた。

5 ロールズは，功利主義を賞賛してその立場から財の配分という正義の問題に取り組み，最も不遇な人々が最大の利益を享受するような格差は認められるべきであると主張した。

問題文の書き出しは「功利主義に関する次の記述」となっているが，本問で実際に功利主義者に分類されるのは，ベンサムとJ. S. ミルだけである。「**ベンサムの量的功利主義**」対「**ミルの質的功利主義**」という対立図式は，**しばしば出題される重要ポイント**であり，本問もこの知識だけで選択肢 **1〜3** の正誤が判定できる。また，**ロールズは明確に反功利主義的立場を打ち出しており，5** ではこのポイントが問われている。

1 ◯ ベンサムは，快楽の最大化を為政者の任務であるとした。

ベンサムは，個々人の快楽の総和を最大化することこそが善であると考え，為政者は「最大多数の最大幸福」を実現しなければならないと主張した。

2 ✘ J. S. ミルは，量的功利主義を批判した。

ミルは，ベンサム流の量的功利主義を批判し，快楽には質的な差があると主張した（質的功利主義）。そして，各人を一律に平等扱いするのではなく，優れた少数者（「個性ある少数者」）の意見をより尊重するべきであると主張した。

3 ✘ J. S. ミルは，「不満足なソクラテス」を高く評価した。

ミルは，「満足した愚者であるよりも，不満足なソクラテスのほうが優れている」とした。これは，単なる感覚的な快楽におぼれることを批判し，優れた少数者を高く評価する立場から生まれた言葉である。

4 ✘ グリーンは，外的な拘束や制約がないだけでは自由ではないとした。

グリーンは，単に外的な拘束や制約がないというにとどまらず，積極的に「為すべきことを為す」ことができる状態を自由とみなした。これに対して，外的な拘束や制約がないことを自由とみなしたのは，古典的な自由主義者（ロックなど）である。

5 ✘ ロールズは，功利主義を批判して，正義の原理を導き出した。

ロールズは，「最大多数の最大幸福」を主張する功利主義では，少数者の犠牲のうえに多数者の幸福が築かれかねないと考えた。そこで，思考実験を通じて正義の原理を導き出し，最も不遇な人々が最大の利益を享受できるような政策の実施を訴えた。

正 答 1

第5章 政治の思想

第**6**章 政治の理論

テーマ14

政治学理論史

重要度
C

出題傾向

「政治学理論史」では，現代政治学の誕生，政治システム論，脱行動論革命が出題されている。ただし，脱行動論革命が出題されることはまれで，市役所試験などで過去問の使いまわしともいえる内容が問われているにすぎない。

現代政治学の誕生は，事実上，ウォーラスとベントレーに関する問題として出題されている。出題のポイントが少なく，同じような内容が繰り返し出題されているため，問題の難易度は低い。

> ウォーラスの関連事項として，「ウォーラスの教えを受けて大衆の非合理性を批判したのがリップマンである」という伝記的事実が問われることもある。同様の内容はマスコミ（テーマ8）でも出題されているので，注意しよう。

政治システム論は，イーストンの提示した図式の意味を中心に出題されている。アーモンドやドイッチュの政治システム論が問われることもあるが，キーワードさえ暗記しておけば解ける問題が大半なので，あまり細かな点まで気にする必要はない。

理解しておきたい事項

❶ 現代政治学の誕生

ウォーラス	『政治における人間性』 （1908年）	従来の政治学は，人間の知性を過大評価していた（主知主義批判）。
		現実の政治は，人間の非合理的な衝動や本能によって動かされている。　⇒政治心理学の確立へ
ベントレー	『政治過程論』 （1908年）	従来の政治学は，政治制度の形式的・静態的研究に終始していた（「死んだ政治学」批判）
		現実の政治は，政党や圧力団体などの集団によって動かされている。　⇒政治過程論の確立へ

☞ベントレーの業績は，約半世紀にわたって埋もれていた。しかし，トルーマンによる「ベントレーの再発見」で，再評価されるに至った。

❷ 政治システム論

イーストン	政治システム論の確立

・政治システムは，環境からの入力を受けて出力を生み出す。出力は環境に変化をもたらし，それが新たな入力につなげられる。

(例)〔共働き家庭の増加〕→保育所の増設要求→保育所の建設方針→〔保育所の建設〕→不足分の増設要求→……

アーモンド	比較政治学への導入（構造機能分析）

・各国の政治システムが，どのような構造をもって，システム存続のために必要とされる機能を営んでいるかを分析した。
・各国の政治システムを支えている政治文化も分析した。

ドイッチュ	サイバネティクス論の導入

・政治システムを一種の情報回路とみなし，制御と通信という観点からとらえなおした。
・政治システム論を外交政策の分析に応用した。

 出るのはココだ！

現代政治学の誕生

①ウォーラスは，反主知主義の立場に立ち，人間の非合理的な衝動に注目した。

②ウォーラスの教えを受けたリップマンも，大衆の政治能力に懐疑的であった。

③ベントレーは，政治制度の形式的・静態的研究を批判し，これを「死んだ政治学」と呼んだ。

④ベントレーの業績を約半世紀後に再発見したのは，トルーマンである。

政治システム論

①政治システム論を確立したのは，イーストンである。

②政治システム論を比較政治学に導入したのは，アーモンドである。

③政治システム論にサイバネティクス論を導入したのは，ドイッチュである。

④イーストンは，1960年代末に脱行動論革命を提唱し，社会的意義をもつ政治学の確立を訴えた。

第6章 政治の理論

政治学理論に関する次の記述のうち，妥当なものはどれか。

【市役所・平成 22 年度】

1 D. イーストンは，要求および支持という「入力」が政治システムによって政策という「出力」に変換され，これがフィードバックにより新たな入力につなげられていくという過程を想定し，政治システム論を確立した。

2 G. アーモンドは，S. ヴァーバとともに比較政治文化研究を行い，アメリカ，イギリス，フランス，ドイツなどの欧米先進国では参加型文化が根づいており，したがってデモクラシーに親和的であると主張した。

3 R. ミヘルスは，組織の規模が拡大するとともに内部で諸勢力の衝突が起こり，最終的には均衡が実現することを実証研究によって証明し，大規模組織では必ず少数者による支配が生まれるとする寡頭制の鉄則を批判した。

4 C. メリアムは，政治学において主流とされてきた行動論的政治学が数量的・実証的研究を偏重し，政治学の社会的有意性を軽んじてきたと批判し，自ら脱行動論革命を主張した。

5 A. ベントレーは，当時の政治学が政治制度の静態的研究に終始していた点を批判して，これを「死んだ政治学」と呼び，自らは人々の政治行動を支えている非合理的な政治心理の研究を推し進めた。

本問では現代政治学の発達史が問われている。**現代政治学には，①ウォーラスとベントレーによる現代政治学の確立，②メリアムによる行動科学アプローチの推進，③イーストンによる脱行動論革命の提唱，という3つの大きな転換点があるので，**それぞれの概要は押さえておきたい。アーモンドとヴァーバの政治文化論（選択肢2）は，行動科学アプローチに基づく研究のひとつであり，英米が参加型文化，ドイツ（旧西独）が臣民型文化に位置づけられるという点がポイントとなる。

[1] 〇 **イーストンは政治システム論を確立した。**

　　イーストンは，政治システムとその環境を区別し，政治システムは環境から入力された要求や支持を政策として出力する存在であるとした。また，政策は環境を通じて新たな要求や支持につなげられ，政治システムにフィードバックされるとした。

　🗝 **政治システム論：「入力 →変換 → 出力 → フィードバック → ……」**

[2] ✖ **デモクラシーに親和的なのは英米の政治文化であるとされた。**

　　アーモンドとヴァーバは，①政治的無関心を特徴とする未分化型（パロキアル型）文化，②政治に対する受動性を特徴とする臣民型文化，③積極的な政治参加を志向する参加型文化を区別した。そして，英米にみられる参加型文化が，3つの政治文化のなかで最もデモクラシーに親和的であるとした。

　🗝 **参加型文化（英米）／臣民型文化（旧西独・伊）／未分化型文化（メキシコ）**

[3] ✖ **ミヘルスは寡頭制の鉄則を提唱した。**

　　ミヘルスはドイツ社会民主党を研究し，いかなる組織も大規模化するとともに少数者による支配が生まれると主張した。これを寡頭制の鉄則という。

[4] ✖ **脱行動論革命を主張したのはイーストンである。**

　　戦後のアメリカでは，個人や集団の政治的行動を科学的に研究しようとする「行動科学アプローチ」が盛んになった。しかし，**現状を無批判に受け入れ，そこで生じている現象を数量化して説明するだけで満足している態度が問題視される**ようになり，イーストンらは脱行動論革命を主張した。

[5] ✖ **非合理的な政治心理に注目したのはウォーラスである。**

　　20世紀初頭に活躍し，現代政治学を切り開いていった2人の人物がベントレーとウォーラスである。このうち，**政治制度の静態的研究を批判し，政治過程の動態的研究を進めていったのがベントレーであり，非合理的な政治心理の研究を推し進めたのがウォーラスである。**

　🗝 **ベントレー（政治過程論）⇔ ウォーラス（政治心理学）**

正 答 1

ベントレーの政治過程論に関する記述として，妥当なのはどれか。

【地方上級（東京都）・平成 15 年度】

1 彼は政治過程論の創始者として知られ，20 世紀初めに発表された著書「政治の過程」は，発表当時のアメリカの政治学界から高く評価された。

2 彼は，伝統的政治学が自然科学の方法論に傾倒しすぎていると批判した上で，これからの政治学は，政治制度の外面的な特徴を重視し，政治過程を研究対象とすべきであると主張した。

3 彼は，グループ・アプローチの先駆者であり，社会はそれを構成している集団の複合体であるとして，多様な集団相互の圧迫と抵抗の過程を政治過程ととらえた。

4 彼は，政治を広義，中間義，狭義でとらえ，このうち中間義の政治とは，専門化した統治機構が活動を展開する過程であるとした。

5 彼は，一人の人間が，利害を異にする複数の集団に帰属することを「集団のクリス・クロス」とよび，このような集団帰属と忠誠の複数性が，政治過程の混乱や社会の崩壊の危機を招くとして警告した。

本問で最も難しいのは，「広義・中間義・狭義の政治」（選択肢 **4**）である。しかし，知識がないからといって，まったく対応できないわけではない。

① 「専門化した統治機構」を「政府」と読み替えてみる。

② 政府の活動のみを政治とする見方は，圧力団体などの活動を考慮しないので，当然「狭い見方」である。③ したがって，専門化した統治機構が活動を展開する過程は「狭義の政治」である。

このように，**文章をかみ砕いて理解していけば，難問が解ける場合もあるので，あきら**めずに問題文を読み込むようにしてほしい。

1 ✖ **当初，ベントレーは政治学界からほとんど評価されなかった。**

　　　ベントレーの著書「政治の過程」は，集団間の相互作用で動いている政治過程の研究を提唱するものであったが，その斬新な内容は，当初，ほとんど評価されなかった。

🔑 **ベントレーの再発見：トルーマンによるベントレーの業績の再評価（約半世紀後）**

2 ✖ **ベントレーは，政治制度の外面的な特徴の研究を批判した。**

　　　ベントレーは，政治制度の外面的な特徴の研究を「死んだ政治学」と呼んで批判した。そして，集団力学で動いている政治過程の動態的研究を提唱した。

3 ⭕ **ベントレーは「集団相互の圧迫と抵抗の過程」を研究しようとした。**

　　　ベントレーは，政党や圧力団体などの集団こそが政治を動かしていると考え，「集団相互の圧迫と抵抗の過程」（政治過程）を動態的にとらえようとした。

🔑 **グループ・アプローチ：集団という視点から政治現象を分析しようとする方法論**

4 ✖ **専門化した統治機構は「狭義の政治」において活動する。**

　　　専門化した統治機構（政府）が活動を展開する過程を政治とみる見方は，政治の範囲を最も狭くとらえているので，「狭義の政治」と呼ばれる。

🔑 **狭義の政治：政府の活動**

　　　中間義の政治：政党や圧力団体などの活動

　　　広義の政治：政府とは無縁の利益調整活動

5 ✖ **集団のクリス・クロスは政治過程を安定させる。**

　　　一人の人間が複数の集団に重複加入し，「集団のクリス・クロス（交差）」が生じている場合，重複加入者は集団間の対立を緩和しようと働きかけるため，政治過程の混乱や社会の崩壊が抑えられる。

正 答 3

第6章 政治の理論

イーストンの政治システム論に関する記述として，妥当なのはどれか。

【地方上級（特別区）・平成 25 年度】

1 イーストンは，政治システムを，政策決定の諸結果よりも多様な情報の流れに支えられるコミュニケーション・ネットワークであるとし，サイバネティクスの考えに基づいてフィードバックを正のフィードバックと負のフィードバックとに分類した。

2 イーストンは，政治システムを構造と機能の両面より分析し，政治システムには適応，目標達成，統合，潜在的パターンの維持の 4 つの機能があり，各機能はさらに 4 つのサブシステムに分けられるとした。

3 イーストンは，政治システムを，権威的決定に関わる政治的分業のシステムを共有する人々の集団である政治的共同体と，政治システム内で生起する政治行動の形態を規制する基本的な制度的枠組である体制の 2 層構造を持つものであるとした。

4 イーストンは，各国比較を実施し，政治システム全体，入力客体，出力客体，行為者としての自我の 4 つの客体のうち，どれとどれに関心を持つかによって，未分化型，臣民型，参加型に分類した。

5 イーストンは，政治システムとは，要求および支持として環境から入力されたものを社会に対する諸価値の権威的配分を図る政策に変換し環境に出力するものであり，その出力はフィードバック・ループを通じて新たな要求および支持として再び政治システムに入力されるとした。

 政治システム論の詳細については，用語法がかなり専門的なので理解しにくい。とりあえずイーストンの主張（選択肢 3・5）を理解したうえで，他の論者の主張についてはキーワードを拾っておけば十分である。「**アーモンド→比較政治学・政治文化の 3 類型**」「**ドイッチュ→サイバネティクス**」というつながりは覚えておこう。パーソンズは社会学者であり，出題されることはほとんどないので，詳細は理解できなくても構わない。

---

1 ✖ **サイバネティクスの観点を打ち出したのはドイッチュである。**

　　政治システムを「サイバネティクス」（制御と通信）の観点からとらえたのはドイッチュである。ドイッチュは，外交政策の分析にこれを適用し，入力された情報が政府によって政策に変換され，これが環境に出力されて環境の変動を引き起こし，さらなる情報の入力につなげられる，という図式を描き出した。

　🗝 **正（負）のフィードバック：行動を促進（抑制）するように働くフィードバック**

2 ✖ **構造・機能分析と AGIL 図式を提唱したのはパーソンズである。**

　　社会システムの「構造」と構造が営む「機能」を考察したのはパーソンズである。パーソンズは，社会システムの存続のためには，適応（Adaptation），目標達成（Goal-attainment），統合（Integration），潜在的パターンの維持（Latency）という 4 つの機能が営まれなければならないとした（「AGIL 図式」）。政治システムは，この社会システムの一種とされている。

3 ✖ **政治システムは政府・政治体制・政治共同体の 3 層構造とされる。**

　　イーストンは，入力を出力に変換する政治システムを 3 層構造としてとらえ，政府，政治体制，政治共同体とした。たとえば，政府とはアメリカ合衆国政府，政治体制とはアメリカの自由民主主義体制，政治共同体とはアメリカ社会を意味する。

4 ✖ **未分化型・臣民型・参加型の 3 類型を示したのはアーモンドらである。**

　　政治システムを未分化型，臣民型，参加型の 3 つに類型化したのは，アーモンドとヴァーバである。これは一般に「政治文化の 3 類型」とされている（P.97 参照）。

5 ⭕ **イーストンは入力・変換・出力・フィードバックという概念を示した。**

　　イーストンは政治学に「システム論」を導入し，政治システムが入力を出力に変換し，出力が環境を通って新たな入力につなげられるという図式を描き出した。これを政治システム論という。

正 答 5

第 6 章　政治の理論

第6章 政治の理論

テーマ15

比較政治の理論

重要度 **C**

出題傾向

「比較政治の理論」では，政治的多元論とその批判，政治体制の３類型という２つのテーマが出題されている。いずれについてもやや専門的な内容が問われ，難易度は高めであるが，幸いなことにあまり頻出ではない。

政治的多元論とその批判は，政治的多元論，利益集団自由主義，ネオ・コーポラティズムという３つの学説を中心に出題されている。集団間の競争，特権的利益集団の台頭と政策の分断化，頂上団体間の協議がそれぞれのキーフレーズなので，これらを手がかりにすると，正解の選択肢を絞ることができる。

政治体制の３類型は，民主主義体制，全体主義体制，権威主義体制の違いを問うという形で出題される。なかでも重要なのは権威主義体制である。リンスが提唱した概念で，国民を政治的無関心の状態におくという特徴をもつことが，繰り返し問われている。

国家総合職試験であれば，全体主義体制や権威主義体制から民主主義体制への移行の問題が取り上げられることもある。しかし，こうした「民主化」の問題は，他試験ではほとんど出題されていない。

理解しておきたい事項

❶ 政治的多元主義

アメリカで典型的に発達してきたデモクラシーのあり方のひとつが，政治的多元主義である。

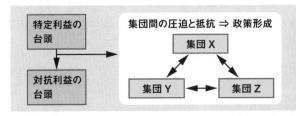

❷ 利益集団自由主義（ローウィ）

　ローウィは，アメリカ政治を考察し，政府の各部署が特定の圧力団体や連邦議会の委員会と強力に結びついている現状を見て取った。一般的な圧力団体は，政策決定の場から排除されており，政治的多元主義は実現していないとされる。

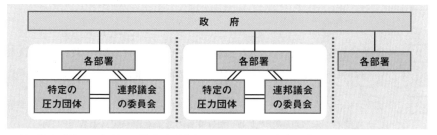

⇒利己的な「鉄の三角形」が数多く形成されているため，政府の政策は分断化されている。

❸ ネオ・コーポラティズム

　オーストリアやスウェーデンなどで発達してきたデモクラシーのあり方のひとつが，ネオ・コーポラティズムである。

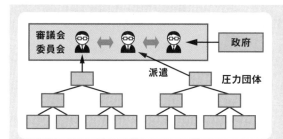

政府の審議会や委員会において，主要な圧力団体の頂上団体（全国レベルのトップ組織）と政府が協議し，政策を形成している。これは，公的に制度化された仕組みである。

⇒1970年代の石油危機期には，政労使の合意に基づいて政策が決定され，経済危機が乗り越えられた。

出るのはココだ！

①政治的多元主義では，集団間の圧迫と均衡により政策が形成されている。

②利益集団自由主義では，政府各部署，特定の圧力団体，連邦議会の委員会からなる鉄の三角形が数多く存在し，政府の政策を分断化している。

③ネオ・コーポラティズムでは，主要な圧力団体の頂上団体と政府が協議し，政策を形成するという仕組みが制度化されている。

④民主的体制には，英米を典型例とする多数決型デモクラシーと，スイスやベルギーを典型例とする合意型デモクラシーがある。

⑤全体主義体制は公的イデオロギーの存在と国民の動員，権威主義体制は漠然としたメンタリティーによる支配と国民の無関心を特徴とする。

第6章
政治の理論

アーモンドとヴァーバによる政治文化の類型に関する記述として，妥当なのはどれか。

【地方上級（東京都）・平成 16 年度】

1 未分化型とは，人々が政治システムへの関心はあるが，政治的要求や政府の下す決定については関心を示さない型であり，アフリカの部族社会が該当する。

2 臣民型とは，人々が政治システムと政治的要求への関心はあるが，政府の下す決定については関心を示さない型であり，イギリスの政治文化が該当する。

3 参加型とは，人々が政治システムと政府の下す決定への関心はあるが，政治的要求については関心を示さない型であり，アメリカの政治文化が該当する。

4 政治参加者としての自己の役割について，未分化型では消極的であるが，臣民型と参加型では積極的であるとした。

5 民主主義の安定に適合的な政治文化とは，参加型に近いが，人々がリーダーに対して信頼感や恭順性をもっている文化であり，これを市民型文化とした。

政治文化については，アーモンドとヴァーバの3類型が出題の中心となる。**頻出ポイントは，①市民文化が参加型を中心とする混合型文化であること（選択肢5），②臣民型は入力に関心がなく出力に関心があること（同2），という2点である。**

また，3類型に該当する国の例も，正誤を判断するポイントとなることがあるので，「**未分化型→メキシコ／臣民型→旧西独・伊／参加型→英米**」というつながりも覚えておきたい。

---

1 ✖ **未分化型では，人々は政治にまったく興味を示さない。**

未分化型では，人々は政治的無関心の状態にあり，政治システム，入力，出力，自己のいずれについても興味を示さない。

2 ✖ **臣民型では，人々は政府の下す決定についても関心を示す。**

臣民型では，人々はいわば従属意識をもっており，自ら積極的に行動して要求を行おうとはしない。そのため，政治システムと出力には興味を示すが，入力と自己には興味を示さない。また，**イギリスの政治文化は参加型に分類される**。

3 ✖ **参加型では，人々は政治システムのすべての側面について関心を示す。**

参加型では，人々は積極的に政治へ参加しようとする。そのため，政治システム，入力，出力，自己のいずれについても興味を示す。

4 ✖ **自己の役割について積極的なのは，参加型のみである。**

未分化型と臣民型では，人々は政治参加を行おうとせず，自己の役割について消極的である。これに対して，参加型では，人々が自己の役割について積極的である。

5 〇 **民主主義の安定に適合的な政治文化は，参加型に近い文化である。**

民主主義を安定させるためには，人々の積極的な政治参加が必要である。しかし，過剰な参加意識は，政府への過激な抗議活動などにもつながりかねない。そこで，アーモンドとヴァーバは，参加型文化に近いが，人々がリーダーに対して信頼感や恭順性をもっている文化こそが民主主義に適合的であるとした。

🔑 **市民文化：民主主義に適合的な文化。参加型文化に近い。**

正答 5

第6章 政治の理論

ネオ・コーポラティズムに関する記述として，妥当なのはどれか。

【地方上級（特別区）・平成 19 年度】

1 ネオ・コーポラティズムとは，圧力団体から依頼を受けた代理人が，有利な法案の成立や不利な法案の修正・否決のために，議員や官僚に直接働きかける活動をいう。

2 ネオ・コーポラティズムとは，巨大な利益集団が国家の政策決定過程に重要なメンバーの一員として参加し，自己利益を部分的に反映させるとともに，国家の政策に協力しながら集団相互の妥協，調整を図っていく仕組みをいう。

3 ネオ・コーポラティズムとは，経済的利益の増進を主目的とする従来の圧力団体とは異なり，環境保護や政治改革など，より広範な公共的利益を志向する団体の活動をいう。

4 ネオ・コーポラティズムとは，複数の利益集団が互いに競争関係にあり，それぞれの集団が利益を追求することで，公共政策の均衡が図られるという考え方をいう。

5 ネオ・コーポラティズムとは，圧力団体が，議会にその団体の代表を送り込むために，選挙に際して特定の候補者に選挙資金と組織票を提供することをいう。

　本問では，ネオ・コーポラティズムに関するアバウトな知識さえあれば，迷わずに正答を見つけることができるはずである。誤りの選択肢も，特に難しい内容は含んでいないので，すぐに切り捨てることができるだろう。解説では，他の選択肢についても説明を加えたが，参考程度に流し読みしても構わない。

1 ✗ 圧力団体の代理人による圧力活動を「ロビイング」という。

　圧力団体から依頼を受けて活動する代理人をロビイストという。また，ロビイストが議員や官僚に直接働きかける活動をロビイングという。

2 ⭕ ネオ・コーポラティズムでは，圧力団体の参加が制度化される。

　オーストリアやスウェーデンなどでは，巨大な圧力団体の頂上団体（全国レベルのトップ組織）が政府の委員会や審議会に代表者を送り，政策決定に深く関与するという仕組みができあがっている。こうした仕組みをネオ・コーポラティズムという。

> 国家と社会団体の協議体制は，もともとファシズム期のイタリアで始まったんだ。これをコーポラティズムと呼ぶんだよ。

3 ✗ 公共的利益を志向する団体の活動は「公益活動」の一種である。

　公共的利益の実現を目指す活動を，一般に公益活動という。環境保護や政治改革などを志向する団体の活動も，広い意味では公益活動に該当する。

4 ✗ 集団間の競争と均衡を重視するのは「政治的多元主義」である。

　複数の利益集団がそれぞれの利益を主張して競争しあった場合，さまざまな妥協や取引を通じて，各団体がある程度満足できるような公共政策が形成される。こうした政策決定のやり方を政治的多元主義という。

5 ✗ 圧力団体による候補者支援はネオ・コーポラティズムとは無関係である。

　圧力団体は，選挙に際して特定の候補者を支援し，政治資金や組織票を提供することも多い。しかし，これはネオ・コーポラティズムとはまったく無関係の活動である。

正 答 2

第6章　政治の理論

T. J. ローウィは，『自由主義の終焉』（1969年）において
アメリカの多元主義を批判しているが，その内容に関する記
述として，妥当なものはどれか。

【地方上級（全国型）・平成 12 年度】

1 　圧力団体が行政各部に働きかける形で多元主義が実現しているため，政策の分断化という現象が見られる。

2 　社会の中間層によって支えられた多元主義が本来の理想であるにもかかわらず，現在の多元主義は一部のエリートたちによって導かれている。

3 　圧力団体が直接議会に働きかけていることから，議会はあらかじめ決定されていることを議決するだけの形式的な組織になっている。

4 　アメリカの多元主義は幻想にすぎず，実際には軍・産・官という 3 つの制度的秩序のエリートたちが政策決定を行っている。

5 　アメリカでは地方自治が根づいていないことから，多元主義の形式がとられてはいるものの，実質的には一元主義に陥っている。

 本問では，各選択肢の内容にあまり引きずられることなく，ローウィの主張をストレートに述べている選択肢を選ぶべきである。選択肢の内容に深入りすると，考えすぎてしまい，余計に正答が見えなくなることも多いので注意しよう。

1 ◯ ローウィは圧力団体の台頭が政策の分断化を生んだと主張した。

　ローウィによれば，アメリカでは積極国家化の進展とともに圧力団体（利益集団）の活動が活発化し，そのうち一部の圧力団体が台頭するようになった。その結果，**政策分野ごとに「圧力団体－部署（政府）－委員会（議会）」という利益共同体（「鉄の三角形」）が形成されるようになり，「利益集団自由主義」が誕生した。**そこでは，政府の政策の分断化や利益集団の新規参入の阻害といった弊害がみられる。

2 ✘ ローウィはエリート批判を行ったわけではない。

3 ✘ ローウィは圧力団体の議会への働きかけを批判したわけではない。

4 ✘ 軍・産・官のエリートによる一元的支配を主張したのは，ミルズである。

5 ✘ ローウィは地方自治のあり方に注目したわけではない。

正 答 1

第6章 政治の理論

 ワンポイントアドバイス

　政治的多元主義では集団間の自由な競争が前提とされているが，利益集団自由主義やネオ・コーポラティズムはこれを批判している。

理論名	特徴
政治的多元主義	集団間の自由な競争により，均衡状態が達成されている。
利益集団自由主義	特権的集団の台頭により，集団間の競争は邪魔されている。
ネオ・コーポラティズム	政府と主要団体の頂上団体が協議し，政策を決定している。

リンスの権威主義体制論に関するA〜Dの記述のうち,妥当なものを選んだ組合せはどれか。

【地方上級(特別区)・平成28年度】

A リンスは,全体主義と民主主義の中間に位置する政治体制を権威主義体制として概念化し,この体制では,高度の政治動員体制がないとした。

B リンスは,全体主義と民主主義の中間に位置する政治体制を権威主義体制として概念化し,この体制は,発展途上国に一切見られないとした。

C リンスは,全体主義と民主主義の中間に位置する政治体制を権威主義体制として概念化し,この体制では,体制や指導的理念としてのメンタリティは存在するものの体制を支える体系的なイデオロギーが存在しないとした。

D リンスは,全体主義と民主主義の中間に位置する政治体制を権威主義体制として概念化し,この体制では,限られた範囲であっても多元主義が認められないとした。

|1| **A, B**

|2| **A, C**

|3| **A, D**

|4| **B, C**

|5| **B, D**

政治体制のようなマクロの話題は，どちらかと言えば国家公務員で出題されやすいテーマである。しかし，国家公務員での出題が十分に広がったため，現在では地方公務員にも出題が波及するようになっている。最も出題されやすいのは，「**権威主義体制では高度な動員は行われない**」（選択肢**1**）というポイントなので，これだけでもしっかりと頭に入れておこう。なお，「**権威主義体制の概念を提唱したのはリンスである**」というポイントが問われることもあるので，あわせて覚えておきたい。

A ◯ 権威主義体制では高度の政治動員は行われない。

　権威主義体制は，全体主義体制とともに「非民主的体制」に分類される。しかし，全体主義体制とは異なり，権威主義体制では高度な政治動員は行われない。

B ✖ 権威主義体制はむしろ発展途上国において観察されやすい。

　発展途上国では，しばしば独裁者（ないし独裁グループ）が出現し，国民を政治から遠ざけながら統治を行っている。そうした国の政治体制は，権威主義体制に該当する。

C ◯ 権威主義体制は体系的なイデオロギーを欠いている。

　権威主義体制は，全体主義体制とともに「非民主的体制」に分類される。しかし，全体主義体制とは異なり，体系的なイデオロギー（共産主義など）は存在しておらず，漠然としたメンタリティ（共通の祖先をもつことで生じる一体感など）に基づいて支配が行われる。

D ✖ 権威主義体制では限られた範囲の多元性が認められる。

　権威主義体制は，全体主義体制とともに「非民主的体制」に分類される。しかし，全体主義とは異なり，異論がまったく認められないわけではなく，限られた範囲であっても価値観や意見，利益の多元性が認められる。

以上から，妥当なものは**A**と**C**であり，**2** が正答となる。

正　答　2

ワンポイントアドバイス

　リンスの母国スペインでは，1930 年代末から 1970 年代中頃にかけて，フランコ将軍による独裁体制が敷かれていた。しかし，イタリアのファシズムやドイツのナチズムなどとは異なり，フランコ独裁には国民を積極的に動員しようとはしないなどの特徴がみられた。そうした事実の観察から生まれたのが，権威主義体制という概念であった。

テーマ**16**

デモクラシー論

重要度 **A**

 出題傾向

「デモクラシー論」では，古代から現代に至るまでのさまざまなデモクラシー理論が出題されている。なかでも頻出なのは，トクヴィル，シュンペーター，ダールらの理論である。また，吉野作造の民本主義が出題されることもある。

古代のデモクラシー論は，過去問をみるかぎり，アリストテレスの理論に出題が集中している。また，近代のデモクラシー論は，事実上，トクヴィルの理論とほぼイコールに扱われている。いずれも出題内容にバリエーションがなく，過去問と同様の内容が繰り返し出題されている。

現代のデモクラシー論は，シュンペーターのエリート主義的デモクラシー論，ダールのポリアーキー論，レイプハルトの多極共存型デモクラシー論を中心に出題がある。特にシュンペーターの理論はひっかけ問題で使われやすいので，過去問を利用して，誤りのポイントをしっかりと確認しておく必要がある。

出題のピークは過ぎた感もあるが，国家公務員試験を中心に，ガットマンらの討議デモクラシー論が出題されることもある。また，ペイトマンらの参加デモクラシー論もあわせて出題されているので注意したい。

 理解しておきたい事項

> デモクラシー ＝ デモス（民衆） ＋ クラティア（権力・支配）
> ━━▶ 民衆による支配，民衆の意思に従って行う政治

❶ アリストテレス（『政治学』）

アリストテレスは，支配者の数と政治の善し悪しを基準として政体を分類した。このうち民主制（デモクラシー）は衆愚政治とみなされ，悪い政治に分類された。

	1人	少数者	多数者
善い政治	王制	貴族制	ポリテイア
悪い政治	僭主制	寡頭制	民主制

善い政治にあたる3つの政体のうち，現実的な最善の政体とされたのはポリテイアである。

❷ トクヴィル（『アメリカにおけるデモクラシー』）

　トクヴィルは，1830年代初頭にジャクソン政権期のアメリカを旅行し，デモクラシーがもたらしうる両面的な結果をつぶさに観察した。

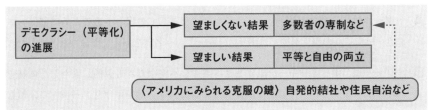

❸ シュンペーター（『資本主義・社会主義・民主主義』）

　シュンペーターは，人民が政治的判断力を欠いていると考え，政治運営は少数のエリートに任せるべきだと主張した。

デモクラシーの定義	政治的決定に到達するために，個々人が民衆の投票を獲得するための競争的闘争を行うことにより決定力を得るような政治的装置	選挙の重視⇒社会主義の下でも民主主義は成立可能

❹ ダール（『ポリアーキー』）

　ダールは，デモクラシーの現実態をポリアーキーと呼んだ。ポリアーキーでは，「公的異議申立て」と「包括性」という2つの指標がいずれも高い水準にある。

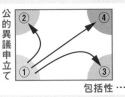

①	閉鎖的抑圧体制
②	競争的寡頭体制
③	包括的抑圧体制
④	ポリアーキー

第6章 政治の理論

出るのはココだ！

①トクヴィルは，平等化の進展が多数者の専制を生む危険性を指摘した。

②シュンペーターは，選挙による代表者の選出をデモクラシーと考えた。

③ダールは，デモクラシーの現実態をポリアーキーと呼んだ。

④ダールは，公的異議申立てと包括性を2つの指標として，各国の政治体制を比較した。

⑤レイプハルトは，国内の各下位集団（言語集団や民族集団など）のエリートたちが協調しあいながら政治を運営している現状を，多極共存型デモクラシーとして概念化した。

⑥マクファーソンは，参加デモクラシーの重要性を指摘した。

⑦ガットマンは，討議デモクラシーを主張した。これは，民衆を政治的討議に参加させ，相互に意見を変容させあおうとするものである。

ダールのポリアーキー論に関するA〜Dの記述のうち，妥当なものを選んだ組合せはどれか。

【地方上級（特別区）・平成26年度】

A　ダールは，デモクラシーという言葉を理念型としての民主主義のために留保しておき，民主主義の現実形態にはポリアーキーという名前を与えて理念型と区別した。

B　ダールは，ポリアーキーを成立させる条件を不完全だが近似的に満たした体制を準ポリアーキーとし，競争的寡頭体制と包括的抑圧体制を準ポリアーキーに分類した。

C　ダールは，近代社会における政治体制を閉鎖的抑圧体制と呼び，閉鎖的抑圧体制から，選挙に参加し公職に就く権利のみが拡大すれば，競争的寡頭体制になるとした。

D　ダールは，民主化の条件として，公的異議申立てと包括性の2つの基準を設け，どちらも高い状態にあるのがポリアーキーであるとした。

1　A，B
2　A，C
3　A，D
4　B，C
5　B，D

　　ダールのポリアーキー論では，閉鎖的抑圧体制・競争的寡頭体制・包括的抑圧体制・ポリアーキーという 4 つの政治体制を，公的異議申立ておよび包括性という 2 つの基準の高低と結びつけて，しっかりと覚えておかなければならない。しかし，**うっかり忘れてしまった場合でも，各体制の名称に注目すれば十分に対処できる。**たとえば，「包括的抑圧体制」ならば，「包括→多くの人々を包括している」「抑圧→異議申立てを認めない」という連想が働くはず。落ち着いてヒントを探してみよう。

A ◯ **ポリアーキーは民主主義の現実形態である。**

　　ポリアーキーは，完璧な民主主義体制とまではいえないもの，かなり民主化が進んだ「民主主義の現実態」とされている。

B ✖ **競争的寡頭体制と包括的抑圧体制は準ポリアーキーには該当しない。**

　　準ポリアーキーとは，「公的異議申立て」と「包括性」の両基準が，ポリアーキーに次いで高い状態にある政治体制のことである。これに対して，競争的寡頭体制と包括的抑圧体制は，両基準のうちいずれか一方の水準が低い政治体制であるため，準ポリアーキーとは区別される。

　　🔑 **競争的寡頭体制 →「公的異議申立て＝高い，包括性＝低い」**
　　　　　包括的抑圧体制 →「公的異議申立て＝低い，包括性＝高い」

C ✖ **被選挙権のみが拡大すれば「包括的抑圧体制」となる。**

　　「選挙に参加し公職に就く権利」（被選挙権）が拡大すれば，より多くの人々が政治に参加できるようになるため，これは包括性の基準に該当する。閉鎖的抑圧体制から包括性の度合いのみが高まると，包括的抑圧体制に移行する。

　　🔑 **閉鎖的抑圧体制 →「公的異議申立て＝低い，包括性＝低い」**

D ◯ **2 つの基準がともに高い政治体制がポリアーキーである。**

　　ダールは，民主化の度合いを示す複数の基準を示し，それらを「公的異議申立て」（自由化）および「包括性」（参加）という 2 つの基準にまとめあげた。ポリアーキーは両基準が高い状態にある政治体制であり，民主主義の現実態とされている。

　　🔑 **ポリアーキー：公的異議申立てと包括性がいずれも高い状態にある政治体制**

　以上から，妥当なものは **A** と **D** であり，**3** が正答となる。

正　答　3

シュンペーターの民主主義論に関する記述として，妥当なのはどれか。

【地方上級（特別区）・平成 14 年度】

1　シュンペーターは，民主主義的方法とは，個々人が人民の投票を獲得するための競争的闘争を行うことにより決定権力を得るような形で，政治的決定に到達する制度的仕組みであるとした。

2　シュンペーターは，民主主義的政治方式においては，国民がすべて問題に対して合理的な意見を持つことから，その意見を実現するための代表の選出は，第二義的な意味しか持たないとした。

3　シュンペーターは，間接民主主義の政治体系の中で，なれ合いと取引型政治の横行により，政治家による政治が政治家のための政治に転化していることを批判し，人民の意志を形成する圧力団体の活動を是認するとした。

4　シュンペーターは，間接民主主義においては，選挙によって自らの内部に自動的かつ公然とエリート支配的な空洞がつくりだされる可能性があり，民主主義の建前からすれば，この空洞領域の存在は不当であるとした。

5　シュンペーターは，全体主義と一党制とを批判し，民主主義における政党とは，全員が同意する原理に基づいて公共の福祉を促進しようとする人々の集団であるとした。

シュンペーターは，人民の政治的能力に疑いをもつ「エリート主義者」であるとともに，人民を尊重する「民主主義論者」でもあった。そこで，**エリート間の競争と人民による統治者の選出を組み合わせつつ，政治を運営していくべきであると主張した**（競争型エリート主義デモクラシー）。シュンペーターがエリート主義者であったという点は，しばしば出題されるポイントなので，しっかりと確認しておきたい。

1 **◯ シュンペーターは，民主主義を「人民による代表者の選出」とした。**

シュンペーターは，民主主義を「人民の意見の反映」とする古典的な見方に反対し，民主主義とは「人民による代表者の選出」にほかならないと主張した。本肢の定義でも，政治家（エリート）たちが人民の投票を獲得するために競争しあい，その勝者が政治的決定を行うという仕組みこそが民主主義であると述べられている。

2 **✕ シュンペーターは代表の選出を最重要視した。**

シュンペーターは人民の合理性に疑いをもち，政治運営は能力あるエリートに任せるべきであると主張した。そこで，代表の選出こそが，民主主義にとって第一義的な意味をもつとした。

3 **✕ シュンペーターは圧力団体の活動を否定した。**

シュンペーターは，私的利益を実現しようとする圧力団体の活動には批判的であり，政治運営はすべて能力あるエリートに任せられるべきであると主張した。

4 **✕ シュンペーターはエリートによる支配を主張した。**

シュンペーターは人民の合理性に疑いをもち，政治運営は能力あるエリートに任せるべきであると主張した。したがって，本肢にいう「エリート支配的な空洞」は，シュンペーターにとってはむしろ評価されるべきものであった。

5 **✕ 政党を本肢のように定義したのはバークである。**

シュンペーターは全体主義と一党制とを批判し，競争の重要性を主張した。そのうえで，選択肢 1 に示されたような民主主義の定義を行い，エリート間の競争と人民による統治者の選出を組み合わせた「競争型エリート主義デモクラシー」を主張した。

正 答 1

第6章

政治の理論

次の文章は，**A. レイプハルトの提唱したある政治概念について述べたものである。空欄 A〜D に該当する語句の組合せとして，妥当なものは次のうちどれか。**

【地方上級（全国型）・平成 15 年度】

「A. レイプハルトは，多数決型の政治に対して合意型の政治が存在することを指摘し，これを ▢ **A** ▢ として定式化した。これは， ▢ **B** ▢ などにおけるデモクラシーが，▢ **C** ▢ の強い影響力の下で，▢ **D** ▢ 間の協調政治として展開されている点に注目したものである」

	A	B	C	D
1	ポリアーキー	スウェーデン	エリート	二大政党
2	ポリアーキー	オランダ	エリート	多党
3	多極共存型デモクラシー	スウェーデン	マスコミ	二大政党
4	多極共存型デモクラシー	オランダ	エリート	多党
5	コアビタシオン	オランダ	マスコミ	二大政党

解説　多極共存型デモクラシーは，オランダ出身のレイプハルト
が，自国や周辺諸国の政治を観察して生み出した概念である。
国内に複数の下位集団（宗派集団・言語集団・民族集団など）
が存在している状況下で成立し，①エリート間の協調，②全会
一致制，③比例制原理，などの特徴がみられると指摘されてい
る。一度，しっかりとしたイメージをもってから，問題にあたってみよう。

A：「多極共存型デモクラシー」が該当する。

　　レイプハルトは，英米の政治が「小選挙区制→二大政党制→多数党による権力の独占」
という形で運営されていることに注目し，これを「多数決型の政治」と呼んだ。これに対
して，オランダなどの中欧諸国では，「比例代表制→多党制→連立政権による権力の分有」
という形で政治が運営されており，「合意型の政治」が成立している。レイプハルトは，
後者にみられるようなデモクラシーを多極共存型デモクラシーと呼び，その研究を進め
た。

　　🔑 多数決型の政治（多数派の権力独占）⇔ 合意型の政治（諸勢力の権力分有）

B：「オランダ」が該当する。

　　多極共存型デモクラシーは，オランダ，ベルギー，スイスなどの中欧諸国でみられる。
これは，国内に複数の下位集団が存在しており，それらの協調が必要とされるためであ
る。

C：「エリート」が該当する。

　　多極共存型デモクラシーでは，各下位集団のエリートたちが協調しあいながら，政治
運営にあたる。そうしたエリート間の協調は，国家の分裂を防ぐうえで重要な役割を果た
している。

D：「多党」が該当する。

　　多極共存型デモクラシーでは，下位集団ごとに政党が形成され，比例代表制によって
各党から当選者が輩出される。そのため多党制が生じ，多党間の協調によって政治が運
営される。

以上から，**4** が正答となる。

正　答 **4**

第６章

政治の理論

問題 6-11 民主主義の理論に関する次の記述のうち，妥当なものはどれか。

【地方上級（全国型）・平成 15 年度】

1 M. ウェーバーは，たとえ人々から正統性を付与された人物であっても，支配を行うことは許されないと主張した。

2 C. シュミットは，議会が政治的に無力であることを指摘するとともに，独裁に対する支持を表明し，これを主権独裁と委任独裁に分類した。

3 R. ミヘルスは，いかなる組織も大規模化していくとともに民主化の圧力にさらされるため，少数の指導者による指導体制は崩壊を余儀なくされると主張した。

4 J. シュンペーターは，選挙が終わるとともに国民が奴隷的な状況に陥ってしまう現況を憂い，直接民主制を導入することの重要性を主張した。

5 R. ダールは，多元主義の立場に立って，ポリアーキーを「個々人が人民の投票を獲得するための競争的闘争を行うことにより決定力を得るような制度的装置」と定義した。

　民主主義理論に関する問題では，シュンペーター（選択肢4）とダール（同5）の学説が問われやすい。**シュミットはそれほど頻出ではないが，独裁を支持してナチスに影響を与えたということは覚えておこう。**なお，ウェーバー（同1）とミヘルス（同3）が民主主義理論の問題として出題されることは珍しい。一般には政治権力で学習する内容なので，不安がある場合は，該当ページでよく確認しておこう。

[1] ✖ **正当性を付与された人物は支配を行うことが認められる。**
　　正当性を付与された人物は，正当な支配者として人々から認められ，自発的服従を得ることができる。

[2] ⭕ **シュミットは議会主義を批判し，独裁を支持した。**
　　シュミットは，政治の本質を友と敵の区別ととらえ，自己の存在を否定する敵とは徹底的に戦わなければならないと主張した。そして，「永遠のおしゃべり」に興じる議会主義を批判するとともに，決断を下すことのできる独裁を支持した。
　　🔑 **主権独裁：憲法秩序の崩壊下での独裁／委任独裁：憲法の委任に基づく独裁**

[3] ✖ **ミヘルスは，大規模組織では少数者による指導体制が発達するとした。**
　　ミヘルスは，いかなる組織も大規模化していくとともに，少数者による支配が避けられなくなると主張した。これを寡頭制の鉄則という（P.66 参照）。

[4] ✖ **シュンペーターは，エリートが国民を指導するべきだとした。**
　　シュンペーターは，能力あるエリートを人民が選挙で選び出し，これに政治運営を任せるべきだと主張した。これに対して，選挙が終われば国民は奴隷的な状況に陥ると考え，直接民主制を主張したのは，ルソーである。
　　🔑 **ルソー → 人民主権／直接民主制**

[5] ✖ **本肢にある引用は，シュンペーターの言葉である。**
　　シュンペーターは，民主主義を「人民の意見の反映」とする古典的な見方に反対し，民主主義とは「人民による代表者の選出」にほかならないと考えた。そして，「民主主義的方法とは，個々人が人民の投票を獲得するための競争的闘争を行うことにより決定権力を得るような形で，政治的決定に到達する制度的仕組みである」と定義した。
　　🔑 **ポリアーキー：ダールによって提唱された概念。民主主義の現実態。**

正 答 2

第6章

政治の理論

民主主義の理論に関する記述として，妥当なのはどれか。

【地方上級（東京都）・平成 17 年度】

1 トクヴィルは，19 世紀前半のアメリカ社会の観察をもとに「アメリカにおけるデモクラシー」を著し，民主社会のもつ平等化への強い圧力には，専制権力を生み出す潜在的な傾向があることを指摘した。

2 吉野作造は，民本主義を唱えて，国家の主権が政治上および法律上国民にあることを主張するとともに，自由民権運動の中心となって普通選挙の実現に努めた。

3 シュンペーターは，民主主義は人民の意志を具現するための制度的装置であるとし，職業政治家集団による政治を否定して，直接民主主義を主張した。

4 マクファーソンは，自由民主主義を防御的民主主義，発展的民主主義，均衡的民主主義および参加民主主義の 4 モデルに分類した上で，均衡的民主主義を最も高く評価し，大規模社会において直接民主主義を実現すべきと主張した。

5 アーモンドは，オランダやスイスなどヨーロッパの小国の政治の実態分析を通して，多極共存型民主主義の理論を提示し，文化的多元性を呈する社会においても安定した民主主義が可能であることを主張した。

デモクラシー理論に関する基本レベルの問題である。吉野作造（選択肢 **2**）に戸惑ったかもしれないが，吉野作造の民本主義は過去にも何度か出題例があるので，決して難問奇問というわけではない。**大半の問題で「民本主義では主権の所在があいまいにされた」というポイントが問われている**ので，しっかりと頭に入れておきたい。

1 ◯ **トクヴィルは，平等化が「多数者の専制」を生む可能性を指摘した。**

　　トクヴィルは，民主社会における平等化の進展を歴史の必然とみた。そして，平等化の進展とともに多数者が少数者を抑圧しやすくなるとして，「多数者の専制」に警鐘を鳴らした。

　『アメリカにおけるデモクラシー』：トクヴィルのアメリカ訪問記（1835・40 年）

2 ✖ **吉野作造は，主権の所在については明確にしなかった。**

　　吉野作造は，民衆の意見を反映しつつ民衆のために行う政治（「民本主義」）の実践を主張した。しかし，国民主権は主張せず，主権の所在はあいまいなままとした。

> 戦前に
> 国民主権を唱えたら，
> 逮捕されちゃうよね。

3 ✖ **シュンペーターは，職業政治家集団による政治を主張した。**

　　シュンペーターは，人民の合理性に疑いをもち，職業政治家集団（エリート集団）こそが政治を運営するべきだと主張した。ただし，政治運営にあたる政治家は，人民が選挙を通じて選ぶべきだとも主張した。

4 ✖ **マクファーソンは，参加民主主義を最も高く評価した。**

　　マクファーソンは，「より公平で公正な社会は，より参加的な政治体制を必要とする」として，民主主義の 4 類型のなかで，参加民主主義を最も高く評価した。そして，**大規模社会においては間接民主主義（代議制民主主義）を維持しつつ，これに直接民主主義的な制度を組み合わせるべきだと主張した**。

5 ✖ **多極共存型デモクラシーを提唱したのはレイプハルトである。**

　　オランダやスイスなどの政治を分析し，多極共存型デモクラシーという概念を作り上げたのは，レイプハルトである。

正 答 1

第 **6** 章 政治の理論

第**6**章 政治の理論

テーマ**17**

国家論

重要度 **B**

 出題傾向

「国家論」では，福祉国家論，行政国家論，多元的国家論などが出題されている。かつては国家起源論なども出題されていたが，最近は出題が途切れている。

福祉国家論は，近年研究が進んだ分野であり，エスピン=アンデルセンやウィレンスキーなどの理論がたびたび出題されている。特にエスピン=アンデルセンが提唱した福祉国家の3類型は重要である。

行政国家論は，理論問題ではなく，行政国家の特徴を問う形で出題されている。また，行政国家との対比で，立法国家や警察国家に言及されることもあるので，併せて注意が必要である。

多元的国家論は，昔からときおり出題されている息の長い出題テーマである。国家の絶対的優越性を否定したのが多元的国家論の特徴であり，これさえ頭に入れておけば，正解の選択肢を絞ることが可能である。

> 多元的国家論では，「多元的国家論は国家の絶対的優越性を肯定した」「多元的国家論は国家の意味内容を多元的にとらえた」という選択肢が出題されやすい。もちろん，いずれも誤りである。

 理解しておきたい事項

❶ 積極国家化

〈19世紀的国家〉 消極国家／夜警国家／立法国家	選挙権の拡大など	〈20世紀的国家〉 積極国家／福祉国家／行政国家
国家は治安と防衛などの機能しか担わず，法律の明確な根拠に基づき活動する。		国家は国民の福祉向上に尽力し，特に行政府が委任立法と自由裁量によって活発に活動する。

❷ 福祉国家の3類型（エスピン=アンデルセン）

	福祉供給の中心	代表国	脱商品化	社会的階層化
社会民主主義 モデル	政府（政府による手厚い保護）	スウェーデン	高い	低い
自由主義 モデル	市場（各自がサービスを購入）	アメリカ	低い	高い
保守主義 モデル	家族（血縁に基づく相互扶助）	ドイツ	（ある程度） 高い	高い

（注）脱商品化：労働力を安売りしなくて済む程度（働かなくても済む程度）
　　　社会的階層化：職業ごとに生活保障の水準が違っている程度

❸ 多元的国家論

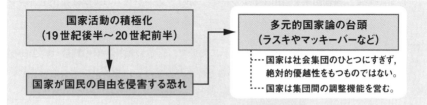

第6章

政治の理論

出るのはココだ！

積極国家化

①治安と防衛のみを行う19世紀的国家を夜警国家という。

②現代では行政府の委任立法と自由裁量が拡大し，行政国家が成立している。

福祉国家の3類型

①社会民主主義モデルの代表国は，スウェーデンである。政府の手厚い保護があるため，国民は生活に困窮したからといって無理に働く必要がない。また，全国民に共通の社会保障制度が発達しているため，国民間で格差が生じにくい。

②自由主義モデルの代表国は，アメリカである。民間企業から自力で社会保障サービスを購入できない生活困窮者は，多少無理してでも働かなければならない。また，社会保障制度が職業ごとに分立しているため，国民間で格差が生じやすい。

③保守主義モデルの代表国は，ドイツである。家族による助け合いを基本とするため，国民は必ずしも無理に働く必要はない。また，社会保障制度が職業ごとに分立しているため，国民間で格差が生じやすい。

多元的国家論

①多元的国家論は，国家の絶対的優越性を否定した。

②多元的国家論は，国家の役割を社会集団間の調整に求めた。

エスピン=アンデルセンの福祉国家論に関する記述として，妥当なのはどれか。

【地方上級（東京都）・平成 18 年度】

1 彼は，「福祉国家と平等」において，各国における福祉国家の形成要因を比較検討し，経済水準が国家の福祉の発展をもたらす決定的な要因であるとしている。

2 彼は，「福祉国家と平等」において，福祉国家の本質は，あらゆる市民に対して，慈善としてではなく，一つの政治的権利として，政府が所得の最低基準を保障することであるとしている。

3 彼は，「福祉資本主義の三つの世界」において，脱商品化と階層化という 2 つの指標を用いて，福祉国家を自由主義レジーム，保守主義レジームおよび社会民主主義レジームの 3 類型に整理している。

4 彼は，「福祉資本主義の三つの世界」において，日本型福祉国家の特徴は，公的福祉とともに家族の果たす役割が大きいことであり，スウェーデンに似ているとしている。

5 彼は，「福祉資本主義の三つの世界」において，社会福祉が社会的市民権として普遍主義的に保障されている福祉国家を理想とし，代表的な国としてカナダをあげている。

公務員試験（特に地方公務員試験）では，**たとえ内容の理解できない選択肢があっても，なんとか正答を導けるように工夫されていることが多い**。本問では，「エスピン＝アンデルセン－脱商品化と階層化－福祉国家の3つの類型」というキーワードを拾っていけば，選択肢 **3** に誤りはないとわかるはずである。『福祉資本主義の三つの世界』という書籍名が少々不安だとしても，「三つの世界→3つの類型」と連想を働かせれば，誤りはないと推測できよう。

---

1 ✖ **経済水準と福祉国家化の関係を指摘したのはウィレンスキーである。**

　　経済水準の向上が福祉国家化を推進すると主張したのは，ウィレンスキーである。す べての国家が経済成長とともに福祉国家になるとすることから，これを収れん理論と呼 ぶ。また，『福祉国家と平等』はウィレンスキーの著作である。

2 ✖ **福祉国家は所得の最低基準のみを保障するわけではない。**

　　『福祉国家と平等』はウィレンスキーの著作である。また，福祉国家は，あらゆる国民 に対して，所得，健康，教育などの最低基準を保障する。単に所得の最低基準のみを保 障するわけではなく，同様の考えは『福祉国家と平等』でも示されている。

3 ◯ **エスピン＝アンデルセンは，2つの指標で福祉国家を3つに類型化した。**

　　エスピン＝アンデルセンは，「脱商品化」（A）と「階層化」（B）という2つの指標を用 いて，福祉国家を3つに類型化した。すなわち，自由主義レジーム（A 低／B 高），保守 主義レジーム（A 高／B 高），社会民主主義レジーム（A 高／B 低）の3つである。

　🔑 **脱商品化：労働力を安売りしなくても済む程度**
　　 階層化：職業ごとに生活保障の水準が違っている程度

4 ✖ **エスピン＝アンデルセンは日本型福祉国家の位置づけを困難としている。**

　　エスピン＝アンデルセンは，日本型福祉国家が発展途上にあり，3類型のいずれかに位 置づけるのは困難としている。ただし，自由主義レジームと保守主義レジームの合成型で ある可能性も示唆している。

5 ✖ **エスピン＝アンデルセンは福祉国家の理想型を提示したわけではない。**

　　エスピン＝アンデルセンは，3つの類型を福祉国家の多様性として示したのであり，そ の間で優劣をつけたわけではない。また，カナダはアメリカと同じく，自由主義レジーム の国に分類されており，生活困窮者などを福祉の主な対象とする選別主義が基調とされ ている。

　🔑 **選別主義：生活困窮者などに福祉の対象者を絞り込むやり方（⇔普遍主義）**

正答 3

多元的国家論に関する記述として，妥当なのはどれか。

【地方上級（特別区）・平成25年度】

1 多元的国家論では，国家は，支配階級による被支配階級の抑圧という政治機能を果たすことになるとされた。

2 多元的国家論では，国家は他のあらゆる社会集団の上位に立つ社会組織であり，他の社会集団は国家によってその存在を保障されるとされた。

3 多元的国家論では，国家は，社会のあらゆる領域に介入し各個人の個別的な福祉の実現に力を貸すことでのみ，社会の秩序を保つことができるとされた。

4 多元的国家論では，国家と社会を峻別すべきことが主張され，国家は，全体社会からみれば，その機能の一部を分担する部分社会に過ぎないとされた。

5 多元的国家論では，個人や社会集団に対する独自性が強調され，国家は絶対的な主権を有するとされた。

多元的国家論は，20世紀初頭に国家の活動が積極化した際，個人の自由を国家が侵害するのではないかという懸念から提唱されたものである。そのため，**多元的国家論は，「国家は決して偉くない」「国家の活動範囲が広がりすぎてはいけない」**などの主張を行った。本問の場合，「抑圧という政治的機能を果たす」（選択肢 **1**），「あらゆる社会集団の上位に立つ」（同 **2**），「社会のあらゆる領域に介入し」（同 **3**），「絶対的な主権を有する」（同 **5**）などの表現が，多元的国家論の基本的主張に反しているので，消去法によりすぐに **4** が正答とわかる。

1 ✖ **国家を階級支配の装置ととらえるのは階級国家論である。**
　　国家を階級支配の装置ととらえたのは，マルクスをはじめとする社会主義者たちである。その理論は階級国家論と呼ばれている。

2 ✖ **多元的国家論は国家の絶対的優越性を否定した。**
　　多元的国家論は，国家それ自体が一種の社会集団であると主張して，他の社会集団に対する国家の絶対的優越性を否定した。

3 ✖ **国家の介入による福祉の実現を主張するのは福祉国家論である。**
　　国家があらゆる社会領域に介入し，福祉の実現に力を貸すことを肯定的にとらえたのは，福祉国家論である。福祉国家論の推進者たちは，福祉国家が労働者階級の不満を和らげ，社会に安定と秩序をもたらすと考え，これを高く評価した。

4 ⭕ **多元的国家論は国家を部分社会のひとつとしてとらえた。**
　　多元的国家論は，国家それ自体を社会集団（部分社会）のひとつであると考え，社会集団間の対立が激化しないように調整機能を営んでいると主張した。

5 ✖ **多元的国家論は国家の絶対的主権を否定した。**
　　国家の絶対的主権を認め，国家は個人や社会集団に対して絶対的に優越していると主張したのは，一元的国家論である。多元的国家論と一元的国家論は，対立する立場にある。

　🔑 多元的国家論（バーカー，ラスキなど）⇔ 一元的国家論（ヘーゲルなど）

正 答 **4**

テーマ18

日本政治史

重要度 **C**

出題傾向

　「日本政治史」では，明治期以降のわが国の政治史が幅広く出題されている。戦前と戦後のいずれについても出題されているので，学習をどちらかに絞ってしまうのは危険である。

> 　国家総合職試験を除けば，日本政治史が出題されるケースはあまり多くない。国家一般職で数年に一度，また，地方公務員試験でごくまれに出題される程度である。

　問題の難易度は二極化する傾向にあり，きわめて単純な問題（「桂園時代とは何か」など）とかなりマニアックな問題（「戦後の兄弟首相は誰と誰か」など）がともに出題されている。このうち後者は，まじめに学習すれば解けるようになるといった性質のものではないので，過去問をチェックする程度で十分である。前者は，学習を積み重ねれば解けるようになるが，さほど頻出ではないため，学習に時間をかけるのはもったいない。教養科目の日本史をしっかりと学習することで，この部分の学習に代えてしまうのが得策である。

理解しておきたい事項

❶ 護憲運動（大正時代）

第一次護憲運動※	1912〜13 年	師団増設要求を拒否された陸軍の反発で，第 2 次西園寺内閣は崩壊し，第 3 次桂内閣が成立した。桂の関与を疑った国民は，「閥族打破・憲政擁護」を掲げて立ち上がり，桂内閣を総辞職に追い込んだ。
第二次護憲運動	1924 年	貴族院を基盤とする清浦内閣が成立すると，憲政会・政友会・革新倶楽部は護憲三派を結成して対抗した。その後，解散総選挙で護憲三派が圧勝したことから，憲政会の加藤高明を首班とする護憲三派内閣が誕生した。

※第一次護憲運動が起こるまで，陸軍閥の桂太郎と政友会の西園寺公望が交代で首相に就任し，政権を担っていた（桂園時代）。

❷ 主な首相とその業績（第二次世界大戦後）

吉田茂	サンフランシスコ講和条約と日米安全保障条約（1951 年）
鳩山一郎	日ソ共同宣言⇒国連加盟（1956 年）
岸信介	日米安保改定（1960 年）
池田勇人	所得倍増計画（1960 年），OECD 加盟（1964 年）
佐藤栄作	日韓基本条約（1965 年），沖縄返還（1972 年）
田中角栄	日中共同声明（1972 年）
中曽根康弘	中曽根行革⇒三公社の民営化（1980 年代後半）
橋本龍太郎	橋本行革⇒中央省庁等改革基本法（1998 年）
細川護煕	政治改革関連 4 法（1994 年）⇒並立制・政党助成制度の導入
小泉純一郎	聖域なき構造改革⇒道路公団民営化と郵政民営化の関連法，三位一体の改革（いずれも 2000 年代中頃）

 出るのはココだ！

明治期

① 1874 年，板垣退助らが愛国公党を結成し，民撰議院設立建白書を提出した。

② 1881 年，大隈重信が免官され，国会開設勅諭が下された（明治十四年の政変）。

③ 1884 年，甲午農民戦争（東学党の乱）をきっかけに，日清戦争が勃発した。

④ 1885 年，国会開設に先立ち，内閣制度が発足した。

⑤ 1885 年，日清戦争の講和条約として下関条約が結ばれ，日本は清から賠償金や領土割譲を受けた。しかし，ロシア・フランス・ドイツの要求で遼東半島は返還された（三国干渉）。

⑥ 1898 年，隈板内閣が誕生した（大隈首相，板垣内相）。日本初の政党内閣であったが，与党の憲政党の分裂で短命に終わった。

⑦ 1904 年，日露戦争が勃発した。翌年のポーツマス条約では，日本は賠償金を獲得できず，これを不満とする国民が日比谷焼打ち事件を起こした。

⑧ 1910 年，伊藤博文暗殺事件をきっかけとして，韓国併合が行われた。

大正期

① 1912 年，第一次護憲運動が起こり，翌年には第 3 次桂内閣が総辞職した。

② 1914 年，第一次世界大戦が勃発した。翌年，大隈内閣は中華民国に対華二十一カ条要求をつきつけ，山東省のドイツ利権を継承するなどした。

③ 1918 年，原敬内閣が誕生した。原首相は「平民宰相」と呼ばれ，人気を博した。

④ 1924 年，第二次護憲運動が起こり，護憲三派内閣（加藤首相）が誕生した。

⑤ 1925 年，普通選挙法が成立し，25 歳以上のすべての男子に選挙権が与えられた。同時に治安維持法も成立し，共産主義者等の取締りが強化された。

第7章 政治の歴史

問題 7-01 桂園時代に関する次の記述のうち，妥当なのはどれか。

【地方上級（全国型）・平成 17 年度】

1 長州閥であった桂太郎が憲政本党総裁に就任し，政友会総裁の西園寺公望と交互に政権を担うことで，二大政党制が確立された。

2 長州閥と政友会の二大勢力が交互に政権を担ったが，陸軍 2 個師団増設問題を契機に勃発した第一次護憲運動により崩壊した。

3 衆議院が頻繁に解散され，そのたびごとに長州閥の桂太郎と政友会総裁の西園寺公望が交代で政権の座に就いた。

4 当時の政友会総裁は原敬であったが，これに代わって副総裁の西園寺公望が総理大臣となり，陸軍出身の桂太郎と交代で政権を担った。

5 長州閥とその他の藩閥勢力との力の差は歴然としており，薩摩閥の山県有朋に代わって陸軍出身の桂太郎が権力を振るうようになった。

　戦前の日本政治史は，教養科目の日本史でも学ぶところである。したがって，**日本史の学習をもって日本政治史の学習としてしまえば十分である。**本問で言えば，「陸軍2個師団増設問題によって西園寺内閣が崩壊し，それに怒った人々が第一次護憲運動を展開した」という事実は，日本史でも絶対に学ぶ基本知識である。細かな知識はともかく，重要な基本知識については，日本史の学習で頭に入れておくようにしよう。

1 ✘ **桂太郎は政党に所属していなかった。**

　桂園時代には，長州閥の桂太郎と政友会総裁の西園寺公望が交互に政権を担った。このうち桂太郎は政党に所属しておらず，桂園時代は二大政党制には該当しない。

　🔑 **長州閥：長州（現在の山口県）出身者のグループ。陸軍や官庁で勢力を誇った。**

2 ⭕ **桂園時代は第一次護憲運動によって終了した。**

　大正元（1912）年，第2次西園寺内閣が陸軍による2個師団増設要求を拒否すると，陸軍大臣が辞任して不在となり，西園寺内閣は総辞職に追い込まれた。その後，第3次桂内閣が誕生したが，世論はこれに強く反発し，桂内閣は総辞職を余儀なくされた（第一次護憲運動）。これをもって，桂園時代は終焉を迎えた。

　🔑 **第一次護憲運動：桂内閣の打倒を目指した国民運動（「閥族打破・憲政擁護」）**

3 ✘ **桂園時代には政治が安定し，解散は行われなかった。**

　桂園時代には，桂太郎と西園寺公望の「情意投合」によって政治が安定し，衆議院の解散も行われなくなった。政権交代は相互の歩み寄りにより実現したものである。

4 ✘ **桂園時代を支えた西園寺公望は政友会総裁であった。**

　桂園時代には，西園寺公望は政友会の第2代総裁として党員を率いる立場にあった。原敬は，第一次護憲運動の後に，政友会の第3代総裁に就任した。

5 ✘ **山県有朋は長州閥の中心的人物であった。**

　山県有朋は長州閥の中心的人物であり，桂太郎はその腹心の部下であった。山県，桂ともに，長州閥を基盤として大きな権力を振るった。

正　答　2

次の記述に当てはまる兄弟政治家はだれとだれか。

【地方上級・平成 17 年度】

　兄は，東京帝国大学法学部を卒業した後，農商務省に入省し，革新官僚として活躍した。また，第二次世界大戦時には商工大臣を務めた。戦後は一時戦犯に指定され逮捕されたが，その後釈放され，1953 年，自由党から衆議院議員に当選して政界に復帰した。54 年 11 月，鳩山一郎らと日本民主党を結成して幹事長となり，翌年保守合同を推進して結成された自由民主党幹事長となった。

　弟は鉄道省に入省し，大阪鉄道局長として敗戦を迎えた。第二次吉田茂内閣で，議席がないにもかかわらず，官房長官に抜てきされるという異例の処遇を受けたのが直接のきっかけで，政界に転出する。それから 16 年後に首相に就任し，「いざなぎ景気」や沖縄返還を実現するという外交交渉の成果にも恵まれ，7 年 8 か月に及ぶ首相在任記録を立てた。「待ちの政治」といわれる政治姿勢や，巧妙な人事操作がマスコミの評判となった。

1　岸信介と池田勇人

2　池田勇人と大平正芳

3　岸信介と佐藤栄作

4　佐藤栄作と福田赳夫

5　大平正芳と福田赳夫

　本問は，岸信介と佐藤栄作が実の兄弟であるという事実を知っていれば，説明文を読む必要すらないような単純な問題である。しかし，そうした血縁関係を知らなくても，説明文からヒントを見つけ出し，正答を導くことは十分に可能である。必ずしも「兄→弟」の順に判断する必要はないので，まずは**よりわかりやすい「弟」に注目して，説明文のなかからヒントを拾い出していくとよいだろう。**なお，**これと同一の問題が過去にも出題されたことがある**ので，特に地方公務員の志望者は注意しよう。

弟：「佐藤栄作」

　弟については，「**沖縄返還**」および「**首相在任記録**」という2つの業績が**ヒント**となり，佐藤栄作とわかる。佐藤栄作は，戦後最長の長期政権（現在の最長政権は安倍内閣）を作り上げ，その間に日韓基本条約の締結（1965年）や沖縄返還の実現（1972年）などの業績をあげた。

　したがって，正答の候補は「**3ないし4**」に絞られる。

兄：「岸信介」

　兄については，「**革新官僚→戦犯指定→政界復帰→日本民主党→自由民主党**」という経歴が**ヒント**となる。これに該当するのは，岸信介である。岸信介は，戦犯指定が解除されてから政界に復帰し，自由党の議員となった。しかし，吉田茂と対立して除名処分を受け，鳩山一郎とともに日本民主党を結成した。自由党と日本民主党が合同して自由民主党が誕生した後は，鳩山総裁の下で幹事長を務めた。

　よって，正答は**3**となる。

正　答 3

 ワンポイントアドバイス

　わが国において血縁関係者が首相になった例はいくつかある。たとえば，兄弟で首相になったのは岸信介と佐藤栄作，親子で首相になったのは福田赳夫と福田康夫，祖父と孫で首相になったのは鳩山一郎と鳩山由紀夫である。アメリカ（2人のブッシュ大統領）やカナダ（2人のトルドー首相）などでも，そうした例はみられる。

第7章
政治の歴史

わが国の政治と行政に関する次の記述のうち，妥当なものはどれか。

【地方上級（全国型）・平成24年度】

1 　第二次世界大戦直後，戦前・戦中期に官僚の地位にあった者の大半が公職追放にあい，官僚制の影響力が弱まった。これを受けて，この時期には政策決定過程における政治家の影響力が相対的に強まり，与党の多選議員が族議員として活動するようになった。

2 　第二次世界大戦後，政党政治家が官僚制に対して強い指導力を発揮し，わが国の経済発展を導いた。チャルマーズ＝ジョンソンは，そうした政治主導による経済発展に注目し，わが国を規制指向型国家として位置づけた。

3 　55年体制下のわが国では，自由民主党が与党として政権を担い続けた。そのため，官僚の作成した重要法案は，同党の政務調査会や総務会で事前審査を受け，その了承を得たものだけが国会に提出されるという慣行ができあがった。

4 　小泉内閣は，内閣府の経済財政諮問会議に予算編成権を与え，総理大臣が指名・任命した同会議の議員に財務官僚の指導と次年度予算の編成を任せた。政権交代後の民主党政権は，予算編成権を内閣官房の国家戦略室に移し，政治主導のさらなる強化を図った。

5 　近年の財政難による人件費節減の動きを受けて，政府は総定員法を新たに制定し，国家公務員の総数を厳しく抑制しようとしている。しかし，さまざまな例外規定を利用することで，国家公務員数は増加を続けており，地方公務員数の約2倍にまで達している。

　　本問は各選択肢の文章量が多く，内容も難しそうにみえる。しかし，ポイントは驚くほど単純であり，常識で解ける選択肢もある。たとえば，選択肢 **2** は「官高政低（官僚が政治家を上回る影響力をもつこと）」という日本政治の常識に反するし，選択肢 **4** は「財務官僚による予算査定」というニュースでもおなじみの常識に反する。また，選択肢 **5** は公務員試験受験者が身をもって知っている常識に反する。**見た目の難しさに惑わされず，常識も総動員しながら問題にあたっていこう。**

1 ✖ **戦後の公職追放期には，族議員はまだ台頭していなかった。**

　　族議員は，自民党が安定議席を得ていた 55 年体制下で台頭した。これは，自民党の長期政権下で数多くの多選議員が誕生し，特定の政策分野で知識や経験を蓄えていったことによるものである。

　　🔑 **族議員：特定の政策分野で影響力をもつ議員。道路族，社労族，国防族など**

2 ✖ **戦後のわが国では，官僚制が経済発展を導いていったとされる。**

　　チャルマーズ＝ジョンソンは，戦後のわが国の経済発展は，官僚制（通商産業省）によって導かれたものだとした。そして，わが国を発展指向型国家に位置づけた。

　　🔑 **発展指向型国家（政府の積極的介入）⇔規制指向型国家（政府のルール設定）**

3 ⭕ **わが国では与党の事前審査が行われてきた。**

　　55 年体制下のわが国では，「政府の重要法案は事前に与党の審査を受ける」という慣行ができあがった。これを与党の事前審査という。事前審査が行われるようになったのは，政府法案に自民党の意見を反映させ，国会を通過させやすくするためである。

　　🔑 **自民党の事前審査：「政務調査会（政策審議機関）→ 総務会（意思決定機関）」**

4 ✖ **予算編成の作業はつねに財務省が行ってきた。**

　　現在，予算編成権は内閣がもち，実際の予算編成（具体的な査定作業）は財務省が行っている。この形は，小泉内閣でも民主党政権でも崩れることはなかった。ただし，財務省による査定の結果は内閣も尊重しているため，「事実上」の予算編成権は財務省にあるということもできる。

　　🔑 **経済財政諮問会議：内閣府の重要政策会議のひとつ。予算編成の基本方針を作成**

5 ✖ **国家公務員数は減らされている。**

　　独立行政法人制度の創設やその他の行政改革を通じて，国家公務員数は減らされている。また，わが国ではもともと国家公務員よりも地方公務員のほうが多く，現在の両者の比率は約 1 対 5 となっている。

　　🔑 **総定員法：国家公務員の総定員の上限を定めた法律（1968 年施行）**

正　答　3

第**2**部

行政学

テーマ 1

官僚制と行政組織

重要度 A

 出題傾向

「官僚制と行政組織」では，官僚制の理論と実態，行政組織の構成原理が出題されている。なかでも頻出事項とされているのは，官僚制論，ラインとスタッフである。

官僚制論は，行政学全体でも最頻出テーマのひとつとされている。官僚制論の代表的論者とその主張内容が繰り返し問われており，なかでもウェーバーは頻出である。

官僚制の重要論者	第1位＝ウェーバー　　第2位＝マートン
	第3位＝グールドナー，セルズニック　　第5位＝クロジェ

近年では，官僚制論から派生した理論として，リプスキーの「ストリートレベルの官僚制」論もたびたび出題されている。また，国家公務員試験を中心に，日本官僚制の3類型（国士型・調整型・吏員型）が出題されることもある。

ラインとスタッフは，一時期，国家公務員試験を中心に出題が流行していた。近年では往時ほどの勢いはないものの，地方公務員試験を中心に出題がみられる。通常の5肢択一問題も穴埋め形式の問題も出題されているが，いずれの場合も基本事項のみが問われており，難易度は低い。

 理解しておきたい事項

❶ ウェーバーとマートンの官僚制論

ウェーバーは，近代以降の大規模組織において発達した「官僚制」を研究し，その合理性を指摘した。その後，マートンらによって官僚制の実証的研究が進み，官僚制の非合理性が強く主張されるようになった。

ウェーバー	理念型（純粋な姿）としての官僚制の研究	合理的側面の指摘	規則による規律，明確な権限，明確なヒエラルキー，資格任用制（試験採用）などの特徴をもつ。 ⇒「純粋技術的卓越性」
マートン	現実の官僚制の研究	非合理的側面の指摘	規範に過剰同調することで，好ましくない結果を生み出すことが多い。 ⇒「官僚制の逆機能」「訓練された無能力」

❷「ストリートレベルの官僚制」論

リプスキーは，対象者との直接的な接触を日常業務としている現場職員を「ストリートレベルの官僚制」と呼び，一般の官僚制とは異なる特徴をもつと指摘した。

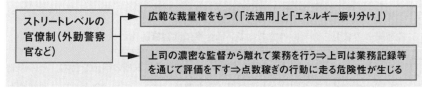

❸ ラインとスタッフ

ラインとスタッフは，組織の二大要素である。組織がラインのみで構成されているのがライン型組織，ラインとスタッフの双方をもつのがライン・スタッフ型組織である。

ライン	上位者と下位者が命令と服従の関係で順次結びつけられた「命令の体系」	一般行政機構（大臣を頂点とするピラミッド型組織など）
スタッフ	ラインの上位者を助ける「補佐機構」	審議会，大臣官房，総務課など

出るのはココだ!

官僚制論

①ウェーバーは，官僚制の合理的側面を「純粋技術的卓越性」と表現した。

②ウェーバーは，近代官僚制を家産官僚制から区別した。後者は身分制に立脚していた。

③ウェーバーは，官僚制の特徴として，規則による規律や資格任用制などを挙げた。

④ウェーバーは，官僚制はいったん成立すると永続化する傾向がみられると指摘した。

⑤マートンは，官僚制は規範に過剰同調することで「訓練された無能力」（ないし「官僚制の逆機能」）に陥りやすいと指摘した。

⑥グールドナーは，懲罰的官僚制は労働意欲と作業能率を低下させやすいと指摘した。

⑦セルズニックは，専門性を高めた下位部局は全体の目的から逸脱していくと指摘した。

⑧クロジェは，官僚制を「自らの誤りを容易に正すことのできないシステム」とした。

⑨キングスレーは，社会の人種比率などを官僚制の構成にも反映させるべきだとした。

行政組織の構成原理

①ラインは命令の体系，スタッフは補佐機構である。

②ラインには命令一元化の原理が適用され，各人の直属の上司は一人に限られる。

③スタッフは，助言的スタッフ（ゼネラル・スタッフ）と補助的スタッフ（サービス・スタッフ）に大別される。前者は助言の役割，後者は人事や予算編成などの役割を担う。

④スタッフの起源は，プロイセンの軍参謀本部に求められる。

⑤ラインとスタッフに加え，プロジェクト組織が設けられることもある。これは，特定プロジェクトを実施するための時限的な組織である。

マックス・ウェーバーの官僚制論に関する記述として，妥当なのはどれか。

【地方上級（特別区）・平成19年度】

1 マックス・ウェーバーは，近代官僚制は合法的支配の最も典型的な形態であり，行政組織のみに見られるものであって，私企業には官僚制化は見られないとした。

2 マックス・ウェーバーは，官僚制組織とは，ピラミッド型の構造を持ち，その作動が客観的に定められた規則と上下の指揮命令関係とによって規律されている組織であるとした。

3 マックス・ウェーバーは，官僚制について，上位者と下位者の相互理解によって設定された規則に基づく代表的官僚制と，上位者ないしは下位者によって強制的に賦課された規則に基づく懲罰的官僚制とに類型化した。

4 マックス・ウェーバーは，官僚は集団への忠誠心を強化し，全体の目的よりも所属する下位組織の目的を重視するようになるため，官僚制全体の目的達成が阻害されることがあるとした。

5 マックス・ウェーバーは，官僚制に必要な諸原理が職員に内面化されたときに，そこに生じる職員の心情と態度が，時と場合によって過剰に表れる現象を，訓練された無能力と呼んだ。

本問はいちおう「ウェーバーの官僚制論」に関する問題であるが，実際には「さまざまな論者の官僚制論を区別できるか」という点がポイントとなっている。「**グールドナー→石膏工場の研究→懲罰的・代表的官僚制**」，「**セルズニック→ TVA 研究→下位部局の自立化**」，「**マートン→訓練された無能力**」というように，各論者の名前とキーワードはしっかりと結びつけて覚えておこう。

1 ✗ **近代官僚制は私企業においてもみられる。**

ウェーバーは，近代化の進展とともに組織が大規模化し，これを効率的に運営するために官僚制が発達したと主張した。したがって，官僚制は組織の官民を問わず，大規模組織一般で観察されるものである。

2 ◯ **官僚制は客観的規則に基づいて規律ある行動をとる。**

ウェーバーは，官僚制をピラミッド型の組織構造ととらえ，客観的規則に基づいて規律ある行動をとるなどの特徴がみられるとした。そして，それゆえに，官僚制の行動は予測可能性が高いと主張した。

3 ✗ **代表的官僚制と懲罰的官僚制を対比したのはグールドナーである。**

グールドナーは，ある石膏工場の研究を通じて，官僚制の二類型を導き出した。そして，懲罰的官僚制は労働者の労働意欲をどんどん減退させるが，代表的官僚制は労働者の労働意欲を引き出すとして，後者を高く評価した。

🔑 **懲罰的官僚制（強制に基づく管理）⇔ 代表的官僚制（相互了解に基づく管理）**

4 ✗ **下位部局の自立化を問題視したのはセルズニックである。**

セルズニックは，テネシー渓谷開発公社（TVA）を研究し，下位部局が政府全体の目的から離れ，次第に自立化していく様子を描き出した。こうした**自立化の傾向は，下位部局が専門化すればするほど強まる**とされている。

5 ✗ **「訓練された無能力」を指摘したのはマートンである。**

マートンは，職員が規範に過剰同調し，好ましくない結果を生み出してしまう現象を「訓練された無能力」と呼んだ。規則を遵守しようとするあまり，現実に即した柔軟な対応ができなくなるようなケースが，これに当たる。

正 答 2

官僚制論に関する次の記述のうち，妥当なものはどれか。

【地方上級（全国型）・平成21年度】

1 W. バジョットは，イギリスにおける官僚制讃美の風潮を戒め，プロイセン官僚制が事務のルーティンを手段ではなく目的と考えてしまっている事実を指摘した。

2 R. ミヘルスは，社会主義運動に傾倒する中で自由主義国家における寡頭制化の傾向を見出し，社会主義国家にはこうした傾向は見られないと主張した。

3 K. マルクスは，官僚制が純粋技術的卓越性を持つ点に注意を促し，社会主義革命後の国家においても官僚制を引き続き維持するべきであると主張した。

4 R. マートンは，官僚制を一つの社会システムととらえたうえで，官僚制は規範への同調によって事務処理の効率性を最大限に向上させうると高く評価した。

5 M. ウェーバーは，官僚制の永続性を否定し，いかに官僚制が強固に見えるとしても，代議制の下ではこれを容易に破壊しうると主張した。

本問で注目されるのは，バジョットの官僚制論（選択肢1）である。最近になって出題されはじめた内容なので，新傾向の問題として注意が必要である。**「バジョットは官僚制を批判した」という点がポイントとなる**ので，覚えておこう。

1 ◯ **バジョットは官僚制を批判した。**

バジョットは，プロイセン官僚制の能力を高く評価する風潮を批判し，現実のプロインセン官僚制は手段の自己目的化に陥り，与えられた事務のルーティン（定型的な業務）をこなすことに専念していると指摘した。

　◎⚷ **バジョット → 官僚制批判**

2 ✕ **ミヘルスは社会主義国家にも寡頭制化の傾向がみられるとした。**

ミヘルスは，いかなる組織においても，規模が大きくなるにつれて少数者による支配が生まれると主張した。これを**「寡頭制の鉄則」**という。社会主義国家もその例外ではないとされる。

　◎⚷ **寡頭制化の理由：組織運営の効率化，指導者の権力欲，一般成員の指導者待望**

3 ✕ **マルクスは官僚制の廃棄を主張した。**

マルクスは，官僚制による支配を特権的支配ととらえ，官僚制を**「廃棄されるべきガン（癌）」**であるとした。これに対して，官僚制の「純粋技術的卓越性」（技術的に優れていること）を指摘したのはウェーバーである。

　◎⚷ **純粋技術的卓越性 → ウェーバーの官僚制への評価**

4 ✕ **マートンは「官僚制の逆機能」を指摘した。**

マートンは，官僚制が規範（規則の遵守など）に過剰同調する結果，好ましくない結果（柔軟性を欠く対応など）が生み出されていると指摘し，これを批判した。

　◎⚷ **マートン → 官僚制批判（官僚制の逆機能，訓練された無能力，目標の転移）**

5 ✕ **ウェーバーは，官僚制の永続性を主張した。**

ウェーバーは，**官僚制はいったん成立すると容易には破壊しがたくなり，永続化する傾向がみられる**と主張した。当然，代議制の下においても，代議制を補完するものとして官僚制は必要であり，これをなくしてしまうことは困難である。

正 答 1

官僚制に関する次の記述のうち，妥当なものはどれか。

【地方上級（全国型）・平成 22 年度】

1 M. ウェーバーは，家産官僚制と近代官僚制を区別し，後者の特徴として，近代以降に発達した効率性を追求する合理的な組織形態であること，客観的に定立された規則に基づいて業務を遂行すること，職場以外においても上下関係が継続することなどを挙げた。

2 C. バーナードは，人間行動のシステムとしての組織に注目し，組織がその構成員に与える満足感などの誘因と，構成員から組織に対してなされる貢献のバランスがとれたときに，組織は初めて維持されるとして，組織均衡論を提唱した。

3 R. マートンは，現実に作動している官僚制を考察する中で，官僚たちが次第に規範から逸脱し，裁量的に行動するようになる傾向を持つことを見いだし，そうした現象を「官僚制の逆機能」ないし「目標の転位」と呼んだ。

4 新公共管理（NPM）理論は，世界に先駆けてわが国で初めて提唱された行財政改革に関する理論であり，内務省を警察庁，建設省，自治省などに解体するという成果を生んだが，同時に縦割り行政の拡大という今日につながる問題をも引き起こした。

5 ストリートレベルの官僚制では，行政官庁から数多くの通達が発せられていること，上司の濃密な監督の下で行動するという原則が確立されていることなどによって，裁量権を行使する機会が大幅に狭められている。

　　本問は，官僚制に関する総合的な問題であり，難易度はやや高めである。特に，バーナードの組織均衡論は組織理論（テーマ11），NPM 改革は行政改革（テーマ 5）で学習する内容なので，現段階では意味がよく理解できないかもしれない。その場合は，**いったんすべてのテーマを学習してから，もう一度，本問にチャレンジしてみよう。**

1　✖　**近代官僚制では，職場においてのみ上下関係が成立する。**
　　近代官僚制では，職務遂行に必要な限りにおいて，上下関係が成立する。これに対して，職場を超えて私生活でも上下関係が維持されるのは，家産官僚制の特徴である。

　　🔑　**家産官僚制：社会的身分に基づいて形成されるピラミッド型の支配構造**

2　◯　**バーナードは，誘因と貢献の均衡によって組織は維持されると主張した。**
　　バーナードは，「誘因＞貢献」ならば組織が赤字に陥り，「誘因＜貢献」ならば構成員が組織を離脱してしまうと考えた（誘因とは組織の提供する満足感，貢献とは熱心な労働などを指す）。そこで提唱されたのが組織均衡論である（P.313 参照）。

3　✖　**マートンは，「規範への過剰同調」が官僚制の逆機能を生むと主張した。**
　　マートンは，官僚たちが規範（規則の遵守など）に過剰同調する結果，望ましくない結果（柔軟性を欠く対応など）が生み出されていると指摘し，これを「官僚制の逆機能」ないし「目標の転位」と呼んだ。

　　🔑　**目標の転位：手段の自己目的化。本来の目標を忘れて手段に固執すること**

4　✖　**NPM 理論はイギリスで提唱された。**
　　新公共管理（NPM）理論はイギリスで最初に提唱され，わが国の行政改革にも大きな影響を与えた。また，わが国の NPM 改革では，旧建設省と旧運輸省を統合して国土交通省を誕生させるなど，縦割り行政の弊害の克服を目指して，組織の大括り化が行われた（P.231 参照）。

5　✖　**ストリートレベルの官僚制は，大幅な裁量権を行使する。**
　　ストリートレベルの官僚制とは，お巡りさんやケースワーカーのような現場職員のことである。ストリートレベルの官僚制は，上司の濃密な監督を離れ，現場で複雑な現実に直面するため，裁量権を行使する機会が大幅に認められている。

正　答　2

「ストリート・レベルの行政職員」に関する次の記述のうち，妥当なものはどれか。

【地方上級・平成 15 年度】

1 アメリカの M. リプスキーは，対象者とじかに接触しながら日々の職務を遂行している行政職員のことを「ストリート・レベルの行政職員」と命名したが，これらの職員は上司から非常に密度の濃い指揮監督を受けているのが通例である。

2 「ストリート・レベルの行政職員」である外勤職員の勤務評定を上司が行う場合，業務記録にある処理件数などを手がかりにして行わざるをえないため，外勤職員が件数を上げようと点数稼ぎの行動をとることも考えられ，ひいては国民にとって好ましくない副作用を伴うこともありうる。

3 福祉事務所に勤務するケースワーカーは，生活保護行政の第一線において，多種多様な世帯を対象として多大な業務を行っている。行政の公平を期するために発せられる無数の通達によって，ケースワーカーの裁量の余地はほとんどなくなっており，彼らのことを「ストリート・レベルの行政職員」ということはできない。

4 わが国の警察組織は階級社会であり，一般社会とは趣を異にする閉鎖社会になりうる。このため，多くの対象者とじかに接触しなければならない一方で，その業務については通達において非常に詳細に規定されており，外勤警察官であっても「ストリート・レベルの行政職員」ということはできない。

5 「ストリート・レベルの行政職員」の持つ裁量は，第 1 段の「エネルギー振分けの裁量」（受け持っている異質な種々の業務に対して，限られた時間とエネルギーをどのように振り分けるかという裁量）と，第 2 段の「法適用の裁量」の 2 段階の裁量に分かれるが，一般の行政職員には見られない「ストリート・レベルの行政職員」に特徴的な現象といえるのは，「法適用の裁量」である。

ストリートレベルの行政職員の代表例は「お巡りさん（外勤警察官）」である。このポイントを頭に入れておけば，大半の選択肢は正誤が判断できる。お巡りさんは，①上司から離れてパトロールに出かける（選択肢1），②交通事故の防止よりも交通違反の摘発に力を注ぐことがありうる（同2），③お巡りさんは現場で裁量を働かせる（同4），④お巡りさんは交番に詰める時間とパトロールに割く時間を自分で調整する（同5），という具合である。

1 ✗ **ストリートレベルの行政職員は上司の指揮監督を離れて行動する。**

　　ストリートレベルの行政職員は，職務の大半を現場でこなすため，上司から離れて行動することが多い。そのため，上司からの密接な指揮監督を受けにくいという特徴をもつ。

2 ○ **ストリートレベルの行政職員は点数稼ぎの行動をとることがある。**

　　ストリートレベルの行政職員は，上司から離れて行動することが多く，上司は部下の仕事ぶりを直接見て評価することが難しい。そのため，客観的な記録を勤務評定の手がかりにせざるをえず，部下がこれを逆手にとって，記録に残りやすい活動にだけ力を入れることもある。

3 ✗ **ケースワーカーはストリートレベルの行政職員に該当する。**

　　ケースワーカーは，福祉の現場において複雑な現実に直面するため，通達に従うだけでは問題に対処しきれないことも多い。その場合，裁量を働かせて自ら決定を行わざるをえなくなるため，ケースワーカーはストリートレベルの行政職員に該当する。

4 ✗ **外勤警察官はストリートレベルの行政職員に該当する。**

　　外勤警察官（いわゆるお巡りさん）は，現場で仕事を行うため，上記のケースワーカーと同様の事態に直面しやすい。したがって，外勤警察官はストリートレベルの行政職員に該当する。

5 ✗ **ストリートレベルの行政職員は「エネルギー振り分けの裁量」を特徴とする。**

　　エネルギーの振り分けを自ら決定しなければならないのは，現場にあって異質な種々の業務をこなさざるをえないストリートレベルの行政職員の特徴である。法適用の裁量は，法規に基づいて行動する行政職員であれば，程度の差こそあれ，全員に認められる。

正　答　2

次の文は，ラインとスタッフに関する記述であるが，文中の空所A～Dに該当する語又は国名の組合せとして，妥当なのはどれか。

【地方上級（特別区）・令和元年度】

ラインとスタッフという用語は，　**A**　における軍隊組織の役割分担に起因する。

ラインとは，組織が果たすべき課題を，上位の職位と下位の職位が単一の命令系統によってこなしていく形態を指し，指揮命令系統の　**B**　の原理に基づくものである。

スタッフは，組織に与えられている課題に　**C**　な，財政や人事などラインを補佐する機能を行う。スタッフには，各部門に共通の職務を担当するサービス・スタッフや，トップ・マネジメントを補佐する　**D**　等がある。

	A	B	C	D
1	アメリカ	統制範囲	直接的	ゼネラル・スタッフ
2	アメリカ	専門化	間接的	プロジェクト・チーム
3	プロイセン	専門化	間接的	プロジェクト・チーム
4	プロイセン	一元化	間接的	ゼネラル・スタッフ
5	プロイセン	一元化	直接的	プロジェクト・チーム

解説　本問では，ラインとスタッフに関する基礎事項が問われている。ラインの構成原理（**B**）については，「統制範囲の原理」＝「統制の幅の原理」，「専門化の原理」＝「同質性の原理」というように，用語の表記がぶれることもあるので，柔軟に対応しよう。

A：ラインとスタッフの区別は「プロイセン」に由来する。

プロイセン（プロシア）の軍隊組織では，最高司令官の補佐機構として参謀本部が設置されていた。これがスタッフの起源であり，その後，ラインとスタッフの区別が一般化した。

🔑 スタッフの起源→プロイセンの軍参謀本部

B：ラインでは指揮命令系統の「一元化」が原理とされている。

　　ラインは，①統制範囲の原理（＝一人の上司が直接管理できる部下の数は限られていること），②命令一元化の原理（＝上位の職位と

```
┌─────────────┐   ┌─ 統制範囲（統制の幅）の原理
│ 組織編制の原理 │──├─ 命令一元化の原理
│ （ライン）    │   └─ 専門化（同質性）の原理
└─────────────┘
```

下位の職位が単一の命令系統によって結ばれていること），③専門化の原理（＝専門化・分業化を進め，同質的な業務はひとつの部署にまとめること）という3つの原理によって構成されている。

C：スタッフは課題解決に「間接的」に寄与する。

　　組織に与えられている課題の解決に直接的に取り組むのはラインである。これに対して，スタッフはラインを補佐することで，課題の解決に間接的に取り組む。

D：トップ・マネジメントを補佐するのは「ゼネラル・スタッフ」である。

　　スタッフは，ゼネラル・スタッフとサービス・スタッフに分類される。

名称	説明
ゼネラル・スタッフ	トップ・マネジメント（最高管理者）を補佐し，助言などを行う。
サービス・スタッフ	財務や人事などの組織維持機能を営む。

🔑 **プロジェクト・チーム：特定プロジェクトを推進するためのアドホックな組織**

　　以上から，**4** が正答となる。

正答 4

ワンポイントアドバイス

　組織を構成する二大要素はラインとスタッフであるが，これに加えて，プロジェクト組織（プロジェクト・チーム）が設けられることもある。たとえば，東京都は2014年から2022年にかけてオリンピック・パラリンピック準備局を設置していたが，このように特定プロジェクトを推進するために設けられる組織がプロジェクト組織である。

テーマ **2**

わが国の行政機構

重要度 **B**

出題傾向

「わが国の行政機構」では，わが国の中央行政機構の仕組み，その内部における意思決定様式が問われている。なかでも頻出事項となっているのは，行政委員会と稟議制である。

行政委員会は，地方公務員試験を中心にたびたび出題されている。行政委員会は地方自治体にも設けられているため，重視されているのであろう。これに対して，国家公務員試験では，中央行政機構全般に関する出題のほうが一般的である。

> 近年では中央行政機構がたびたび改編されており，行政委員会や庁の設置・改廃も行われている。カジノ管理委員会やデジタル庁などの新設の部署については，古いテキスト，古い問題集では言及されていないので，それらを併用している場合は注意しよう。

稟議制は，地方公務員試験でも国家公務員試験でも，幅広く問われている。稟議制の長所と短所に関する問題が数多くみられるが，近年では非稟議書型の意思決定について問われるケースも増えている。もともと国家総合職から始まった流れであるが，現在ではその他の試験にも広く影響が及んでいる。

理解しておきたい事項

❶ 中央行政機構

わが国の中央行政機構は，1府12省庁体制を根幹としている。

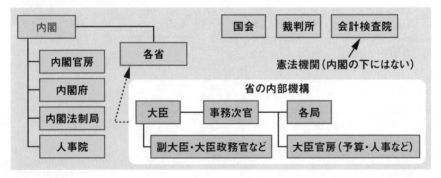

❷ 外局

わが国の府省は，外局として庁や委員会（行政委員会）をもつ。

庁	重要度が高かったり，業務量が多い仕事を処理するため，一定の独立性を与えられた外局　←独任制（長の命令で動く）	観光庁（国土交通省）など
委員会	政治的中立性の確保，専門的知識の導入，利害対立の調整を行うため，相当の独立性を与えられた外局　←合議制	国家公安委員会（内閣府）など

❸ 稟議制
りんぎせい

わが国の行政機構では，末端職員の起案した提案文書（稟議書）が上位者や関連部署に回覧され，その後，決定権者によって最終決定が下されている。これを稟議制という。

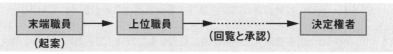

なお，現実の行政機関では，稟議制以外にも多様な意思決定方式が採用されている。

稟議書型	順次回覧決裁型	いわゆる稟議制	日常的な業務上の決定
	持回り決裁型	会議での合意⇒形式的な稟議	重要事案の決定
非稟議書型	文書型	調整を通じた文書作成	国会答弁資料の作成など
	口頭型	口頭での返事	会議への出欠など

出るのはココだ！

わが国の中央行政機構
①憲法に基づく機関として，国会，内閣，裁判所および会計検査院が設置されている。
②内閣官房には，内閣官房長官，内閣人事局長，国家安全保障局長，内閣危機管理監などが置かれている。内閣危機管理監は，阪神・淡路大震災などをきっかけに創設された。
③内閣府は，省よりも一段高い位置に置かれ，省庁間の総合調整などを行っている。
④府省の内部機構は，1984年以降，政令で改編するものとされている。
⑤委員会は，主任大臣の直接の指揮監督に服さずに活動することができる。
⑥委員会は，準立法的権限（規則制定など）や準司法的権限（審判・審決など）をもつ。
⑦委員会は，アメリカを模範として，戦後にわが国へ導入された。
⑧審議会（諮問機関）は，府省の附属機関である。その答申に法的拘束力はない。

わが国の意思決定方式
①稟議制は，ボトムアップ型の意思決定方式である。官民を問わずに採用されている。
②稟議制の長所は，職員のモラールが高まること，事後に異議がでにくいことである。
③稟議制の短所は，決定に時間がかかること，責任の所在が不明確になること，指導力を発揮しにくいことである。

わが国の内閣制度に関する記述として，妥当なのはどれか。

【地方上級（特別区）・令和2年度】

1 内閣総理大臣は，日本国憲法の下では，国務大臣単独輔弼制によりその地位が「同輩中の首席」とされており，各大臣の任免権を持たない。

2 内閣官房長官は，閣議を主宰し，内閣の重要政策に関する基本的な方針その他の案件を発議するが，国務大臣をもって充てることを要しない。

3 内閣官房は，閣議事項の整理や行政各部の施策の統一を図るために必要な総合調整等を行い，ここに経済財政諮問会議等の重要政策会議が設置されている。

4 内閣府には，内閣総理大臣を直接的に補佐するための「知恵の場」としての役割があり，内閣法により新設された組織である。

5 内閣法制局には，閣議に付される法律案，政令案及び条約案を審査し，これに意見を付し，及び所要の修正を加えて，内閣に上申する事務がある。

近年，内閣に関する問題がたびたび出題されている。本問では，戦前との対比（選択肢1），閣議の仕組み（同2），内閣の補佐機構（同3・4・5）がバランスよく配置されているが，その他，内閣の基本原則（合議制の原則，分担管理の原則，首相指導の原則）が問われることもある。

1 ✖「同輩中の首席」とされていたのは戦前の首相である。

戦前のわが国では単独輔弼制がとられており，各大臣がそれぞれ天皇を輔弼する（＝進言する，助ける）ものとされていた。そのため，内閣総理大臣（首相）はいわば内閣のまとめ役にすぎず，「同輩中の首席」とされていた。

🔑 戦前の首相（「同輩中の首席」）⇒戦後の首相（「内閣の首長」）

2 ✖ 閣議を主宰するのは首相である。

閣議を主宰し，発議（＝意見を提出すること）も行うことができるのは首相である。官房長官は，閣議において議事の進行・整理役を務める。また，官房長官は国務大臣をもって充てるものとされている。

（問い）
内閣官房の主任の大臣は，内閣官房長官か首相か？
（答え）
首相だよ。

3 ✖ 重要政策会議は内閣府に設けられている。

重要政策会議は，内閣の重要政策に関して内閣府に設けられている会議である。現在，経済財政諮問会議や中央防災会議，男女共同参画会議など，5つの重要政策会議が設けられている。

🔑 重要政策会議：内閣府に設けられた会議。メンバーの多くは有識者。

4 ✖ 内閣府は内閣府設置法に基づいて設けられている。

内閣府は，2001年の中央省庁等再編に際して新設された組織で，内閣府設置法を設立根拠としている。なお，内閣法に設立根拠をもつ内閣の補佐機構は，内閣官房のみである。

5 ⭕ 内閣法制局は法律面における内閣の補佐機構である。

内閣法制局は，①審査事務（＝法律案などを審査する事務），②意見事務（＝内閣や首相，大臣に意見を述べる事務）という2つの事務を行っている。

正 答 **5**

行政委員会に関する次の記述のうち，妥当なものはどれか。

【市役所・平成 22 年度】

1 　行政委員会は，行政機能のみならず準立法的機能や準司法的機能も営む重要な組織であることから，その長には国務大臣を当てることとされている。

2 　国の機関について見ると，内閣府の食品安全委員会は行政委員会であるが，国土交通省の運輸安全委員会は行政委員会ではない。

3 　地方公共団体の機関について見ると，教育委員会は行政委員会であるが，選挙管理委員会は行政委員会ではない。

4 　行政委員会は，わが国では第二次世界大戦前から設けられていたが，戦後，連合国総司令部（GHQ）の民主化方針によって拡大・強化された。

5 　行政委員会の目的の一つに利害対立の調整があるため，利害関係者から委員を選任し，その意見を政策形成に反映させることもある。

　本問は，行政委員会に関する基本レベルの問題であり，自信を持って正解できるようにしたい。やや面倒なのは選択肢**2**である。「委員会」という名称であっても，**審議会に分類される組織がある**ので，注意すること。なお，「委員会」は国会にも設けられているので，行政組織に設けられる行政委員会と混同しないようにしよう。

1 ✗ **国務大臣は原則として行政委員会の長とはならない。**

　行政委員会には政治的中立性が要請されるため，党派性をもつ国務大臣がその長を務めることはない。ただし，公の安全には政府が責任をもつべきだとの考えから，**国家公安委員会に限っては，その長に国務大臣が当てられる。**

2 ✗ **食品安全委員会は審議会，運輸安全委員会は行政委員会である。**

　内閣府の食品安全委員会は「審議会」であり，食品のリスク（危険性）を評価し，勧告を行うなどしている。実際の食品規制は各省庁が行っている。また，国土交通省の運輸安全委員会は「行政委員会」であり，運輸関連の事故を調査し，その原因を究明することで，事故の再発防止に努めている。

3 ✗ **選挙管理委員会は行政委員会である。**

　選挙管理には政治的中立性が要請される。そのため，選挙管理委員会は独立性の強い「行政委員会」とされている。当然，地方公共団体の長から指揮・命令を受けることはない。

行政委員会は国だけでなく，地方にも設けられているよ。

4 ✗ **行政委員会は第二次世界大戦後に設けられた。**

　行政委員会は，第二次世界大戦後に，連合国総司令部（GHQ）の民主化方針によって創設された。戦前には，行政委員会のような自律的機関は置かれていなかった。

5 ○ **行政委員会には利害対立の調整を目的とするものもある。**

　行政委員会の目的は，①政治的中立性の確保，②専門的知識の反映，③利害対立の調整とされている。たとえば，中央労働委員会は労使の利害を調整する役割を担っており，労働組合代表，使用者団体代表，公益代表の三者が集まって議論を行っている。

正　答 **5**

わが国の中央行政機構における行政委員会または審議会に関する記述として，妥当なのはどれか。

【地方上級（特別区）・平成 26 年度】

1 　行政委員会は，第二次世界大戦後，アメリカの独立規制委員会を模範として導入されたものであり，省の内部部局として設置されている。

2 　行政委員会は，行政的規制を行う権限をもち，一般行政機構から独立した独任制機関である。

3 　行政委員会は，政治的中立性を必要とする場合と複雑な利害関係を調整する場合に限り設置することができる。

4 　審議会の委員は，行政機関からの独立性を確保するため，全て国会の承認を得て内閣が任命しなければならない。

5 　審議会は，行政機関に置くことができる合議制の機関であり，諮問機関であるものと参与機関であるものとに分けることができる。

解説　**行政委員会と審議会は，独任制を原則とする行政機構にあって，例外的に合議制の形態をとっている。**そのため，両者はひとつの問題にまとめられて出題されることも多い。**出題ポイントはほぼ決まっているので**，本問と次問で基本知識を確認しておこう。

1 ✖ **行政委員会は（府）省の内部部局ではない。**

　行政委員会は府省の外局として設置されており，内部部局には当たらない。内部部局に当たるのは，局・課・係や大臣官房などの各部局である。

　🔑 **府省＝内部部局＋外局（庁や行政委員会）＋その他の機関**

2 ✖ **行政委員会は合議制機関である。**

　行政委員会は，政治的中立性を保つため，合議制の形態をとっている。また，一般行政機構から完全に独立した機関ではなく，その外局とされている。

　🔑 **行政委員会：府省の外局として設置された合議制機関（国の場合）**

3 ✖ **行政委員会には専門的知識の反映を目的とするものもある。**

　行政委員会の目的は，①政治的中立性の確保，②専門的知識の反映，③利害対立の調整とされている。たとえば，公害等規制委員会は，公害に関する専門的知識をもった委員によって構成されており，公害に対する規制などを行っている。

4 ✖ **審議会の委員の任命には，必ずしも国会の承認は必要ない。**

　審議会の委員は主任の大臣によって任命されているが，法律に特段の定めがないかぎり，任命に際して国会の承認が必要とされるわけではない。**委員の任命にあたって国会の承認が必要とされるのは，行政委員会の場合である。**

5 ⭕ **審議会には諮問機関と参与機関の二種類がある。**

　審議会の多くは，主任大臣等から諮問を受けて調査審議を行い，意見を具申する「諮問機関」である。しかし，審議会のなかには，政策決定過程に組み込まれ，法的拘束力のある議決を行う「参与機関」とされているものもある。

　🔑 **諮問機関（答申に法的拘束力がない）⇔ 参与機関（答申に法的拘束力がある）**

正　答 5

ワンポイントアドバイス

　過去問をみるかぎり，**行政学**では，「**審議会は諮問機関である**」「**審議会の答申に法的拘束力はない**」という選択肢は正答として扱われている。本問の選択肢 **5** のように，参与機関としての審議会にまで言及されることはむしろ少ないので，問題にあたる際には臨機応変に対応しよう。

次の表は，国家行政組織法に規定する我が国の行政機関を表したものであるが，表中の空所A〜Cに該当する委員会名の組合せとして，妥当なのはどれか。

【地方上級（特別区）・平成30年度】

省	委 員 会	庁
総務省	**A**	消防庁
法務省	公安審査委員会	公安調査庁
外務省		
財務省		国税庁
文部科学省		スポーツ庁 文化庁
厚生労働省	**B**	
農林水産省		林野庁 水産庁
経済産業省		資源エネルギー庁 特許庁 中小企業庁
国土交通省	運輸安全委員会	観光庁 気象庁 海上保安庁
環境省	**C**	
防衛省		防衛装備庁

	A	B	C
1	公害等調整委員会	中央労働委員会	原子力規制委員会
2	公害等調整委員会	公正取引委員会	原子力規制委員会
3	原子力規制委員会	中央労働委員会	公害等調整委員会
4	原子力規制委員会	公正取引委員会	公害等調整委員会
5	公正取引委員会	原子力規制委員会	公害等調整委員会

解説 各省に置かれた委員会の名称を問う問題は，地方公務員を中心にしばしば出題されている。覚え方であるが，委員会の名称をすべて暗記しておくのは面倒なので，**委員会の名称をみたら，それが何省に置かれているのかを答えられるようにしておこう**（例：公害等調整委員会→総務省）。試験問題には，それで十分に対応できるはずである。

A：総務省の委員会は「公害等調整委員会」である。

公害等調整委員会は総務省の委員会であり，公害紛争の迅速かつ適正な解決などを目的としている。公害等調整委員会規則を制定することができるため，準立法的権限をもつ委員会の代表例として試験で出題されることもある。

🔑 **公正取引委員会：内閣府の委員会。独占禁止法に基づき設置されている。**

B：厚生労働省の委員会は「中央労働委員会」である。

中央労働委員会は厚生労働省の委員会であり，全国レベルの重要な労働争議の解決などを目的としている。労働組合や使用者団体の代表および公益代表によって構成されているため，利害関係者が代表を送り込んでいる委員会の代表例として試験で出題されることもある。

C：環境省の委員会は「原子力規制委員会」である。

原子力規制委員会は環境省の委員会であり，原子力の安全確保などを目的としている。2011年の福島第一原発事故の後，放出された放射性物質による環境汚染への対処にあたったのが環境省であったことから，原子力の規制にあたる原子力規制委員会も環境省に置かれることとなった。

以上から，**1**が正答となる。

正答 1

ワンポイントアドバイス

国家行政組織法は内閣府には適用されないので，内閣府に設置されている委員会については，本問とは別に覚えておく必要がある。
公正取引委員会，国家公安委員会，個人情報保護委員会，カジノ管理委員会⇒内閣府

稟議制に関する記述として，妥当なのはどれか。

【地方上級（東京都）・平成 17 年度】

1 　稟議制は，専ら行政組織で採用されている意思決定方式であり，重要な事案のため議会答弁資料の作成の際には必ず用いられる。

2 　稟議制は，関係者間で事前に十分な意見調整が行われており，回議の際に反対や不満が出にくいため，決定を急ぐ場合に特に有効である。

3 　稟議制では，意思決定過程が文書として残り，責任の所在が明確になるため，意思決定に関与した者は，事案について強い責任感をもつとされる。

4 　稟議制では，決定権者の決裁を得ることにより，事案の処理方針が確定するため，決定権者がリーダーシップを発揮しやすいとされる。

5 　稟議制は，下位の職員が起案した稟議書を上位の職員に順次回議していく形式をとるため，組織内部の上下関係を再確認させる効果があるとされる。

本問は，稟議制に関する基礎知識を問う問題である。特に稟議制の短所は頻出なので，①決定に時間がかかること（選択肢**2**），②責任の所在が不明確になりやすいこと（同**3**），③リーダーシップを発揮しにくいこと（同**4**）は，絶対に間違えてはならない。

1 ✖ **稟議制は民間企業でも用いられている。**

　稟議制は，わが国に特徴的な意思決定方式であり，官民を問わずに採用されている。また，**議会答弁資料（大臣が議会答弁の際に用いる原稿）は，関係者がそれぞれ作成した文書を持ち寄り，内容を調整する形で作成されている。**稟議制によって作成されているわけではない。

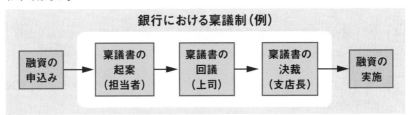

銀行における稟議制（例）

融資の申込み → 稟議書の起案（担当者） → 稟議書の回議（上司） → 稟議書の決裁（支店長） → 融資の実施

2 ✖ **稟議制は決定を急ぐ場合には有効ではない。**

　稟議制では，稟議書を多くの関係者に回議した後，ようやく決裁に至る。したがって，稟議制は決定までに時間を要する意思決定方式であり，決定を急ぐ場合には有効ではない。

3 ✖ **稟議制では責任の所在が不明確になる。**

　稟議制では，決定権者の決裁に先立って，多くの関係者が稟議書に押印し，承認の意を示すことが求められる。したがって，政策が失敗に終わった場合，押印した者の間で責任が分散してしまい，責任の所在が不明確になりやすい。

4 ✖ **稟議制では，決定権者がリーダーシップを発揮しにくい。**

　稟議制はボトムアップ型の意思決定方式であるため，決定権者は下位者が積み上げた合意を追認するだけというケースも多い。こうしたことから，稟議制ではリーダーシップが発揮されにくいと言える。

5 ⭕ **稟議制は組織の上下関係を再確認させる。**

　稟議制では，下位者が上位者に稟議書を送り，その判断を仰ぐ。こうした過程を経ることで，組織の上下関係が再確認され，秩序が保たれる。

正答 5

稟議制に関する次の記述のうち，妥当なものはどれか。

【市役所・平成 18 年度】

1 稟議制においては組織の最上位者の指導力が強まるため，トップダウン型の意思決定が行われやすくなる。

2 稟議制において稟議書を起案するのは末端職員であるため，ルーティンワークについても回議の過程で原案に大幅な修正が加えられるのが通例である。

3 わが国の行政機関では稟議制が採用されているが，重要な政策案については稟議書の起案に先立ってその内容が事前の会議で決定される。

4 わが国の行政機関では慎重な意思決定を行うために稟議制が採用されており，職員の会議への出欠に関しても稟議制が適用されている。

5 稟議制においては最終決定者のみが稟議書に押印し，その責任の所在を明確にすることとされている。

わが国の官庁における意思決定は，すべて稟議制によって行われているわけではない。**現実の意思決定は，稟議書型（順次回覧決裁型と持回り決裁型）による場合もあれば，非稟議書型（文書型と口頭型）による場合もあるなど，複雑なものである。**本問は，そうした細かなポイントをついているので，知らない知識はここで補っておこう。

1 ✖ **稟議制は組織の最上位者の指導力を弱める。**

稟議制では，下位者の起案した稟議書が順次上位者に回議され，最上位者が案件に最終決定を下す（ボトムアップ型の意思決定）。最上位者の命令に従って立案がなされる形とはなっていないため，事実上，稟議制は最上位者の指導力を弱める。

🔑 **ボトムアップ型（指導力の弱体化）⇔ トップダウン型（指導力の強化）**

2 ✖ **稟議制では，ルーティンワークについてはあまり修正が加えられない。**

ルーティンワーク（日常的で定型的な仕事）については，その処理の仕方がほぼ定まっており，末端職員もそれに従って稟議書を起案する。したがって，上位者もそれを修正する必要はあまりなく，回議の過程で修正が加えられることは少ない。

3 ⭕ **重要な政策案の内容は，起案前の会議で決定されている。**

重要な政策案については，あらかじめ関連部局の上位者たちが会議を開き，その内容を決定している。会議での決定事項は，担当者によって稟議書にまとめられ，その後，担当者が稟議書をもって関係者の間を回り，押印を求める。こうした意思決定方式は，稟議書型の意思決定のなかでも特に「**持回り決裁型**」と呼ばれている。

🔑 **「持回り決裁型」＝ 会議による実質的な意思決定 ＋ 形式的かつ迅速な稟議**

4 ✖ **会議への出欠については口頭で返事がなされる。**

会議への出欠といった軽微な意思決定は，行政官庁としての正式な意思決定とは異なるため，口頭で返事がなされる。稟議制の手続きがとられるわけではない。

> 「会議に出席してよろしいか伺います」なんて書類を作って，いちいち上司に回議するわけないよね。

注目

5 ✖ **稟議制においては，関係者全員が稟議書に押印する。**

稟議制においては，稟議書の回議を受けた関係者全員が，承認のあかしとして稟議書に押印する。最終決定者のみが押印するわけではない。

正答 3

テーマ**3**

公務員制度

重要度
A

出題傾向

「公務員制度」では，アメリカ，イギリス，フランス，ドイツ，日本の公務員制度の概略が出題されている。なかでも頻出事項とされているのは，アメリカと日本の公務員制度である。

アメリカの公務員制度は，行政学全体のなかでも最頻出テーマのひとつとされている。出題内容はほぼ固定されており，ペンドルトン法の前後でどのような変革がもたらされたかが，出題の中心とされている。

> 外国の公務員制度について，もっとも「マニアックな用語」を出題しているのは，意外なことに市役所試験である。エナルク，ベアムテ，ラウフバーンなど，他試験ではあまり出題されていない用語も，たびたび出題されている。

日本の公務員制度は，アメリカの公務員制度に比べれば，問題の難易度がやや高めである。個々の事項について細かく問われること（フーバー勧告の内容など），比較的新しめの理論も問われること（大部屋主義や吏員型官僚論など）などが，その原因である。特に国家公務員試験では，難易度の高い問題が出題されやすい。

理解しておきたい事項

❶ アメリカとイギリスの公務員制度

19世紀後半のアメリカとイギリスでは，行政の腐敗と非効率が問題となり，新たに資格任用制（試験合格者を公務員に採用する仕組み）が導入された。

アメリカ	猟官制＝大統領が選挙協力者を官僚に任命（ジャクソン大統領が大規模に導入）	ペンドルトン法（1883年）⇒資格任用制
イギリス	情実任用制＝与党が利害関係者を官僚に任命（国王の官吏を民主化するため）	ノースコート・トレヴェリアン報告（1853年）⇒資格任用制

行政の腐敗と非効率

なお，アメリカでは，現在でも幹部職員の政治的任用という慣行が幅広く残っている。そのため，政権交代があると，幹部職員がほぼ総入れ替えとなる傾向にある。

❷ 日本の公務員制度

戦前のわが国では，官僚は「天皇の官吏」とされ，特権的地位を与えられていた。その採用の仕組みは，時代とともに変化してきた。

明治初期		東京帝国大学出身者の無試験任用
明治中期		公開競争試験の導入（官吏の場合）
政党政治期	政党勢力の伸張期	猟官制の拡大
	政党勢力の退潮期	猟官制の縮小

揺り戻し

非官吏（雇員や傭人など）は無試験で契約雇用

戦後のわが国では，官僚は「国民の公務員」（全体の奉仕者）とされ，その民主化が図られた。しかし，現在のような国家公務員制度が出来上がるまでには，混乱もあった。

フーバー勧告（1947年）	フーバー顧問団の勧告 ⇒強力な中央人事機関の創設，公務員の労働基本権の制限，事務次官の非政治任用
旧国家公務員法（1947年）	フーバー勧告に反する内容の法定化
改正国家公務員法（1948年）	フーバー勧告への回帰 ⇒独立性の強い人事院の設置，公務員の労働基本権の制限，事務次官の一般職化

国家公務員法は，当初，職階制の導入も予定していた。職階制とは，「官職を，それに付随する職務の性質に応じて分類・整理・体系化する仕組み」と定義される。しかし，わが国の労働慣行（終身雇用制や年功制）になじまないとの理由で，導入は中断され，2009年には法改正で規定そのものが削除された（1950年に制定されていた職階法も廃止）。

出るのはココだ！

諸外国の公務員制度

①アメリカの猟官制は，中西部出身のジャクソン大統領によって大規模に導入された。

②アメリカの資格任用制は，ペンドルトン法（1883年）によって導入された。

③イギリスの資格任用制は，ノースコート・トレヴェリアン報告によって導入された。

④イギリスの公務員は，政治的中立性を貫き，政権交代があっても入れ替わらない。

⑤近代官僚制は，フランスのナポレオンの改革によって誕生した。

⑥フランスの高級官僚は，エナルク（国立行政学院の出身者）によって占められている。

⑦ドイツの官吏は，法学中心の公開競争試験によって採用されてきた。

日本の公務員制度

①わが国の官吏は，明治中期以降，公開競争試験によって採用されてきた。

②フーバー勧告では，強力な中央人事機関の創設，公務員の労働基本権の制限，事務次官の非政治任用が提案された。しかし，旧国家公務員法はこれに反する内容を定めた。

③1948年の改正国家公務員法により，公務員の労働基本権が制限された。その代償措置として，毎年度，人事院が国家公務員の給与水準を勧告している（民間準拠の原則）。

問題 2-01 アメリカのペンドルトン法に関する記述のうち，妥当なものはどれか。

【市役所・平成 27 年度】

1 1860 年代，南北戦争後の政治的不安定を解消することを目的として，公務員の給与を法律で定めた。

2 1880 年代，公務員の資質向上のため，資格任用制と政治的中立性について定めた。

3 1900 年代，公務員の任用をこれまでの学力・専門技能に基づくものから公選要素を高めるものに改めた。

4 1930 年代，世界恐慌の進展に伴い，失業期間を公務員への任用に際して考慮すべき重要な要素とすることにした。

5 1950 年代，マッカーシズムの進展に伴い，政治活動歴を任用の失格理由として定めた。

先進国の公務員制度は，おおまかに言えば，猟官制（ないし情実任用制）から資格任用制へと発展してきた。アメリカにおいて，このような変化をもたらした法律が，ペンドルトン法である。本問では，上記の内容を念頭においたうえで，ずばり，正答を選べばよい。他の選択肢はすべて創作の内容なので，しっかりと目を通す必要はない。

アメリカのペンドルトン法とは，1883 年に制定された連邦公務員法の通称である。同法に基づいて「資格任用制」が導入され，試験等で能力を実証した者が公務員として採用されるようになった。

猟官制 （選挙で当選した人物が，選挙協力者を官職に任命する仕組み）	ペンドルトン法 （1883年）	資格任用制 （試験等で能力を実証した者が公務員として採用される仕組み）

したがって，正答は **2** である。

正　答 2

ワンポイントアドバイス

アメリカのペンドルトン法に関する問題では，**イギリスのノースコート・トレヴェリアン報告と混同させようとする問題も出題されている。**両者ははっきりと区別しておこう。

ペンドルトン法	アメリカ／法律／19世紀後半（1883年）／ 猟官制（スポイルズ・システム）から資格任用制（メリット・システム）へ
ノースコート・ トレヴェリアン報告	イギリス／報告／19世紀中頃（1853年）／ 情実任用制（パトロネージ）から資格任用制（メリット・システム）へ

第2章

行政の管理

アメリカまたはイギリスの公務員制度に関する記述として, 妥当なのはどれか。

【地方上級（特別区）・平成 18 年度】

1 アメリカでは, 大統領が交替するたびに, 公務員の党派的な情実任用を繰り返す政治慣行が定着していたが, ジャクソン大統領は, その弊害を指摘し, 猟官制の改革を行った。

2 アメリカでは, ペンドルトン法によって公開任用試験による公務員制度が採用され, 現在では, 猟官制に基づく大統領による政治的任命職は, 全面的に廃止されている。

3 アメリカの猟官制が, 既存の官僚制を民主化するための方策として始められたのに対して, イギリスの情実任用制は, 官僚制の成長発展を阻止するために始められた。

4 イギリスでは, ノースコート＝トレヴェリアン報告の勧告を受けて, 公務員制度の改革が進められ, 資格任用制と政治的中立性を根幹とする公務員制度の基礎が築かれた。

5 イギリスの公務員制度は, 現在では, 科学的人事行政に基づく職階制を基礎とした開放型任用制であり, 職員の任用は, 個々の職務に欠員が生じるたびに行われている。

解説　本問でやや難易度が高いのは, 選択肢 3 である。詳細は下記の解説のとおりであるが, 本肢のように **2 つの国名（ないし用語, 人名など）が並んでいる場合には, とりあえず「説明が入れ替えられていないだろうか」と疑ってみるべき**である。典型的な引っ掛けのパターンなので, 十分に注意しよう。

1 ✖ **ジャクソン大統領は猟官制を大規模に導入した。**

ジャクソン大統領は, 中西部出身者として初めて大統領に当選した人物である。東部出身者を中心とする官僚制と対立したことから, ジャクソン大統領は猟官制を大規模に導入し, 自らの意に沿う官僚制を作り出そうとした。

2 ✖ **現在でも猟官制は廃絶されていない。**

ペンドルトン法によって，幹部職員を除く公務員には資格任用制が幅広く適用されることとなった。しかし，幹部職員については現在も政治任用の仕組みが続いており，大統領や各省長官がこれを任命している。

3 ✖ **アメリカとイギリスに関する記述が逆である。**

アメリカでは，官僚制が権力をもって好き勝手に行動しないように，民意を反映する大統領が公務員を任命・統制することになった（猟官制）。イギリスでは，国王に忠誠を誓っていた官僚制を民主化するために，国民から政治運営を委ねられた与党が公務員を任命・統制することになった（情実任用制）。

4 ⭕ **イギリスの資格任用制はノースコート・トレヴェリアン報告に基づく。**

イギリスでは，情実任用制がもたらす腐敗や非効率などの問題を克服するため，ノースコート・トレヴェリアン報告に基づいて，資格任用制が導入された。

5 ✖ **職階制に基づく開放型任用制は，アメリカで導入されている。**

イギリスでは，公務員を一括採用し，訓練を施しながら内部で昇進させていくという仕組み（**閉鎖型任用制**）がとられている。これに対して，アメリカでは，各ポストに必要とされる能力をあらかじめ定めておき，その条件を満たした人物を組織の内外から補充するという仕組み（**開放型任用制**）がとられている。

正 答 4

ワンポイントアドバイス

近年では，諸外国でも公務員制度の改革が行われている。改訂されていない参考書を手元に置いている場合は，記述内容が古くなっている可能性もあるので注意しよう。

国名	改革内容
ドイツ	官吏・公務職員・公務労働者（3層構造）⇒官吏・非官吏（2層構造）
フランス	国立行政学院（ENA）によるエリート養成⇒新設の国立公務学院（INSP）に統合

第2章 行政の管理

わが国の公務員制度に関する記述として，妥当なのはどれか。

【地方上級（特別区）・平成 25 年度】

1 人事院は，国会の両院の同意を得て内閣が任命する人事官をもって組織される機関であり，準立法権と準司法権をもつ。

2 人事院は，地方公務員と国家公務員の給与水準を比較検討して，給与の改定を内閣と国会に，毎年，少なくとも 1 回，勧告しなければならない。

3 わが国では，採用時に公開競争試験で潜在的能力を判断し，内部研修によりスペシャリストとする，終身雇用を保障した開放型任用制が採用されている。

4 職階制は，官職を職務の種類および複雑と責任の程度に基づいて分類整理する制度であり，国家公務員については，第二次世界大戦後にこの制度が導入され，今日まで実施されている。

5 フーバーを団長とする合衆国対日人事行政顧問団の報告書に基づき，国家公務員法は，独立性の強い人事院の設置，事務次官の政治任用，公務員の労働基本権の保障の拡大という形で改正された。

本問で注意したいのは選択肢 **2** と **5** である。**人事院勧告が民間企業の給与水準を参照していることや，1948 年の改正国家公務員法で公務員の労働基本権が制限されたこと**は，地方公務員試験ではこれまであまり問われてこなかった。特に後者は，国家総合職での出題をきっかけに他試験でも出題されるようになったので，いちおう押さえておこう。

1 ◯ 人事院は準立法権と準司法権をもつ。

人事院は準立法権をもち，自ら人事院規則などを制定することができる。また，準司法権ももち，国家公務員の不利益処分について不服審査を行うことができる。

🔑 人事院＝人事官 3 人（国会同意人事）＋事務総局＋国家公務員倫理審査会

2 ✕ 人事院勧告は民間準拠を基本としている。

人事院は，民間企業従業員と国家公務員の給与水準を比較検討して，給与の改定を勧告している。これは，公務員の労働基本権が制約されていることの代償措置である。

🔑 人事院勧告：国家公務員の給与改定を内閣と国家に勧告（法的拘束力はない）

3 ✕ わが国では閉鎖型任用制が採用されている。

わが国の公務員制度は，一括採用，内部昇進，終身雇用制などを特徴としている。これは，外部人材の途中採用をあまり行わないものであることから，閉鎖型任用制と呼ばれている。

🔑 閉鎖型任用制（日本やイギリスなど）⇔ 開放型任用制（アメリカなど）

4 ✕ わが国の職階制は実施されないままに終わった。

第二次世界大戦後，職階制の導入が法律に規定されたが，わが国の伝統的な労働慣行になじまないとの理由で，実際の導入は見送られた。その後，2009 年には，法律の改廃によって職階制に関する規定自体が削除された。

🔑 職階制：官職を職務の種類および複雑と責任の程度に基づいて分類整理する計画

5 ✕ フーバー勧告を反映した法改正で，公務員の労働基本権が制限された。

1947 年に成立した最初の国家公務員法は，フーバー勧告の内容を反映しないものであった。そこで，翌年には，同勧告に沿う形で法改正が行われ，独立性の強い人事院の設置，事務次官の政治任用の制限，公務員の労働基本権の制限などが実現した。

🔑 フーバー勧告：事務次官の政治的中立，公務員の労働基本権の制限などを勧告

正答 **1**

問題 2-04

公務員制度に関する次の記述のうち，妥当なのはどれか。

【国家一般職［大卒］・平成 28 年度】

1 米国のジェファーソン大統領は，有権者の意思を政策に反映するためには人事にもそれを反映することが真の民主主義であると考え，就任後政府高官を大規模に更迭し，自らの政治信条に沿った人々を新たに登用した。

2 米国では，猟官制の伝統が確立されていたが，1880 年代に行政課題の複雑化と専門化に対応するため，資格任用制と政治的中立性を根幹とするペンドルトン法案が議会に提出されたものの，否決され，資格任用制の範囲の拡大は断念された。

3 公務員制度におけるアメリカン・デモクラシーは，米国のジャクソン大統領が，それまでの政府高官を大規模に更迭し，選挙活動への貢献の度合いで支援者の任用を行う政治任用を改め，メリット・システムを導入したジャクソニアン・デモクラシーにみられる。

4 英国では，政党内閣制の発達期に，1853 年のノースコート・トレヴェリアン報告の勧告を受けて，政権交代時には政権の意図を明確に反映するために，政党色を人事に反映することが有効であるとして，内閣による民主的統制を重視する新しい公務員制度が確立された。

5 明治初期の我が国では，明治維新を遂行した藩閥勢力から官吏が登用されていたが，試験合格者から官吏を登用する仕組みが確立され，最初の政党内閣である隈板内閣も試験に基づく官吏制度が日本の民主主義を確立すると考えた。

　本問の内容は，これまでの問題の総まとめ的なものなので，それほど難しくはない。注意してほしいのは，選択肢**5**である。**戦前のわが国における官吏の登用制度は，「試験採用（明治中期）⇒政治任用の導入（隈板内閣）⇒政治任用の縮小（山縣内閣）⇒政治任用の拡大」というように，政党勢力の動向に合わせて変更されてきたので，覚えておこう。**

1 ◯ **猟官制を導入したのはジェファーソン大統領である。**

　自らの政治信条に沿った人々や選挙協力者を官僚に任命するなど，なんらかの政治的背景をもって官僚の人事を行う仕組みを，猟官制という。米国では，第3代大統領のジェファーソンが猟官制を導入したといわれている。

　🔑 **猟官制：ジェファーソン大統領（導入）⇒ジャクソン大統領（拡大）**

2 ✖ **ペンドルトン法によって猟官制が資格任用制に変更された。**

　米国では，猟官制による行政の腐敗や非効率が目立つようになったことから，1883年にペンドルトン法が制定され，猟官制が資格任用制に変更された。

　🔑 **猟官制（政治的任用）⇒資格任用制（試験採用）**

3 ✖ **ジャクソン大統領は猟官制を拡大した。**

　米国では，第7代大統領のジャクソンが猟官制を拡大し，選挙協力者を大量に官僚として任用した。これは，大統領を通じて民意を行政にまで反映させ

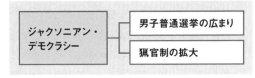

る行為とされ，「行政の民主化」に貢献するものとされた。

4 ✖ **ノースコート・トレヴェリアン報告は資格任用制の導入を提言した。**

　英国では，政党内閣制の発達期に，与党が官僚の人事を決定する「情実任用制」が確立された。その後，情実任用制による行政の腐敗や非効率が目立つようになったことから，1853年のノースコート・トレヴェリアン報告では，資格任用制の導入が提言された。

5 ✖ **隈板内閣は官吏の政治任用を行った。**

　わが国では，明治中期には試験合格者から官吏を登用する仕組みが確立された。しかし，政党勢力が台頭し，**最初の政党内閣である隈板内閣が誕生すると，政党員の中から大量の官吏が任命されるようになった。**

正 答 **1**

わが国の公務員制度に関する次の記述のうち，妥当なのはどれか。

【国家一般職［大卒］・平成26年度】

1　明治憲法下においては，国の事務に携わる者は官吏とそれ以外の非官吏とに区別されており，官吏は天皇の任官大権に基づいて天皇の官吏として任命され，特別の義務を課せられると同時に厚い身分保障や恩給の支給などの特権を与えられていた。これに対し，親任官，勅任官，奏任官などの非官吏は，天皇の任官大権に基づいて任命されるが，官吏と同様の特権は与えられていなかった。

2　第二次世界大戦後，天皇主権から国民主権への転換を踏まえ，昭和22年に制定された国家公務員法においては，従来の官吏制に代わる新しい公務員制の根本基準が定められるとともに，これまでの無試験採用を改め，わが国において初めて公開競争による採用試験制が導入された。これによって，わが国の公務員の任用の仕方は，スポイルズ・システムからメリット・システムに転換された。

3　平成19年の国家公務員法改正により，国家公務員の再就職に関する規制として，各府省等職員が職員または職員であった者について営利企業等に対して離職後の就職のあっせんを行うことを禁止すること，職員が自らの職務と利害関係を有する一定の営利企業等に対して求職活動を行うことを規制すること等が規定された。また，職員の離職に際しての離職後の就職の援助を行うとともに，官民の人材交流の円滑な実施のための支援を行うため，内閣府に官民人材交流センターを設置することが規定された。

4　平成20年に国家公務員制度改革基本法が成立し，内閣による人事管理機能を強化し，弾力的な人事管理を行えるよう内閣官房に内閣人事局が設置された。これを受けて，平成21年に，幹部職員人事を各府省から切り離して，内閣による一元管理を行うこと等を内容とする国家公務員法等の一部を改正する法律案が国会に提出され，同年に成立した。

5　平成25年度以降，公的年金の支給開始年齢が段階的に引き上げられることに伴い，国家公務員について60歳定年後に無収入期間が発生するため，雇用と年金の接続が課題となった。このため，平成25年3月に，定年退職する職員が公的年金の支給開始年齢に達するまでの間，再任用を希望する職員については一律にフルタイム官職に再任用するという国家公務員法の改正が行われた。

国家公務員試験では，行政学で時事的な出題がなされることもある。本問では，選択肢**4・5**がこれにあたり，**3**もややこれに近い。地方公務員試験ではあまりみられない形なので，地方公務員の専願者はあまり気にしなくてもよいだろう。ただし，**1・2**の内容は基本事項にあたるので，しっかりと確認しておきたい。

第2章 行政の管理

1 ✗ **親任官，勅任官，奏任官は，いずれも官吏の種別である。**

　天皇の任官大権に基づいて任命された官吏には，親任官（首相・大臣），勅任官（次官・局長・知事など），奏任官（中堅幹部・幹部候補生）などの種別があった。

2 ✗ **わが国では，明治中期から試験採用が行われていた。**

　明治初期には，東京帝国大学出身者が無試験で官吏に任用されていた。しかし，明治中期以降は，公開競争による採用試験制が導入され，今日まで続いている。

3 ⭕ **各府省による再就職のあっせんは，法改正で禁止されている。**

　平成19年の国家公務員法改正を受けて，各府省による再就職のあっせんは禁止され，官民人材交流センター（内閣府）がこれを一元的に行う形に改められた。ただし，平成21年9月以降，同センターによるあっせんは原則として行われていない。

4 ✗ **幹部職員人事の一元化は，実現までに時間を要した。**

　平成20年に国家公務員制度改革基本法が成立した後，その内容を具体化するための法整備が遅れた。国家公務員法改正によって，幹部職員人事を内閣に一元化することが決まったのは，平成26年のことであった。

5 ✗ **定年退職者のフルタイム官職への再任用には，例外も設けられている。**

　定年退職者については，希望者を原則としてフルタイム官職に再任用するとしたが，例外も設けられている。たとえば，職員の年齢別構成が適正でなくなってしまう場合や，当該職員の個別の事情を踏まえて必要があると認められる場合には，短時間勤務の官職に再任用することもある。

正　答 3

ワンポイントアドバイス

　2021年に成立した改正国家公務員法により，2023年度以降，国家公務員の定年制度は次のように変更されることが決まった。

定年の段階的引き上げ	現行60歳の定年を段階的に引き上げて65歳とする。
役職定年制の導入	原則60歳に達した年度をもって，管理職からはずす。
60歳に達した職員の給与	60歳以降の給与は7割に減らす。

テーマ **4**

予算

重要度
C

出題傾向

「予算」では，日本の予算過程とアメリカの予算編成手法の変遷が出題されている。なかでも頻出事項とされているのは，会計検査院と PPBS である。

会計検査院は，国会，内閣，裁判所と並置される憲法機関であり，特殊な地位を与えられている。そこで，その位置づけを中心として，会計検査の対象，手続き，効果などを組み合わせる形で，問題が作られやすい。

> 国家公務員試験では，会計検査院と並んで，わが国の予算編成過程も出題されている。シーリングによって枠をはめられつつも，下からの予算要求を積み上げていくことで予算が作成されていく姿を，しっかりと理解しておく必要がある。

PPBS は，1960 年代のアメリカで実践されていた予算編成手法である。現在ではほとんど用いられていないが，公務員試験ではいまだに出題されている。

理解しておきたい事項

❶ 日本の予算過程

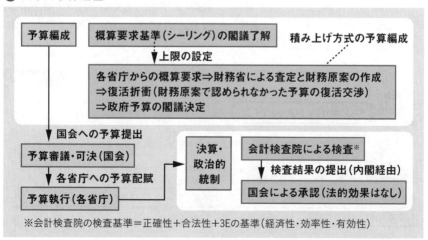

※会計検査院の検査基準＝正確性＋合法性＋3Eの基準（経済性・効率性・有効性）

❷ アメリカの予算編成手法

アメリカでは，合理的に予算を編成するため，さまざまな手法が開発されてきた。

PPBS （計画事業予算制度）	ケネディ・ ジョンソン政権	中央の予算編成部署が，目標達成のための各手段を「費用対効果」の観点から事前評価し，選択する。
MBO （目標による管理）	ニクソン・ フォード政権	現場の管理者が，目標事業量の達成度を事後的に評価し，次年度の予算配分に反映させる。
ZBB （ゼロベース予算）	カーター政権	各機関の上級管理者が，毎年度，すべての政策を見直したうえで，予算配分を決定する。
パフォーマンス （業績）予算	クリントン政権	各省庁が，政策の業績を「アウトカム（効果）」の観点から事後的に評価し，次年度の予算配分に反映させる。

ただし，実際の予算編成においては，インクリメンタリズム（漸増主義）の手法が幅広く活用されている。インクリメンタリズムとは，差し迫った必要があった場合にのみ，政策に微小の変更を加えていくとする手法であり，その結果が予算配分にも反映される。

出るのはココだ！

日本の予算過程

①予算サイクル（準備・執行・決算・政治的統制）には，約3年半を要する。

②各府省の提出した概算要求を財務省の主計官が査定し，財務原案が作成される。

③各府省の概算要求には，内閣によってあらかじめ上限（シーリング）が設定される。財政赤字の際は，前年度に比べて減額とされることもある（マイナス・シーリング）。

④新年度の予算が期限内に成立しなかった場合は，通常，暫定予算が組まれる。

⑤予算の執行過程では，財務省が各府省に対してチェック（財務監査）を行う。

⑥会計検査院には，国会の同意に基づいて内閣が任命する3人の検査官が置かれている。

⑦会計検査院は，正確性，合法性，3Eの基準に基づいて，会計検査を行う。

⑧会計検査院の検査報告は，国会によって承認される。ただし，承認が得られなくても，特に法的効果は生じない。

アメリカの予算編成手法

①PPBS（計画事業予算制度）では，中央の予算編成部署が政策案の事前評価を行う。

②PPBSは，ジョンソン政権下で政府全体に導入された。

③PPBSは，最終的に失敗に終わった。大量の情報処理が困難であったこと，政治家の介入で合理性が歪んだことなどが原因であった。

④MBO（目標による管理）はニクソン政権，ZBB（ゼロベース予算）はカーター政権によって導入された。

⑤パフォーマンス予算では，アウトカムの事後評価と説明責任が各省庁に求められる。

⑥実際の予算編成においては，インクリメンタリズムの手法が幅広く用いられている。

わが国の予算制度に関する次の記述のうち，妥当なのはどれか。

【国家一般職［大卒］・平成24年度】

1 マスグレイブは，政府の行政活動の財源を保障している財政は，三つの政策的機能を持つとした。このうち，資源配分機能とは，低所得者に対する非課税，高所得者に対する累進課税，社会保障関係費の支出などの財政措置を通して，資源を配分する機能である。

2 予算編成に当たっては，例年，各府省からの概算要求提出の前に，概算要求基準が決定される。この概算要求基準は，歳出規模を抑制することを目的としており，平成23年度予算の概算要求基準においては，従来認められてきた「要望枠」が廃止されたことから，各府省の平成23年度予算額は前年度当初予算額の90%以下に抑えられた。

3 建設国債以外の国債，すなわち赤字国債は，健全財政主義の観点から財政法では発行が認められていない。しかし，実際には，1年限りの公債特例法を制定することにより，赤字国債を発行している。

4 憲法上，予算の作成・提出権は内閣に専属するが，予算の成立には国会の議決が必要とされている。国会は，予算を議決するに当たり，これを否決することはできるが，予算の修正の動議や組替えの動議は，内閣の予算作成・提出権に抵触することとなるため，認められていない。

5 憲法上，国の収入支出の決算は，全て毎年会計検査院がこれを検査したうえで，内閣は，当該決算について国会の承認を得なければならないと規定されている。検査を行う会計検査院は，内閣に対して独立の地位を有し，3人の検査官から構成される検査官会議が意思決定機関となっている合議制の組織である。

本問では，財政学（選択肢1・3）や憲法（同5）に関する内容が問われており，やや難しく感じるかもしれない。しかし，社会保障関係費の支出が「困窮者へのお金の移し変え」であることは明らかであるし，「赤字国債の発行額は……」とか「今年度も政府原案どおりに（国会の修正なしに）予算が成立しました」といったニュースは，よく耳にしているはずである。これらをヒントにしながら，落ち着いて選択肢を絞っていくようにしたい。

1 ✗ **累進課税や社会保障関係費の支出などは，「所得再分配」機能にあたる。**
　マスグレイブのいう資源配分機能とは，政府による公共財（上下水道や公教育など）の提供を意味している。これに対して，累進課税や社会保障関係費の支出などは，格差是正の措置なので，所得再分配機能にあたる。
　🔑 **マスグレイブの財政3機能論：資源配分・所得再分配・経済安定**

2 ✗ **平成23年度予算では，要望枠が新たに設けられた。**
　平成23年度予算では，重点施策について特別枠（要望枠）が設けられた。これは，政府の重視する政策を効果的に実施するため，府省横断的に予算を柔軟に組み替えようとする試みであった。

3 ⭕ **わが国では，特例法に基づいて赤字国債が発行されている。**
　赤字国債の発行は，財政規律を緩めてしまうため，財政法で原則禁止されている。しかし，実際には，特例法を制定して発行を可能にするという措置がとられており，1975年以降，若干の例外を除き，赤字国債は毎年度発行されつづけている。

4 ✗ **国会は，予算の修正や組替えを求めることができる。**
　国会は，予算の修正や組替えの動議を成立させることができる。予算修正動議が成立すれば，予算の修正が確定する。予算組替え動議が成立すれば，内閣は予算をいったん撤回し，修正したうえで，国会に再提出しなければならなくなる。
　🔑 **予算の組替え：内閣が予算を撤回し，修正のうえ再提出すること**

5 ✗ **内閣は，決算について国会の「承認」を得る必要はない。**
　内閣は，会計検査院の検査報告とともに，決算を国会に「提出」しなければならない（憲法90条1項）。しかし，国会の「承認」まで必要とされているわけではなく，仮に国会が決算を承認しなくても，法的にはまったく影響がない。

正　答　3

第2章　行政の管理

会計検査院に関する次の記述のうち，妥当なものはどれか。

【市役所・平成 26 年度】

1 　会計検査院は第二次世界大戦後に設置された国の機関である。設置根拠となっている国家行政組織法によれば，会計検査院は内閣から独立してその職務を行う。

2 　会計検査院による検査対象は国の会計経理のみであり，補助金や地方交付税交付金のような地方公共団体の会計経理は，地方公共団体の議会や監査委員の検査対象である。

3 　会計検査院は行政委員会の一つとされる。しかし準立法的権限も準司法的権限も有していない。また会計検査院は院長 1 人と事務総局からなり，合議制の機関でもない。

4 　会計検査院は，国の法令や予算に反した不当な国の会計経理のみ，その是正を指摘し，経済性や効率性は検査上必要な観点としない。法令や予算に反しない不当な国の会計経理は，総務省行政評価局が担当する。

5 　会計検査院が検査の結果，法律，政令もしくは予算に違反し，または不当と認めた事項の有無については，日本国憲法 90 条に基づいて作成される検査報告に記載され，内閣を通じて国会に提出される。

本問は，会計検査院に関する基本問題である。**会計検査院は，憲法に規定された独立機関であるが，合議制の形態をとり，準立法的権限や準司法的権限も有している点で，行政委員会と類似している**。以上の諸点がポイントとなるので，しっかりと覚えておこう。また，**3E の規準**も隠れた頻出ポイントなので注意しよう。

1 ✗ 会計検査院は，国家行政組織法の適用を受けない。

会計検査院は，国家行政組織法に規定された行政機関ではなく，日本国憲法 90 条および会計検査院法（1947 年）を根拠に設置された独立機関である。

🔑 **会計検査院：国の収入支出の決算などを行う憲法上の独立した機関**

2 ✗ 補助金や地方交付税交付金も，会計検査院の検査対象に含まれる。

会計検査院の検査対象は幅広く，国が補助金等を与えている組織の会計なども含まれる。したがって，同院の検査は，地方公共団体，外郭団体，企業などにまで及ぶことがあり，補助金等の使われ方などがチェックされている。

3 ✗ 会計検査院は合議制の機関である。

会計検査院では，3 人の検査官（うち 1 人が院長）からなる検査官会議において意思決定が行われている。また，**会計検査院は準立法的権限や準司法的権限を有しており**，会計検査に必要な「規則」を制定したり，担当職員の弁償責任について判断する「検定」を行うことができる。

🔑 **会計検査院 ＝ 検査官会議（合議制による意思決定）＋ 事務総局（検査業務）**

4 ✗ 会計検査院は，経済性や効率性の観点に立った検査も行っている。

会計検査院は，正確性，合法性，経済性（Economy）・効率性（Efficiency）・有効性（Effectiveness）という観点から検査を行っている。

🔑 **経済性・効率性・有効性 →「3E の規準」**

5 ◯ 会計検査院は，内閣を通じて国会に検査報告を提出する。

「国の収入支出の決算は，すべて毎年会計検査院がこれを検査し，内閣は，次の年度に，その検査報告とともに，これを国会に提出しなければならない」（憲法 90 条 1 項）。

正 答 5

 ワンポイントアドバイス

経済性・効率性・有効性（選択肢 **4**）とは，次のような意味で用いられる言葉である。①経済性＝「同じ仕事をもっと安上がりにできなかったか」，②効率性＝「同じ経費でもっとよい結果を上げることができなかったか」，③有効性＝「もっと目標達成に近づくことができなかったか」。

PPBSに関する記述として，妥当なのはどれか。

【地方上級（特別区）・平成16年度】

1 PPBSは，行政の計画過程と予算過程を結びつけた合理的な予算編成を実現するもので，大量のデータを必要としないため，作業量が大幅に軽減される。

2 PPBSは，アメリカ連邦政府が各省庁の事業計画と予算との関係を一層合理化しようとしたもので，ニクソン大統領によって全省庁に導入された。

3 PPBSは，特定の目的を達成する政策の複数の代替案について，事前にそれに要する費用とそれから得られる効果とを測定，対比し，最善の代替案を選択するものである。

4 PPBSは，前年度の実績を考慮せずすべての予算項目をゼロから査定していくゼロベース予算方式の失敗の後を受け，その短所を克服して実用化された手法である。

5 PPBSは，プログラム要素ごとにその事業目標とこれに対応した事業量指標を明確に設定し，その現実の成果の把握を通して，プログラムの適否に関する再検討を行おうとするものである。

本問は PPBS に関する基本問題であり，「PPBS とは何か」を大まかに理解していれば，解答は容易である。特に **PPBS が費用対効果の事前分析に基づく予算配分方式であるという点は，覚えておくべき重要ポイントである。** ただし，紛らわしい選択肢を自信を持って切るためには，MBO と ZBB についても理解しておくことが望ましい。選択肢 **4・5** の解説を読んで，その概略程度はつかんでおこう。

1 ✘ **PPBS では大量のデータが必要とされる。**

PPBS では，①ある政策目的の達成に貢献しうる政策案を列挙する，②具体的なデータをもとに採用すべき政策を選択する，③この作業をすべての政策目的について行う，という手順がとられる。そのため，PPBS では大量のデータが必要とされ，予算編成部署の作業量は膨大なものとならざるをえない。

2 ✘ **PPBS を全省庁に導入したのはジョンソン大統領である。**

アメリカでは，1960 年代のジョンソン政権下で PPBS が全省庁に導入された。しかし，予算編成部署が膨大な作業をこなしきれず，政治家の介入などもあったことから，合理的な予算編成という理想は達成されず，失敗に終わった。

3 〇 **PPBS では，政策案の費用と効果が事前に評価される。**

PPBS では，具体的なデータをもとに，より少ない費用で最大の効果を得られる政策案を選び出し，これに予算を分配するものとされる。なお，これらの作業は主に予算担当部署が行うため，現場に比べて同部署の権力が強まる傾向にある。

🔑 **PPBS の特徴：政策効果の事前評価，費用対効果の分析，中央集権的な予算編成**

4 ✘ **ゼロベース予算は，PPBS と MBO の後を受けて導入された。**

PPBS が失敗に終わった後，ニクソン大統領の下で MBO（目標による管理）が導入され，現場における事業評価が重視されるようになった。さらに，政権交代でカーター大統領が誕生すると，新たに ZBB（ゼロベース予算）が導入され，予算項目が毎年度見直されるようになった。

🔑 **PPBS（ジョンソン）→ MBO（ニクソン）→ ZBB（カーター）**

5 ✘ **事業量の現実の成果を事後的に評価するのは，MBO である。**

MBO は，ニクソン政権期に導入された予算編成方式である。現場において達成事業量を評価し，これをプログラム（事業）の再検討につなげようとする点に特徴がある。

🔑 **MBO の特徴：達成事業量の事後評価，現場重視の予算編成**

正 答 3

予算編成の手法に関する記述として，妥当なのはどれか。

【地方上級（東京都）・平成 20 年度】

1 サンセット方式とは，対象の事業について一定の期限を設定し，期限が到来した時点で事業の廃止の措置が講じられない限り，事業を自動的に継続するという手法である。

2 シーリング方式とは，概算要求の段階から前年度予算に関係なく要求限度の枠を設定する手法であり，この手法では，事業の優先順位を明確にすることができる。

3 ゼロベース予算とは，すべての事業について，ゼロから出発して予算を編成する手法であり，この手法では，既定経費の見直しを徹底して行うことができる。

4 パフォーマンス・バジェットとは，費用・便益分析を軸にしたシステム分析の手法により，予算編成過程の合理化をめざす手法である。

5 PPBSとは，長期的な計画策定と短期的な予算編成とを切り離し，予算編成については長期的な計画策定にとらわれず，資源配分に関する組織体の意思決定を合理的に行おうとする手法である。

本問では選択肢**4**と**5**の難易度が高いため，正答を見つけるのはやや困難である。前者については，時間をかけてまで無理に理解する必要はなく，「**システム分析の代表例はPPBS**」と丸暗記してしまってもかまわない。後者についても，「**計画（長期）→ 事業 → 予算（短期）**」というつながりを漠然と理解していれば十分である。

1 ✖ **サンセット方式では，一定期間が経てば事業が自動的に終了する。**

サンセット方式とは，一定期間が経てば，事業を原則終了とする手法のことである。不要不急の事業がだらだらと続けられ，予算の無駄遣いが生まれることを防ぐというメリットがある。なお，サンセットとは日没のことである。

2 ✖ **シーリング方式では，前年度予算が基準とされる。**

シーリング方式とは，予算規模の膨張を防ぐため，前年度予算を規準として概算要求の限度額（シーリング／天井）を設定する手法のことである。

🔑 **ゼロ・シーリング：前年度と同額の概算要求限度額のこと**

3 ⭕ **ゼロベース予算では，すべての事業について見直しが行われる。**

ゼロベース予算とは，各部署に一定の予算枠を設定することで，すべての事業について自ら必要性を見直すように仕向ける手法のことである。どうしても必要な事業を実施するためには，惰性で続いている事業を切り捨てざるをえないため，予算の効率化につながると期待される。

4 ✖ **システム分析による合理的予算編成の代表例はPPBSである。**

システム分析とは，問題を発見し，達成すべき目標を設定したうえで，費用と便益（効果）などの観点からさまざまな選択肢を比較検討し，ベストな選択肢を選んで実施していこうとする意思決定方式である。したがって，これを予算編成方式に応用した代表例はPPBS（計画事業予算制度）である。これに対して，パフォーマンス・バジェットとは，達成すべき目標と評価基準を設定した上で，政策によってもたらされた業績と費用を事後評価し，次の予算配分につなげていこうとするものである。

🔑 **パフォーマンス・バジェット：業績と費用の事後評価を反映した予算編成**

5 ✖ **PPBSは長期的な計画策定と短期的な予算編成を結び付ける。**

PPBSでは，長期的な計画を実現するために必要な事業を選定し，これに各年度の予算を配分していくことが目指される。したがって，PPBSでは，長期的な計画策定と短期的な予算編成が，事業を媒介として結び付けられることになる。

正 答 ③

テーマ5

行政改革

重要度 **A**

出題傾向

「行政改革」では，わが国の行政改革の歴史とNPM改革が出題されている。なかでも頻出事項とされているのは，第2次臨調とNPM改革の具体例である。

第2次臨調は，1980年代の中曽根行革を支え，わが国の行政のあり方に大きな変革をもたらした審議会である。そこで，30年以上も前に活動した組織であるにもかかわらず，そのスローガンや重要な提言内容などが，いまだに出題されつづけている。

近年では，1990年代後半の橋本行革を支えた行政改革会議に関する出題も増えている。中央行政機構の再編や独立行政法人制度の創設などについては確認しておく必要がある。

NPM改革の具体例は，一時期ほどではないものの，現在でもしばしば出題されている。エージェンシー，市場化テスト，PFI，指定管理者制度など，一般には聞きなれない用語もどんどん問われている。

理解しておきたい事項

❶ わが国の行政改革の歴史

わが国では，1960年代以降，行政改革の試みが続けられている。

第1次臨時行政調査会（臨調）	池田内閣（1961〜64年）	高度経済成長への対応を打ち出す。トップダウン型の効率的行政を目指して，内閣府の創設や機関委任事務の活用を提言したが，その多くは実現しなかった。
第2次臨時行政調査会	鈴木・中曽根内閣（1981〜83年）	「増税なき財政再建」をスローガンに，福祉予算の削減，規制緩和，三公社の民営化などを提言した。その多くは実現した。会長は財界出身の土光敏夫。
行政改革委員会	村山・橋本内閣（1994〜97年）	行政改革の実施状況の監視にあたった。規制緩和や情報公開についても審議した。
行政改革会議	橋本内閣（1996〜98年）	内閣機能の強化，中央省庁等の再編，独立行政法人の創設，政策評価の導入などの方針を決定した。その多くは実現した（橋本行革）。会長は橋本首相。

❷ NPM（新公共管理）改革

　1980年代以降に台頭した新しい公共管理の流れを，NPM改革という。業績・成果による統制，市場メカニズムの重視などを特徴とする。イギリスに始まり，今日ではアングロ・サクソン諸国を中心として，多くの国に広まっている。

エージェンシー制度	エージェンシー（外局）を創設し，大幅な裁量権を与えることで，行政活動の効率化を図る仕組み。定期的な業績測定や業績給の導入によって，責任の確保も目指されている。わが国の独立行政法人制度も，これを参考にした。
市場化テスト	これまで行政機関が独占してきた業務を民間企業にも開放し，競争入札で競わせることで，行政活動の効率化を図る仕組み。わが国でも，公共サービス改革法に基づいて，官民競争入札や民間競争入札が実施されている。
PFI	公共施設等の建設・維持管理・運営を，民間の資金・経営能力・技術的能力を活用して行う仕組み。わが国でも，PFI法に基づいて，民間事業者が一部の刑務所や合同庁舎などを建設・維持管理している。
指定管理者制度	公共施設等の管理運営を，指定管理者（株式会社やNPOを含む）に代行させることで，経費の削減や柔軟な運営を図る仕組み。わが国の地方自治体で導入されている。

 出るのはココだ！

わが国の行政改革の歴史

①第1次臨調は，池田内閣によって設置された。答申内容の多くは実現しなかった。

②第2次臨調は，「増税なき財政再建」をスローガンとした。答申内容の多くが実現し，三公社の民営化も達成された。

③行政改革会議は，橋本行革を支える役割を担った。中央省庁の再編，独立行政法人の創設，政策評価の導入などは，すべて行政改革会議が提言したものである。

④独立行政法人は，国から実施部門の一部を切り離し，法人格を与えたものである。公務員型（行政執行法人）と非公務員型（中期目標管理法人と国立研究開発法人）がある。

⑤スクラップ・アンド・ビルド方式（部署の新設に際して他部署の統廃合を求める仕組み），総定員法（国家公務員の総数を定めた法律），シーリング制（各府省の概算要求に上限を設ける仕組み）などは，1960年代以降に導入されたものである。

NPM改革

①NPM改革は，イギリスで始まった行政改革の流れである。業績・成果による統制，市場メカニズムの重視などを特徴とする。

②エージェンシー制度では，現場に大幅な裁量権が与えられ，事後評価が加えられる。

③わが国では，公共サービス改革法に基づいて，官民競争入札等が実施されている。

④わが国では，民間事業者が一部の刑務所などを建設・維持管理している（PFI方式）。

⑤わが国では，株式会社やNPOなどが指定管理者となることも認められている。

問題 2-10 わが国における行政改革に関する**A～D**の記述のうち，妥当なものを選んだ組合せはどれか。

【地方上級（特別区）・平成 20 年度】

A 第一次臨時行政調査会は，公務員制度改革や独立行政法人制度の創設などを内容とする答申を行った。

B 第二次臨時行政調査会の答申は，増税なき財政再建をスローガンに，小さな政府を目標として，国鉄，電電公社および日本専売公社の民営化などを提言した。

C 橋本内閣が設置した行政改革会議は，内閣機能の強化，省庁再編などを内容とする最終報告をまとめ，これに基づき中央省庁等改革基本法が制定された。

D 行政改革委員会の答申の実施をフォローし行政改革を推進するため，臨時行政改革推進審議会が設置された。

1 A，B

2 A，C

3 A，D

4 B，C

5 B，D

　行政改革を支えた各種の審議会については，その名称と提言内容を結びつけて覚えておく必要がある。最も重要なのは「第二次臨調－三公社の民営化」という結びつきだが，最近の試験では「**行政改革会議－中央省庁等の再編成・独立行政法人制度の創設**」という結びつきもたびたび出題されている。

A ✖ 独立行政法人制度の創設を提言したのは行政改革会議である。

　独立行政法人制度は，中央省庁等改革の柱のひとつとして，行政改革会議の最終報告において創設が提言されたものである。

🔑 **行政改革会議 → 中央省庁等の再編成や独立行政法人制度の創設などを提言**

B ⭕ 三公社の民営化を提言したのは第二次臨調である。

　第二次臨調（臨時行政調査会）は，石油危機（1973・79年）の影響で経済成長が鈍化し，財政状況が悪化した状況を受けて，「増税なき財政再建」を提言した。その成果のひとつが，三公社（国鉄，電電公社，日本専売公社）の民営化であった。

🔑 **第二次臨調 → 三公社の民営化や福祉水準の引下げなどを提言**

C ⭕ 中央省庁等の再編成を提言したのは行政改革会議である。

　行政改革会議は，いわゆる橋本行革を支える中心的な組織であった。行政改革会議の提案した内閣機能の強化，中央省庁等の再編成，独立行政法人制度の創設などは，ことごとく実現することとなった。

🔑 **中央省庁の再編成：1府22省庁体制を1府12省庁体制に再編成（大括り化）**

D ✖ 行革審は第二次臨調をフォローするために設置された。

　臨時行政改革推進審議会（行革審）は，第二次臨調が解散した後，その答申の実施をフォローするために設置された。なお，行政改革委員会は，行革審の解散後に設置された審議会であり，行政改革の実施状況の監視などを引き続き行った。

🔑 **第二次臨調 → 行革審 → 行政改革委員会・行政改革会議**

　以上から，妥当なものは**B**と**C**であり，**4**が正答となる。

正答 4

日本の行政改革に関する次の記述のうち，妥当なものはどれか。

【地方上級・平成 30 年度】

1 指定管理者制度とは，それまで地方公共団体やその外郭団体等に限定していた公共施設の管理・運営の委託先を，民間企業にも認めるとした仕組みであるが，委託先を決定する際には競争入札以外の手段は認められていない。

2 国の独立行政法人に該当するものとして，地方には地方独立行政法人が設けられており，これまでに大学・公営企業・試験研究機関などが地方独立行政法人化されている。

3 バウチャー制度とは，国が国民に使途を限定しない補助金等を支給し，受給する公共サービスを自ら選択させることを通じて，サービス提供者間の競争を促す制度である。

4 「競争の導入による公共サービスの改革に関する法律」が制定され，公共サービスに民間企業の創意工夫を反映させることがめざされているが，同法では官民競争入札を廃止し，一般競争入札に限って認めるものとしている。

5 PFI とは，公共施設等の設計，建設，維持管理および運営に，民間企業の優れた手法をとり入れることで，行政サービスの向上を図ろうとするものであるが，その建設資金はすべて公の予算を通じて調達するものとされている。

行政改革については，これまで提案・実現されてきた具体的な制度が問われることもある。本問でいえば，指定管理者制度（選択肢1）と官民競争入札（同4），PFI（同5）は繰り返し出題されている重要項目なので，詳細を確認しておきたい。

1 ✖ 指定管理者制度では競争入札を行う必要はない。

指定管理者制度では，公共施設の管理者を行政処分（「指定」）によって決定する。「契約」ではないため競争入札を行う必要はないとされている。従来から行われてきた「管理委託制度」との違いは，次のとおりである。

	運営主体	行政との関係	議会の議決	入札
指定管理者制度	企業やNPOも可	行政処分（指定）	必要	不要
管理委託制度	公共団体等	委託契約	不要	必要

2 ◯ 地方には地方独立行政法人が設けられている。

国から実施部門の一部を切り離し，法人格を与えたものを独立行政法人という。その地方版として，地方独立行政法人の制度も設けられている。

3 ✖ バウチャー制度では補助金の使途が限定される。

バウチャー制度とは，国が国民に使途を限定した補助金を支給し，好きな業者・施設から好きなサービスを購入させる仕組みのことである。国民の選

国民にバウチャー（引換券）を給付する。　➡　国民が業者・施設を選択し，好きなサービスを購入する。

択の自由が保障され，業者・施設間の競争でサービスの質も向上するとされている。

4 ✖ 公共サービス改革法によって官民競争入札が導入された。

「競争の導入による公共サービスの改革に関する法律（公共サービス改革法）」によって，新たに官民競争入札や民間競争入札の制度が導入された。これらの制度は，これまで「官」が独占してきた公共サービスの提供を「民」にも開放し，競争を促すことで，価格や質の面での向上を図っていこうとするものである。

5 ✖ PFIでは建設資金も民間側が調達する。

PFI（Private Finance Initiative）とは，公共施設等の設計，建設，維持管理および運営に，民間の資金とノウハウを活用しようとするものである。当然，建設資金の調達も民間側が行うとされている。

正答 2

問題 2-12 我が国における行政の在り方の見直しに関する次の記述のうち，妥当なのはどれか。

【国家一般職［大卒］・令和元年度】

1 三位一体改革の一つとして導入された PFI は，国の行政に関わる事業のみを対象とし，道路，空港，水道等の公共施設や，庁舎や宿舎等の公用施設の建設と維持管理について，民間事業者に委ねるものである。今後，地方公共団体の事業に PFI を導入することが課題となっている。

2 「行政機関の保有する情報の公開に関する法律」の制定により，国民主権の理念に基づいて，日本国民に限って行政機関が保有する行政文書に対する開示請求が可能となった。ただし，電磁的記録は，開示請求の対象とはされていない。

3 民間委託は，施設の運営をはじめとして，窓口業務，清掃，印刷等の地方公共団体における様々な業務に広く導入されている。平成 15（2003）年には，指定管理者制度が導入され，民間事業者や NPO 法人等に対し，包括的に施設の管理や運営を代行させることが可能となった。

4 市場化テストとは，毎年度，経済産業省が中心となって対象事業を選定し，官民競争入札等監理委員会の審議を経て実施されているものである。この市場化テストは，民間事業者が事業を落札することを前提に運営されているため，政府機関が入札に参加することはできない。

5 政令や府省令等の制定・改正を必要とする行政施策を決定する前に，広く一般の意見を聴取する意見公募手続（パブリックコメント）が行われている。これは，政策に利害関係を有する個人が施策決定前に意見を表明できる機会であり，書面の持参による提出のみが認められている。

行政学では，行政法と重複する内容が出題されることもある。本問の場合，情報公開法（選択肢 2）と意見公募手続（同 5）がこれにあたる。これらの項目については，行政法でより深く学習するはずなので，**行政法の学習も怠らないようにしたい。**

第2章 行政の管理

1 ✖ **PFI は地方公共団体の事業にも導入されている。**

わが国では，1999 年の PFI 法に基づいて，PFI が国と地方公共団体の両方で導入されている。地方についていえば，体育館やごみ焼却施設の整備などで PFI が活用されている。また，三位一体改革は地方分権のために行われたもので，PFI とは無関係である。

2 ✖ **行政文書の開示請求権は外国人にも認められている。**

情報公開法では，「何人も……行政文書の開示を請求することができる」（3条）と規定されている。したがって，外国人等も開示請求を行うことができる。また，同法では，行政文書の例として，「文書，図画及び電磁的記録」（2条2項）が挙げられている。したがって，電磁的記録も開示請求の対象に含まれる。

3 〇 **指定管理者制度では，民間事業者や NPO 法人も管理を代行できる。**

現在では，民間委託に加えて指定管理者制度も実施されている。指定管理者制度では，指定を受けた「法人その他の団体」が公共施設の管理を代行することになるが，この場合，民間事業者や NPO 法人も指定管理者となることが認められている。

4 ✖ **市場化テストでは，政府機関が入札に参加することもある。**

市場化テストには，①政府機関と民間企業が競い合う「官民競争入札」，②民間企業どうしが競い合う「民間競争入札」がともに含まれる。このうち官民競争入札については，政府機関が入札に参加することになる。また，市場化テストの対象事業を選定するのは各府省等であり，その結果を受けて内閣が決定を行う。

5 ✖ **意見公募手続ではネット経由の意見提出等も認められている。**

意見公募手続（パブリックコメント）では，政策に利害関係をもたない個人も意見を表明できる。また，書面の持参は必ずしも必要ではなく，インターネット上のフォームへの入力，電子メール，郵送，FAX による提出などが広く認められている。

🔑 意見公募手続：2005 年の改正行政手続法で導入。命令等の制定の際に実施。

正 答 3

問題 2-13 ニュー・パブリック・マネジメント（NPM）に関する記述として，妥当なのはどれか。

【地方上級（東京都）・平成18年度】

1 PPPとは，公共と民間のパートナーシップによって，公共部門が提供してきた公共サービスを民間に開放するものであり，民間資金の活用を図る手法であるPFIは，PPPに含まれない。

2 エージェンシーとは，政策立案機能は中央省庁に残し，行政執行機能を分離，独立させたものであり，民間の経営手法を導入することにより，行政の効率化を図ることを目的としている。

3 内部市場システムとは，政府部局内で擬似的な市場を創出することにより，より効率的で質の高いサービスの提供を実現しようとするものであり，供給主体の決定にあたっては，市場化テストを経なければならない。

4 ベンチマーキングとは，政府が補助金を消費者に賦与し，特定のサービスを受ける業者を消費者自身に選択させるものであり，その場合，サービスを評価するための具体的な基準が設定される。

5 アウトカム指標とは，投入された資源で行政が提供したモノやサービスの量を表すものであり，政策評価において，執行効率を評価する指標として導入されている。

本問では，PPP（選択肢1），内部市場システム（同3），ベンチマーキング（同4）という聞きなれない言葉が並んでいる。これらはあまり出題されていない用語なので，**解説を読んで，大まかな内容を理解しておけば十分である。**

1 ✖ **PFI は PPP の一手法である。**

PPP（Public Private Partnership）とは，**官民が対等のパートナーとして協働する**ことを意味している。PFI（Private Finance Initiative）も，官民が協力し合って国民や住民にサービスを提供するものであることから，PPP の一手法とされる。

2 〇 **エージェンシーは行政執行機能を担う。**

政策立案（企画立案）と行政執行（実施）を区別し，後者を担う組織を分離・独立させたものがエージェンシー（外局）である。エージェンシー制度はイギリスで創設され，わが国の独立行政法人制度にも大きな影響を与えた。

3 ✖ **内部市場システムと市場化テストは関連性をもたない。**

内部市場システムとは，政府部局内でも競争を作り出し，サービスの向上を図ることを意味している。これに対して，市場化テストとは，政府が独占してきたサービスの供給を民間にも開放し，官民競争入札などを行うことを意味している。したがって，内部市場システムと市場化テストは関連性をもたない。

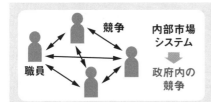

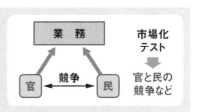

4 ✖ **ベンチマーキングは「選択の自由」とは関連性をもたない。**

ベンチマーキングとは，**達成すべき挑戦的な基準値（ベンチマーク）を設定し，実際の業績をこれと比較することで，改善を促していこうとする手法のことである。**したがって，ベンチマーキングは消費者の「選択の自由」とは関連性をもたない。

5 ✖ **行政が提供したモノやサービスの量を表すのは「アウトプット」である。**

投入された資源量で，行政が提供したモノやサービスの量を表すのは「アウトプット（output）」である。これに対して，**投入された資源量で，行政が達成した成果を表すのが「アウトカム（outcome）」である。**

正 答 2

行政改革に関する記述として，妥当なのはどれか。

【地方上級（東京都）・平成 14 年度】

1 1980 年代以降の世界の主要国における行政改革の潮流を作ったのは，アメリカの民主党のカーター政権であり，大規模な国営企業の民営化を実施した。

2 「新公共管理」（NPM）は，公共サービスを提供するにあたり，公私部門の差異を重視して，民間企業の経営管理手法や市場原理の考え方を排除しようとするものである。

3 わが国の行政改革では，第二次臨時行政調査会が「増税なき財政再建」のスローガンの下に種々の改革を提案し，日本国有鉄道，日本電信電話公社，日本専売公社の民営化が実施された。

4 イギリスのエージェンシーは，行政機関の一部が事業実施に関して政府と契約を結ぶものであり，実施内容の細部まで契約事項となっているため，管理者には人事や実施方法についての裁量がない。

5 わが国の独立行政法人制度は，行政組織のスリム化を目指して，中央省庁の再編に際して創設され，職員はすべて国家公務員としての身分を失った。

本問で注意してほしいのは、選択肢 5 である。**試験では、「独立行政法人の職員はすべて国家公務員の身分をもつ」とか、「独立行政法人の職員はすべて国家公務員の身分をもたない」といった選択肢をしばしば見かけるが、これらはいずれも誤りである**。「独立行政法人のなかには、職員が国家公務員の身分をもつものもある」というのが正しい記述なので、覚えておこう。

第2章 行政の管理

1 ✖ **行政改革の潮流を作ったのは、アメリカの共和党のレーガン政権である。**

1980 年代以降、世界の主要国では「新自由主義的改革」と呼ばれる行政改革の潮流が生まれた。その中心にいたのは、アメリカのレーガン政権（共和党）であった。ただし、大規模な国営企業の民営化を実現したのは、イギリスのサッチャー政権（保守党）であった。

2 ✖ **NPM は公私部門の差異をあまり重視しない。**

新公共管理（NPM）は、公共サービスを提供するに当たり、公私部門の差異をあまり重視しない。そのため、民間企業の経営管理手法や市場原理の考え方を公共部門に導入すれば、公共サービスの効率化や質的向上が実現するとしている。

3 ⭕ **第二次臨調は三公社の民営化を提言した。**

第二次臨時行政調査会（第二次臨調）は、石油危機後の安定成長の時代にあって、「増税なき財政再建」を実現するための行財政改革を提言した。その代表例が、三公社の民営化であった。

4 ✖ **エージェンシーは人事や事業実施方法について大幅な裁量権をもつ。**

イギリスでは、行政機関の一部がエージェンシー（外局）化され、大幅な裁量権を与えられつつ事業を実施している。すなわち、エージェンシーは、人事や実施方法について裁量を働かせつつ、実施内容の細部を自ら決定している点に特徴がある。

5 ✖ **独立行政法人のなかには、職員が国家公務員の身分をもつものもある。**

独立行政法人のなかには、職員が国家公務員の身分をもつものもあれば、もたないものもある。現在、独立行政法人は中期目標管理法人、国立研究開発法人、行政執行法人に分類されているが、このうち**行政執行法人の職員には、国家公務員の身分が与えられている**。

正答 **3**

政策評価に関する記述として，妥当なのはどれか。

【地方上級（特別区）・平成 21 年度】

1 ベンチマーキング方式とは，費用便益分析を軸にしたシステム分析の手法で，諸政策や諸事業間に優先順位をつけ，予算過程における意思決定の合理化を目指すもので，1960 年代にアメリカの国防省に初めて適用された。

2 NPM（新公共管理）改革における業績測定では，政府活動の成果（アウトカム）ではなく，予算，人員，時間の投入量（インプット）や活動の結果（アウトプット）を評価の指標として用いる。

3 「行政機関が行う政策の評価に関する法律」では，各府省がその所掌に係る政策の評価を自ら行うことは認めず，総務省の客観性と統一性を確保して評価を行うこととしている。

4 日本における政策評価制度については，国の「行政機関が行う政策の評価に関する法律」の施行よりも早く，三重県で「事務事業評価システム」が導入された。

5 国が政策評価制度を法制化しているのと同様に，地方公共団体においても，政策評価制度を条例によって制度化しており，内部的規範である要綱によって制度化している地方公共団体はない。

本問で押さえるべきポイントは，政策評価制度について言及している選択肢 3・4・5 である。**地方公共団体が国に先駆けて政策評価制度を導入したこと（選択肢 4），国の政策評価制度では府省自身による政策評価を総務省行政評価局がチェックする体制が確立されていること（同 3）は，特に重要な出題ポイントである。**

1 ✖ **1960 年代にアメリカで適用された予算編成方式は PPBS である。**

　費用便益分析を軸にしたシステム分析の代表例は，PPBS（計画事業予算制度）である。PPBS は，1960 年代にアメリカの国防省に初めて適用され，ジョンソン政権下で全省庁に導入された（P.221 参照）。

2 ✖ **NPM 改革では，アウトカムを評価の指標として用いる。**

　NPM（新公共管理）改革では，予算，人員，時間の投入量（入力）に対して，どれだけのアウトカム（成果）が得られたかという観点で評価が行われる。これに対して，アウトプット（出力）は単なる成果物や事業量（公民館設置数や相談受付件数など）にすぎないため，評価の指標としてはあまり用いられない。

3 ✖ **政策評価法では，府省自身による評価も求められている。**

　「行政機関が行う政策の評価に関する法律」（行政評価法）では，**①府省自身による評価，②総務省行政評価局による評価，という 2 種類の評価が定められている。**後者はさらに 2 種類に区別されるが，その概略は次のとおりである。

①各府省自身による評価		府省の評価担当部署による評価
②総務省行政評価局による評価	客観性担保評価	「府省自身による評価」の評価
	統一性・総合性確保評価	複数省庁にまたがる政策の評価

4 ◯ **わが国では，地方公共団体が国に先駆けて政策評価制度を導入した。**

　わが国で最初の本格的な政策評価制度は，1996 年に三重県で導入された。その後，静岡県や北海道などにも同様の動きが広がっていったが，国の政策評価制度は，2001 年になってようやく導入された。

5 ✖ **要綱で政策評価制度を制度化している地方公共団体もある。**

　地方公共団体における政策評価制度の導入は，そもそも法律で義務づけられているわけではない。そのため，地域のニーズに応じて各団体が条例・規則・要綱などを自主的に定め，これを導入している。

正 答 4

テーマ **6**

政策過程論

重要度 **B**

 出題傾向

　「政策過程論」では，政策の立案・決定・実施・評価の各段階についての理論が出題されている。なかでも頻出事項とされているのは，政策立案・決定の理論である。

　政策立案・決定の理論は，政治学，行政学，国際関係などの科目で共通に出題されている重要事項である。インクリメンタリズムを中心に，合理的選択論，混合走査法，ゴミ缶モデル，アリソンの３類型などが，繰り返し出題されている。なお，インクリメンタリズムについては，「予算」に関する問題でもたびたび出題されている。

> 　インクリメンタリズムの関連事項として，近年では多元的調節理論に言及されるケースが増えている。国家総合職から始まった流れであるが，他試験にも波及してきている。

 理解しておきたい事項

❶ 政策立案・決定の理論

　政策立案・決定の合理性をめぐって，次の３つの理論が提唱されている。

合理性の主張	**合理的選択論**	「完全な合理性」の前提　⇒多数の政策案のなかから，費用対効果の事前評価を通じて，「効用の最大化」をもたらすものが選択される（「経済人モデル」）。
	サイモンの主張	「限定された合理性」の前提　⇒少数の政策案について順次検討が加えられ，「一定の満足水準」を満たすものが現れれば，それ以上の探求は放棄される（「経営人モデル」）。
非合理性の主張	**インクリメンタリズム**	差し迫った必要が生じた場合にのみ，従来の政策に微小な変更が加えられる。リンドブロムの主張。
	多元的相互調節の理論	インクリメンタリズムの立場に立つ政策立案者たちが，自らの利益や価値基準に従って政策案を主張しあえば，相互に意見が調節され，全員にとって望ましい結果が生じる。

その他，次の各理論も有名である。

混合走査法	エツィオーニ	重要政策は精査したうえで決定を行い，その他の政策にはインクリメンタリズムを適用する。
ごみ缶モデル	コーエン，マーチ，オルセン	政策の選択機会（会議など）において，課題，解決策，参加者がたまたま結びついたとき，政策が形成される。
アリソンの3類型	アリソン（『決定の本質』）	①合理的行為者モデル（政策決定者の合理的計算に基づく政策決定），②組織過程モデル（組織の特徴や一定の手続きに基づく政策決定），③官僚政治モデル（部署間の競合を通じた政策決定）。

❷ 政策評価

わが国の中央省庁では，政策評価法（2011年）に基づいて，政策評価が行われている。

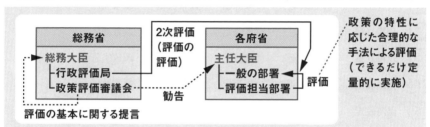

出るのはココだ！

政策立案・決定の理論
①合理的選択論では，「完全な合理性」を前提として，「効用の最大化」が目指される。

②サイモンは，「限定された合理性」と「満足化原理」を重視した（経営人モデル）。

③リンドブロムは，インクリメンタリズムを提唱した。これは，差し迫った必要が生じた場合にのみ，従来の政策に微小な変更が加えられるとするものである。

④インクリメンタリズムは，多元的相互調節の理論と組み合わされることで，望ましい結果を生み出すとされた。

⑤エツィオーニは，混合走査法を提唱した。重要政策は精査したうえで決定を行い，その他の政策にはインクリメンタリズムを適用するべきだとされる。

⑥コーエンらは，政策決定は偶発的に行われるとして，ごみ缶モデルを提唱した。

⑦アリソンは，政策決定の3類型を提唱した。そのうち，部署間の競合を通じた政策決定に注目しているのは，官僚政治（政府内政治）モデルである。

政策評価
①わが国では府省自身が政策評価を行い，行政評価局（総務省）がこれに2次評価を加えている。

②政策評価法では，政策評価はできるかぎり定量的に実施するものとされている。

次の図は，一般的な政策過程モデルを表したものであるが，図中のA～Eに該当する語の組合せとして，妥当なのはどれか。

【地方上級（特別区）・平成22年度】

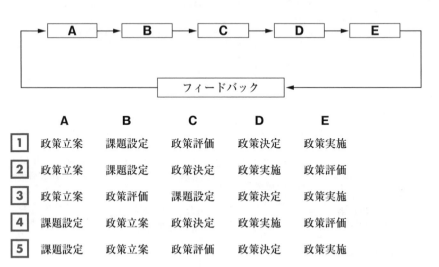

	A	B	C	D	E
1	政策立案	課題設定	政策評価	政策決定	政策実施
2	政策立案	課題設定	政策決定	政策実施	政策評価
3	政策立案	政策評価	課題設定	政策決定	政策実施
4	課題設定	政策立案	政策決定	政策実施	政策評価
5	課題設定	政策立案	政策評価	政策決定	政策実施

本問は，なかば常識で解けるレベルの問題である。選択肢に並んでいる用語も，特に専門用語というわけではない。落ち着いて考えれば誤ることはないだろう。

A：「**課題設定**」が該当する。

　政策過程は，政府が取り組むべき問題を発見し，これを課題として設定することから始まる。

B：「**政策立案**」が該当する。

　課題が設定された後，その課題を解決するための方法が模索され，政策が具体的に立案される。

C：「**政策決定**」が該当する。

　立案された政策を実施に移すためには，しかるべき機関（国会や内閣など）がその政策の採用を公式に決定しなければならない。

D：「**政策実施**」が該当する。

　公式に決定された政策は，政府によって実施される。

E：「**政策評価**」が該当する。

　政策の実施後は，その政策によって当初の課題が解決されたかどうかを確認しなければならない。そこで，政策評価が行われ，必要に応じてさらなる対応がとられる。

以上から，**4** が正答となる。

正　答 4

 ワンポイントアドバイス

　政策過程に関連して，近年では「PDCA サイクル」という用語が頻繁に使われている。これは，「計画（Plan）⇒実行（Do）⇒評価（Check）⇒改善（Action）」という一連の流れを表したもので，本問で示された政策過程モデルとも対応している。

本問のモデル	課題設定	政策立案	政策決定	政策実施	政策評価	フィードバック
PDCA サイクル	計画 (Plan)			実行 (Do)	評価 (Check)	改善 (Action)

政策決定について説明するインクリメンタリズムに関する次の記述のうち，妥当なものはどれか。

【市役所・平成 30 年度】

1 現状を徐々に改善していくのではなく，理想的な目標を設定しておいて，それに現状を近づけていくことをいう。

2 特定の利益集団のみではなく，他の様々な利益集団のことも考慮しながら政策を立案することをいう。

3 政策立案において，目的と手段をワンセットには扱わず，それぞれを個別に検討し，そのうえで最善の策を考えることをいう。

4 政策の変更は現状の漸進的修正にとどまるが，そのような積み重ねによって政策を合理的なものに高めていくことをいう。

5 考えつくあらゆる政策案の中から最大の効用が得られる政策を選択することによって，一挙に課題を解決することをいう。

解説

インクリメンタリズムとは，政策を漸進的に（＝少しずつ）変更していくことで，現状を徐々に改善していくことをいう。言い換えれば，インクリメンタリズムは，理想を性急に実現しようとするのではなく，現実を踏まえながら地道に向上を図っていく点を特徴としている。こうした大まかな知識があれば，本問で正答を見つけることは容易である。

1 ✖ **インクリメンタリズムとは現状を徐々に改善していくことをいう。**

インクリメンタリズムでは，理想を実現しようとするよりも，現状を徐々に改善していくことが目指される。

2 ✖ **インクリメンタリズムでは特定の利益集団のことだけが考慮される。**

インクリメンタリズムでは，政策立案者が特定の利益集団のことを考慮して政策を立案するとされる。なお，これによって利害対立が起こる場合には，諸利益間で相互に調節が行われ，妥協が導かれることから，インクリメンタリズムは公共の利益の実現に貢献するものとされている。

🔑 **多元的相互調節：諸利益間で相互に調節が行われること**

3 ✖ **インクリメンタリズムでは目的と手段がワンセットとして扱われる。**

インクリメンタリズムでは，ある目的のために必要な手段が案出されることもあれば，利用可能な手段を用いて何ができるかが案出されることもあるとされる。このように，インクリメンタリズムでは，目的と手段は密接に結びついたものとして扱われる。

4 ⭕ **インクリメンタリズムでは政策の変更は漸進的修正の積み重ねとなる。**

インクリメンタリズムでは，差し迫った必要が生じた場合にのみ，従来の政策に微小な変更を加えていくものとされる。そのため，インクリメンタリズムは漸増主義や漸変主義と訳されることがある。

5 ✖ **インクリメンタリズムでは実現可能な少数の選択肢だけが検討される。**

政策決定にあたり，考えつくあらゆる政策案を検討すると想定するのは，インクリメンタリズムではなく合理的選択論である。インクリメンタリズムでは，考えつくあらゆる選択肢を検討することは非現実的であるとして退けられる。

🔑 **総覧的決定モデル：合理的選択論に対する批判的呼称。リンドブロムが用いた。**

正答 4

第3章

行政の活動と統制

問題 3-03

行政の意思決定過程に関する次の記述のうち，妥当なものはどれか。

【地方上級（全国型）・平成 16 年度】

1 A. エツィオーニは，重要な争点に限って少数の代替案を立案し，それに精査を加えていくべきであると主張し，いわゆる混合走査法を提唱した。

2 L. H. ギューリックは，当面の課題をとりあえず解決するために現行の政策を手直ししていくという手法をインクリメンタリズムと呼び，これを高く評価した。

3 C. リンドブロムは，課題を一挙に解決するためにあらん限りの代替案を案出し，それらを厳格に比較考量していくという手法を高く評価し，これを総攬決定モデルと呼んだ。

4 H. サイモンは，POSDCORB の 7 機能を営む行政人というモデルを提示し，行政人の行う政策形成は一定の満足水準を達成するようになされていると主張した。

5 G. アリソンは，官僚政治モデルを用いてキューバ危機を巡るアメリカ合衆国の政策形成過程を分析し，当時の政策形成が合理的に行われていたことを明らかにした。

本問は，2つのテクニックを使って選択肢が作られている。まず，**人名とキーワードの結びつき**を問うもので，「エツィオーニ－混合走査法」（選択肢 **1**），「ギューリック－インクリメンタリズム」（同 **2**），「サイモン－ POSDCORB」（同 **4**）がこれに当たる。次に，**用語の意味内容**を問うもので，「総覧決定モデル－高評価／低評価」（同 **3**），「官僚政治モデル－合理的／非合理的」（同 **5**）がこれに当たる。それほど難しい内容は含まれていないので，落ち着いて考えてみよう。

1 ○ **エツィオーニは混合走査法を提唱した。**

エツィオーニは，重要な争点に限って少数の代替案を立案・精査し，その他の争点についてはインクリメンタリズムを適用するべきであると提唱した。こうした手法を，混合操作法という。

2 ✕ **インクリメンタリズムを提唱したのはリンドブロムである。**

インクリメンタリズムという概念を提唱し，これを高く評価したのは，リンドブロムである。ギューリックは，インクリメンタリズムには言及していない。

3 ✕ **リンドブロムは総覧決定モデルを批判した。**

リンドブロムは，「課題を一挙に解決するためにあらんかぎりの代替案を案出し，それらを厳格に比較考量していく手法」を総覧決定モデルと呼んだ。そして，総覧決定モデルは実践が困難であるとして，これを批判した。

🔑 **総覧決定モデル：合理的選択モデルに同じ**

4 ✕ **POSDCORB を提唱したのはギューリックである。**

POSDCORB とは，行政人が営む機能ではなく，組織の最高管理者が営むべき機能を意味している。また，この用語を作り出したのは，サイモンではなくギューリックである（P.299 参照）。

🔑 **行政人：限定された合理性しかもたず，満足の最大化までは目指さない存在**

5 ✕ **官僚政治モデルは，政策決定の非合理性を主張している。**

官僚政治モデルでは，政府内の各部署が自らの利益の実現を目指してぶつかりあい，その結果として政策が形成されるとみる。したがって，官僚政治モデルは政策決定の合理性を主張するものではない。

正 答 **1**

政治過程の理論に関する次の記述のうち, 妥当なものはどれか。

【地方上級（全国型）・平成 20 年度】

1 C. リンドブロムは, 政策決定者がみずからの価値観に従って政策を選択する結果, 政策は漸変的にしか変化しなくなるとして, インクリメンタリズムを提唱した。

2 A. ウィルダフスキーは, いわゆる多元的相互調節の理論の立場に立ち, アクター間でなされる妥協や取引きの結果として予算が編成されている現実を指摘した。

3 A. W. グールドナーは, 政策の選択機会をゴミ缶になぞらえ, 政策課題がゴミ缶に投げ込まれると, ゴミ缶内の諸アクターはそれに対応して解決策を形成すると主張した。

4 H. A. サイモンは, 合理的選択論の立場から最大化原理を提唱し, 政策決定者は課題に対して最大の効用を持つ選択肢を選択するべきであると主張した。

5 A. エツィオーニは, 合理主義的に政策を決定することは現実には不可能であると指摘し, あらゆる政策は漸増主義的に決定されるべきであると主張した。

本問では，選択肢**1**と**2**の内容を確実に押さえておきたい。リンドブロムのインクリメンタリズムは，政策形成理論のなかで最も頻繁に出題されているので，その内容は絶対に理解しておく必要がある。また，リンドブロムの提唱した多元的相互調節の理論は，ウィルダフスキーによって予算編成過程の分析に応用されているので，覚えておこう。

1 ✖ **政策の漸変的な変化は，能力や情報の限界などによるものである。**

　　リンドブロムは，政策決定者の能力や利用できる情報に限界があること，さまざまな価値観に序列をつけるのが難しいことなどを理由として，事実上，政策を大幅に変更することは難しいと主張した。政策決定者の価値観が政策変更を妨げているとしたわけではない。

　　🗝 漸変的変化（ぜんぺんてきへんか）：少しずつ変化すること。

2 ⭕ **ウィルダフスキーは，多元的相互調節の理論を用いて予算編成を分析した。**

　　ウィルダフスキーは，アメリカの予算編成過程を考察し，さまざまなアクターが自己の利益を主張しあい，妥協や取引きを行っている事実を見出した。そして，その結果，アメリカの予算は各アクターの利益を反映するものとなっていると指摘した。

　　🗝 多元的アクターによる自己利益の主張 → 多元的相互調節 → 公共利益の実現

3 ✖ **ゴミ缶モデルを提唱したのはマーチらである。**

　　政策形成の過程をゴミ缶モデルとして定式化したのは，マーチ，オルセン，コーエンの三者である。これに対して，グールドナーは石膏工場における管理のあり方を研究し，懲罰的官僚制と代表的官僚制の比較を行ったことなどで有名である。

4 ✖ **サイモンは最大化原理を批判した。**

　　サイモンは最大化原理を批判し，政策決定者は一定の満足をもたらす選択肢を見つけたとき，その採用を決め，それ以上の探索は行わなくなると主張した。こうした政策決定の原理を満足化原理という。

5 ✖ **エツィオーニは，2つの政策決定様式の組合せを主張した。**

　　エツィオーニは，重要政策については精査のうえ決定を行い，その他の事項については漸増主義的に決定を行うべきだと主張した（混合走査法）。これは，稀少な資源（時間や経費など）を重要政策の決定に集中させるための工夫である。

正　答 2

政策形成に関する記述として，妥当なのはどれか。

【地方上級（東京都）・平成 15 年度】

1 政策産出分析は，政策と社会経済的環境条件との相関関係をミクロな次元から調査するもので，実際の調査により，政策と社会の産業化や都市化との相関は高く，所得水準や教育水準との相関は低いことが確認されている。

2 イーストンは，有権者の打算的行動に注目し，有権者は，政策から受ける便益と課税される費用の利害関係を秤にかけて，その間の最適の均衡点を求めると分析した。

3 ダウンズは，有権者と政治家との関係に着目し，有権者は政策を要求すると同時に政治的支持を与え，政治家は政策を実現することで，両者の間に政治的交換が成立するとした。

4 リンドブロムは，増分主義に基づいて政策形成が行われるときは，社会の多元的な利益が相互に調節されることがないため，公共の利益が達成されにくくなる問題があると指摘した。

5 政策立案および政策転換にかかるコストに着目すると，他の国や自治体が実施済みの政策を模倣する場合は，政策立案コストは新規の政策開発より小さくなるが，政策転換コストは現行業務の微修正より大きくなるとされる。

解 説

　本問は，政策形成理論に関する難易度の高い問題である。特に選択肢1については，政策産出分析という言葉を目にして戸惑った者が大半であろうが，恐れる必要はない。**難しい問題であればあるほど，出題者は文章のなかにヒントを残していることが多い。**ここでは，「個々の政治家ではなく社会という大きな存在に注目している」という点を読み取って，これがマクロな次元における分析手法であると判断するようにしよう。

1 ✖ **政策産出分析はマクロな次元における分析手法である。**

　政策産出分析は，社会のあり方（本肢の表現では「社会経済的環境条件」）と政策との相関関係を巨視的に考察するものなので，マクロな分析手法と言うことができる。また，実際の調査では，政治的条件（政党間の力関係など）と政策（福祉支出の水準など）の関係性は薄いが，**社会経済的条件（産業化や都市化の度合い，所得水準，教育水準など）と政策の相関は高い**という分析結果が報告されている。

2 ✖ **有権者の打算的行動に注目したのはダウンズである。**

　有権者が合理性（本肢の表現では「打算」）をもつと考え，有権者は税金に見合った便益を政策から受けようとしていると主張したのは，ダウンズである。ダウンズは，合理的選択論を政治行動の分析に応用したことで有名である。

3 ✖ **有権者と政治家の政治的交換に注目したのはイーストンである。**

　有権者の要求に政治家が応えることで，政治家は有権者の支持を得ることができる。イーストンはこうした関係性（本肢の表現では「政治的交換」）に注目し，政治家等の構成する政治システムが，環境からの入力に対応していく様子を描き出した。

4 ✖ **リンドブロムは多元的相互調節による公共利益の達成を主張した。**

　リンドブロムは，増分主義（インクリメンタリズム）に基づいて政策形成が行われるときは，社会のさまざまな利益がぶつかりあい，相互調節が行われると考えた。そして，その結果，諸利益が一定の満足を得ることになるとして，これを公共の利益とみなした。

増分主義とはインクリメンタリズムのことで，漸変主義ともいうよ。

注目

5 〇 **政策の模倣は，政策立案コストは低いが，政策転換コストは高い。**

　他の国や自治体が実施済みの政策を模倣する場合，自ら政策を立案する必要はないので，政策立案コストは小さくなる。しかし，これを導入する国や自治体からすれば，あくまでも新規政策の導入に当たるため，政策転換コストは高くなる。

正 答 **5**

テーマ **7**

行政統制

重要度 **A**

出題傾向

「行政統制」では，行政責任論と行政統制の各手段が出題されている。なかでも頻出事項とされているのは，ファイナー・フリードリヒ論争，ギルバートのマトリックス，オンブズマン制度の3点である。

ファイナー・フリードリヒ論争は，数十年にわたって出題されつづけている重要事項である。同一の内容が繰り返し問われており，まったく難しいところはない。特に両者の主張内容を入れ替えるという誤りのパターンは，お馴染みのものである。

> 頻出というほどではないが，足立忠夫の行政責任論が問われることもある。4種類の行政責任について，それが発生する局面との対応関係をチェックしておく必要がある。

ギルバートのマトリックスは，図表問題として出題されることもある。行政統制の各手段と行政統制の4類型の対応関係が問われやすく，過去問の焼き直しのような問題も多い。

オンブズマン制度は，教養科目の政治でもたびたび出題されている。オンブズマン制度の起源，仕組み，各国の導入状況について，幅広く問われている。

理解しておきたい事項

❶ ファイナー・フリードリヒ論争

ファイナーとフリードリヒは，1930〜40年代に行政責任論争を展開した。

フリードリヒ	行政国家化の進展を背景に，新しい時代の行政責任を模索した。	➡	政治的責任と機能的責任という2種類の行政責任※を提唱した。
ファイナー	「XがYについてZに説明できること」を責任の本質と考えた。	➡	行政官が議会に説明できることを重視し，議会による統制を主張した。

※政治的責任は民衆感情への応答，機能的責任は科学的・技術的標準への応答を意味する。

ファイナーは，フリードリヒの行政責任論を批判し，行政官の道徳心に期待するものにすぎないと主張した。フリードリヒはこれに反論し，無責任な行政官には「科学の仲間」（専門家集団）から批判が加えられるため，行政責任は確保されるとした。

❷ その他の行政責任論

サマーズは，行政責任を「奉仕者の責任」と考え，3つの要素がこれを構成するとした。

行政官の責任 ＝「奉仕者の 責任」	履行義務	命令されたことを履行する義務
	自由裁量	裁量権が与えられていること
	説明可能性	作為・不作為の理由を事後に説明できること

足立忠夫は，行政活動の諸局面に対応して，異なる行政責任が生じると主張した。

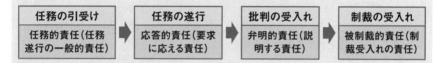

任務の引受け	任務の遂行	批判の受入れ	制裁の受入れ
任務的責任（任務遂行の一般的責任）	応答的責任（要求に応える責任）	弁明的責任（説明する責任）	被制裁的責任（制裁受入れの責任）

❸ ギルバートのマトリックス

ギルバートは，行政統制の各手段を分類するため，2×2のマトリックスを描いた。これをギルバートのマトリックスという。わが国にこれを当てはめれば，次のような図となる。

	制度的統制	非制度的統制
外在的統制	国会による統制，裁判所による統制，会計検査院による統制	利益集団の圧力，マスメディアの批判，市民・住民運動，外部専門家の批判
内在的統制	大臣による統制，上司の職務執行命令，行政評価局の行政評価	同僚職員による評価・批判，職員組合による評価・批判

出るのはココだ！

行政責任論

①フリードリヒは，政治的責任（民衆感情への応答）と機能的責任（科学的・専門的標準への対応）を提唱した。

②ファイナーは，「XがYについてZに説明できること」を責任の本質と考え，議会による統制（X＝行政官，Y＝任務，Z＝議会）を重視した。

③フリードリヒは，無責任な行政官には「科学の仲間」から批判が加えられるとした。

④サマーズは，行政責任の構成要素として，履行義務，自由裁量，説明責任を挙げた。

行政統制

①ギルバートは，「外在的－内在的」，「制度的－非制度的」という2つの軸を組み合わせて，いわゆる「ギルバートのマトリックス」を提示した。

②国会による統制は，行政国家化の進展により，弱まっている。

③オンブズマン制度は，スウェーデンで始まった。議会の任命するオンブズマン（行政監察官）が，国民の苦情を受けて調査を行い，改善勧告や裁判所への訴追などを行う。

問題 3-06 C. フリードリッヒの行政責任論に関する次の記述のうち, 妥当なものはどれか。

【地方上級（全国型）・平成 19 年度】

1 フリードリッヒは, 伝統的な議会による統制の重要性を指摘し, 複雑化した現代行政においてはとりわけ立法を通じた行政統制が必要不可欠であると主張した。

2 フリードリッヒは, 責任を「X が Y について Z に説明できること」と定義し, 行政官が国民に対して説明責任（アカウンタビリティ）を果たすべきであると主張した。

3 フリードリッヒは, シュタインの行政責任論を批判し, それは行政官の道徳心に期待する不確実なものであると主張した。

4 フリードリッヒは, 現代の行政官には幅広い自由裁量が与えられているため, これに行政責任を問うことは意味がないと主張した。

5 フリードリッヒは, 科学的・技術的標準に対応する機能的責任の重要性を指摘し, 無責任な行政官には「科学の仲間」から批判が加えられると主張した。

 **解説**　行政責任論に関する問題では，フリードリッヒとファイナーの主張内容を入れ替え，誤りの記述としてしまうテクニックがしばしば用いられる。**フリードリッヒとファイナーの主張内容は必ず対比させながら覚え，入れ替えがなされたときはすぐに気づけるようにしておこう。**

1 ✖ **議会による統制の重要性を主張したのはファイナーである。**

　　フリードリッヒは，行政国家化の進展とともに議会による統制が弱まっているという現実を指摘し，政治的責任と機能的責任という2つの新しい責任概念を提示した。これに対して，伝統的な議会による統制の重要性を主張したのは，ファイナーである。

2 ✖ **「XがYについてZに説明できること」とはファイナーの言葉である。**

　　責任を「XがYについてZに説明できること」と定義したのは，ファイナーである。ここでファイナーは，X＝行政官，Y＝任務，Z＝議会と考え，行政官の議会に対する説明責任を強調した。

3 ✖ **「道徳心に期待するもの」とはフリードリッヒを批判した言葉である。**

　　ファイナーは，フリードリッヒの行政責任論を批判して，単に行政官の道徳心に期待する不確実なものにすぎないと主張した。それは，議会による統制とは異なり，行政責任を確保するための制度的な裏付けを欠いているためだとされた。

4 ✖ **フリードリッヒは，現代の行政官の責任として2種類の責任を挙げた。**

　　フリードリッヒは，現代の行政官には幅広い自由裁量が与えられているため，議会による統制は弱まっていると考えた。そこで，議会に対する責任に代えて，「政治的責任」と「機能的責任」の2つを主張した。

　　🔑 **政治的責任（民衆感情への応答）⇔ 機能的責任（専門的・技術的標準への応答）**

5 ◯ **フリードリッヒは，「科学の仲間」が機能的責任を担保するとした。**

　　フリードリッヒは，機能的責任を果たさない無責任な行政官には「科学の仲間」（専門家集団）から批判が加えられるため，行政官は機能的責任を果たすように仕向けられると主張した。

> 専門家が監視していれば，行政官も無責任なことはできないよね。

正　答　5

行政学上の行政責任論に関する記述として，妥当なのはどれか。

【地方上級（東京都）・平成17年度】

1　行政官の行政責任には，任務責任，服従責任および説明責任があり，任命権者から課される制裁に服する責任は含まれない。

2　行政官は法令・予算による規律，上司の指示・命令に忠実に応答すればよく，自発的，積極的な裁量行動までは行政責任に含まれない。

3　行政職員が組織する労働組合や職員団体は，行政活動に対して法制度上の統制権限を有していないため，これらの団体の要望や期待に応答することは行政責任に含まれない。

4　行政官の説明責任としては，国民の代表機関である議会に対して自己のとった行動について説明すれば足りるため，広く国民一般に理解を求めることまでは含まれない。

5　行政官が自己の良心に従って行動する責任を自律的責任といい，この責任は，私的利害と公共的責任とのジレンマ状況を克服する鍵となる。

本問では，もちろん行政学の専門知識が問われているわけであるが，常識を働かせさえすれば正誤の判断は容易であろう。「行政官は制裁に従わなくてもよいのか」（選択肢 **1**），「行政官は指示・命令がなければ動かなくてもよいのか」（同 **2**），「職員団体がいくら騒いでいても無視してよいのか」（同 **3**），「行政官は国民を無視してもよいのか」（同 **4**）などと自問自答してみれば，正答はおのずと明らかになる。

1 ✖ **行政官の行政責任には，制裁に服する責任も含まれる。**

行政官は，任務遂行の各段階において，一定の行政責任をもつとされている。

段階	①任務引受け	②任務遂行	③批判受入れ	④制裁受入れ
責任の種類	任務責任 （与えられた任務を果たす責任）	服従責任 （具体的要求に応える責任）	説明責任 （結果について弁明する責任）	被制裁責任 （失敗への制裁を受け入れる責任）

2 ✖ **自発的，積極的な裁量行動をとることも，行政責任に含まれる。**

現代の行政官は，国民の福祉向上のために，自発的，積極的な裁量行動をとらなければならないと考えられている。

3 ✖ **諸団体の要望や期待に応答することも，行政責任に含まれる。**

たとえ法制度上の統制権限を有していなくても，労働組合や職員団体の主張が妥当なものであるかぎり，行政官はこれに応答する行政責任をもつと考えられる。

4 ✖ **行政官の説明責任には，広く国民一般に理解を求めることも含まれる。**

行政官は国民に奉仕すべき存在であり，国民一般に対して説明責任を果たさなければならないことは当然である。

5 ⭕ **行政官は自らの良心に従いつつ行動しなければならない。**

行政官は，自己の良心に従いつつ，自らを厳しく律しながら行動しなければならない。こうした態度が確立されていれば，行政官は私的利害に流されず，公共的責任を果たすことができると考えられる。

正 答 **5**

第3章 行政の活動と統制

次のA～Eの我が国の行政統制を，ギルバートの行政統制の類型に当てはめた場合，外在的・非制度的統制に該当するものを選んだ組合せとして，妥当なのはどれか。

【地方上級（特別区）・令和元年度】

A 同僚職員の評価

B マスメディアによる報道

C 裁判所による統制

D 官僚制指揮命令系統による統制

E 住民運動

1 A, C

2 A, D

3 B, D

4 B, E

5 C, E

本問は，ギルバートのマトリックスに関する基本問題である。各手段について，①統制を加える主体が行政府の外にいるのか，内にいるのか，②法令の根拠をもった制度上の統制なのか，事実上の影響力なのか，を検討してみればよい。

A ✖ 「同僚職員の評価」は内在的・非制度的統制に該当する。

同僚職員の評価	職場の「同僚」は行政府の内にいる	⇒ 内在的統制
	同僚の「評価」は法的拘束力をもたない	⇒ 非制度的統制

B ○ 「マスメディアによる報道」は外在的・非制度的統制に該当する。

マスメディアによる報道	「マスメディア」は行政府の外にいる	⇒ 外在的統制
	「報道」は法的拘束力をもたない	⇒ 非制度的統制

C ✖ 「裁判所による統制」は外在的・制度的統制に該当する。

裁判所による統制	「裁判所」は行政府の外にいる	⇒ 外在的統制
	裁判所の「判決・命令」は法的拘束力をもつ	⇒ 制度的統制

D ✖ 「官僚制指揮命令系統による統制」は内在的・制度的統制に該当する。

官僚制指揮命令系統による統制	指揮命令を加える「上司」は行政府の内にいる	⇒ 内在的統制
	上司からの「指揮命令」は法的拘束力をもつ	⇒ 制度的統制

E ○ 「住民運動」は外在的・非制度的統制に該当する。

住民運動	「住民」は行政府の外にいる	⇒ 外在的統制
	「運動」は法的拘束力をもたない	⇒ 非制度的統制

以上から，妥当なのは **B** と **E** であり，**4** が正答となる。

正 答 4

ワンポイントアドバイス

　各統制手段の分類については，学者の間でも見解が分かれることがある。たとえば，「大臣による統制」は，①大臣を行政府の一員と考えれば「内在的・制度的統制」，②執政府（内閣）と行政府（府省）を区別する立場からは「外在的・制度的統制」に分類される。公務員試験に限っていえば，一般に「内在的・制度的統制」と覚えて問題はない。

オンブズマン制度と情報公開制度に関する次の記述のうち，妥当なものはどれか。

【市役所・平成27年度】

1 オンブズマン制度とは，行政機関の保有する個人情報へのアクセスを制限することにより個人情報を保護する制度であり，情報公開制度とは，情報公開により民主的で自由な政治を確保することを目的とする制度である。

2 オンブズマン制度と情報公開制度は，19世紀にイギリスで初めて導入されたが，その背景には，当時の立法府や行政府に対する政治不信があった。

3 オンブズマン制度と情報公開制度は，日本では，行政改革の進展の中で検討が進められ，両者ともに2000年代に立法化された。

4 オンブズマン制度は，日本の地方自治体では多様なレベルで設けられている。情報公開制度については，条例によって定められているところも多い。

5 世界的に見れば，オンブズマン制度は北欧諸国やアメリカなどで設けられている。情報公開制度はアメリカやカナダでは設けられているものの，ドイツやフランスでは依然として未整備のままである。

本問で最頻出のポイントは，オンブズマン制度の発祥国（選択肢 2）とわが国の地方自治体におけるオンブズマン制度（同 4）である。逆に，ほとんど出題されていないポイントは，G7 諸国における情報公開制度の導入状況（同 5）である。ドイツやフランスの導入状況については，今後もそれほど出題されるとは考えられないので，あまり気にしなくてもよいだろう。

1 ✖ オンブズマン制度は，個人情報を保護するための制度ではない。

オンブズマン制度とは，中立的な行政監察官を置き，行政活動の監視や告発にあたらせる仕組みのことである。個人情報の保護を目的として導入されたものではない。

🔑 **オンブズマン制度：行政監察官を設置して行政監視を行わせる制度**

2 ✖ オンブズマン制度と情報公開制度はスウェーデンで初めて導入された。

オンブズマン制度と情報公開制度はスウェーデンで初めて導入され，その後，世界各地に広まっていった。また，これらは行政の不正や怠慢，情報隠しなどを克服するために導入されたものであり，行政府に対する不信がその背景にあった。

3 ✖ わが国では，オンブズマン制度は現在でも立法化されていない。

わが国では，国レベルでオンブズマン制度が導入されたことはない。条例や要綱などに基づいて，一部の地方自治体で設けられているのみである。

🔑 **情報公開法：国の行政機関が保有する情報を原則公開と定める（2001 年施行）**

4 ⭕ 地方自治体では，オンブズマン制度や情報公開制度が導入されている。

わが国では，川崎市や北海道など，一部の地方自治体においてオンブズマン制度が設けられている。情報公開制度については，ほぼすべての地方公共団体（都道府県についてはすべて）で情報公開条例・要綱が制定されている。

5 ✖ ドイツやフランスでも情報公開制度は設けられている。

情報公開制度は，G7 諸国（アメリカ，カナダ，イギリス，フランス，ドイツ，イタリア，日本）のすべてにおいて導入されている。

正 答 4

行政参加に関する記述として，妥当なのはどれか。

【地方上級（東京都）・平成 19 年度】

1 住民投票は，住民が投票により直接に意思を示す制度であり，住民投票はすべて条例に根拠を要し，住民投票を行った地方公共団体は，当該住民投票の結果に拘束される。

2 行政委嘱員は，国または地方公共団体の委嘱を受けて行政活動に参加する者であり，地方公共団体が委嘱する行政委嘱員は，国が委嘱する行政委嘱員と比較して種類が少ない。

3 環境影響評価制度は，民間事業者による建設事業が環境に与える影響について，行政機関が調査および評価し当該建設事業の着工の可否を決定するものであり，利害関係者の意見を聴取する機会を与えるものではない。

4 オンブズマンは，住民の権利を守ることを目的として行政への苦情の処理および監視等を行う者であり，オンブズマン制度は，国の制度として発足したものであり，地方公共団体における導入実績はない。

5 情報公開制度は，行政機関等が保有する情報について，住民が開示を求める請求を行った場合，行政機関等は，原則として，当該情報を開示する義務を負うこととする制度である。

本問の最重要ポイントは，選択肢 **1** である。**住民投票の結果が法的拘束力をもたないことは，これまで何度も出題されているので，絶対に頭に入れておこう。**逆に，行政委嘱員（選択肢**2**）が出題されることはほとんどないので，あまり気にする必要はない。名称まで覚える必要はないが，動物愛護推進員，青少年委員，独居高齢者みまもり員など，数多くの行政委嘱員が地方公共団体で活動しているイメージだけはもっておくようにしよう。

1 ✖ **地方公共団体は住民投票の結果に拘束されない。**

地方公共団体においては，長や地方議会が意思決定を行う法的権限を有している。したがって，住民投票の結果は法的拘束力をもたず，あくまでも意思決定の際の参考とされるにとどまる。また，住民投票は，要綱などに基づいて実施されることもある。

2 ✖ **行政委嘱員の数は，国よりも地方公共団体のほうが多い。**

地方公共団体は，住民の生活に密着した仕事を数多く行っている。そのため，これに協力する行政委嘱員の数も，国に比べて多いのが現状である。

🔑 **行政委嘱員：委嘱を受けて行政活動に協力する民間人。民生委員など。**

3 ✖ **環境影響評価制度では，民間事業者自身が調査・評価を行う。**

環境影響評価制度においては，民間事業者が調査・評価を行い，その結果を参考に行政機関が着工の可否を決定する。また，可否の決定に際して，利害関係者の意見を聴取する機会が設けられる。

環境影響評価は環境アセスメントということも多いよ。

4 ✖ **オンブズマン制度は，地方公共団体においても設置されている。**

世界的にみれば，オンブズマン制度は国レベルでも地方レベルでも導入されている。わが国に限ってみれば，オンブズマン制度を国の制度として導入したことはないが，川崎市など一部の自治体ではこれが導入されている。

5 ⭕ **情報公開制度では，行政が保有する情報は原則公開とされる。**

情報公開制度では，個人情報などの一部情報を除き，行政機関等が保有する情報は原則として公開するものとされる。これによって，行政機関等の説明責任が果たされ，公正で民主的な行政が実現すると期待されている。

正答 **5**

行政統制に関する次の記述のうち，妥当なものはどれか。

【地方上級（全国型）・平成25年度】

1 スウェーデンのオンブズマンは内在的な行政統制の一手段として置かれているが，フランスのメディアトゥールは外在的な行政統制の一手段として置かれている。

2 C. フリードリヒは，議会を本人，行政官をその代理人としてとらえ，代理人たる行政官は本人たる議会に対して説明責任（アカウンタビリティ）を果たす必要があるとした。

3 H. ファイナーは，フリードリヒの行政責任論を批判し，行政官の道徳心に期待する内在的責任論にすぎず，独裁制にこそふさわしい責任論であると主張した。

4 C. ギルバートは，行政が任務を遂行する局面ごとに異なる責任が発生すると考え，任務遂行の結果について批判が加えられる段階では応答的責任が生じると主張した。

5 わが国の地方行政においては，地方自治法に基づき，国に先駆けてパブリックコメント制度が導入されており，重要施策の内容に住民の意思を反映させるものとされている。

本問では，選択肢**3**にある「本人」「代理人」という言葉が目を引く。**国民と議員，国民と行政官，議員と行政官の関係を「本人・代理人」の関係ととらえる視点は，近年の政治学や行政学ではかなり一般化しているものである。**選択肢を読み直して，ここで慣れておくようにしよう。

1 ✖ **スウェーデンのオンブズマンは外在的な行政統制の一手段とされている。**

スウェーデンのオンブズマンは議会によって任命されるため，外在的な行政統制の一手段と位置づけられる。

2 ✖ **行政官の議会に対する説明責任を主張したのはファイナーである。**

代理人たる行政官は，本人たる議会に対して説明責任を果たさなければならないとしたのは，ファイナーである。なお，**本人・代理人理論とは，仕事の依頼者を「本人」（プリンシパル），仕事の依頼を受けた者を「代理人」（エージェント）ととらえたうえで，両者の関係を考察しようとする理論のことである。**

3 〇 **ファイナーは，フリードリヒの行政責任論を批判した。**

ファイナーは，フリードリヒの行政責任論が制度的保障を欠き，「行政官の道徳心」に期待するだけの不確かなものとなっている点を批判した。

4 ✖ **任務遂行の局面ごとの行政責任を主張したのは，足立忠夫である。**

足立忠夫は，任務遂行の局面ごとに**4**つの異なる行政責任が発生すると主張した。具体的には，①任務引受けの段階では「任務的責任」，②任務遂行の段階では「応答的責任」，③批判受入れの段階では「弁明的責任」，④制裁受入れの段階では「被制裁的責任」が発生するとされた。

5 ✖ **地方自治法はパブリックコメント制度について規定してない。**

地方公共団体のパブリックコメント制度は，各団体が条例等に基づいて自主的に導入しているものである。地方自治法には，パブリックコメント制度に関する規定は設けられていない。

正 答 3

 ワンポイントアドバイス

フランスのメディアトゥール（選択肢**1**）は，行政府内に設置された行政監察官で，内在的な行政統制の担い手として活動していた。しかし，2011年に権利擁護官が新設されると，メディアトゥールは廃止され，その職務は権利擁護官に引き継がれることとなった。

テーマ **8**

地方自治

重要度 **B**

出題傾向

「地方自治」では，わが国の地方自治制度の概要が出題されている。なかでも頻出事項とされているのは，地方公共団体の種類，地方公共団体の組織の2点である。

地方公共団体の種類は，地方自治法に定められている内容が素直に問われるので，特に難しいことはない。特別区は普通地方公共団体か特別地方公共団体か，広域連合とはどのような仕組みかといった基本的な内容が，たびたび出題されている。ただし，近年では特例市制度が中核市制度に統合されるなどの改革も行われているので，注意が必要である。

地方公共団体の組織は，教養科目の政治で出題されることもある。特に地方公務員試験では，難易度の高い問題も出題されており，組織の現状（夜間議会の開催や専決処分の濫用など）まで問われているので，より踏み込んだ学習が必要となる。

> 地方自治については，住民参加の仕組みが出題されることもある。その場合，直接請求制度の概要と住民投票の効果が問われやすい。

理解しておきたい事項

❶ 地方公共団体の種類

わが国の地方公共団体の種類は，地方自治法に規定されている。

普通地方公共団体	市町村	基礎的な団体		政令指定都市	人口50万以上
	都道府県	広域の団体		中核市	人口20万以上
特別地方公共団体	特別区	東京23区		一般市	人口5万以上
	組合	共同事務処理を担う		一部事務組合	一部事務の共同処理
	財産区	財産の管理等を担う		広域連合	広域の共同事務処理

❷ 地方公共団体の組織

地方公共団体には，地方議会と長（知事や市町村長）が置かれており，憲法の規定に基づいて，ともに直接選挙で選出されている（「二元代表制」）。また，長は代表的な執行機関であるが，その他，長から独立した委員会も執行機関として設けられている（「執行機関多元主義」）。

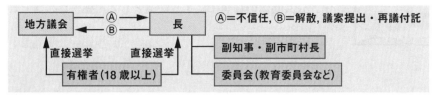

❸ 住民参加の仕組み

住民投票	国会が特定の地方公共団体にのみ適用される法律を制定する場合，住民投票で過半数の同意を得なければならない（憲法 95 条）。	
	条例や要綱に基づいて，地方公共団体が独自に住民投票を実施することもできる。ただし，この場合，投票結果は法的拘束力をもたない。	
審議会	地方公共団体は，住民を審議会の委員に任命し，意見を聞くことができる。	
直接請求	有権者は，一定の署名を集めて，さまざまな請求を行うことができる。	

条例の制定・改廃	有権者の$\frac{1}{50}$以上の署名	長へ請求⇒議会の過半数の賛成で制定・改廃
事務の監査		監査委員へ請求⇒監査の実施
議会の解散	有権者の$\frac{1}{3}$以上の署名（緩和措置あり）	選挙管理委員会へ請求⇒住民投票の過半数の賛成で解職・解散
議員・長の解職		
主要公務員の解職		長へ請求⇒議会の 3/4 以上の賛成で解職

出るのはココだ！

地方公共団体の種類
①都道府県と市町村は普通地方公共団体，特別区は特別地方公共団体に該当する。
②政令指定都市は人口 50 万以上，中核市は人口 20 万以上で指定を受けることができる。
③広域連合には，都道府県と市町村がともに加わることができる。

地方公共団体の組織
①憲法上，普通地方公共団体の議員と長は直接選挙で選ばなければならない。
②地方議会は長の不信任を議決できる。その場合，長は 10 日以内に議会を解散できる。
③地方議会の議決に異議がある場合，長はこれを再議に付すことができる。
④町村は，地方議会を置かず，有権者の総会を設けることができる。

住民参加の仕組み
①条例や要綱に基づいて実施された独自の住民投票の結果は，法的拘束力をもたない。
②有権者は，その 50 分の 1 以上の署名をもって，条例の制定・改廃を長に請求できる。
③解散・解職の請求に必要な署名数は，有権者数の 3 分の 1 以上である。ただし，有権者数が 40 万超 80 万以下の部分は 6 分の 1，80 万超の部分は 8 分の 1 に緩和される。

第4章 地方の行政

地方公共団体の種類に関する記述として，妥当なのはどれか。

【地方上級（東京都）・平成 19 年度】

1　地方公共団体は，普通地方公共団体と特別地方公共団体とに分けられ，都道府県は普通地方公共団体であり，市町村および特別区は特別地方公共団体である。

2　都道府県は，地方自治制度上，市町村の上位に位置づけられる団体であるため，市町村を監督する役割を担い，規模または性質において市町村が処理することが適当でないと認められる事務を処理する。

3　特別区は，基礎的な地方公共団体に位置づけられ，原則として市町村が処理するものとされる事務を処理するが，他の県と市との関係と異なり，都と特別区との関係においては，特別区財政調整交付金や都区協議会などの制度がある。

4　指定都市は，条例により，区域を分けて区を設けそれぞれの区に区役所を設置し区長をおくことが義務づけられているが，選挙管理委員会の設置義務はない。

5　広域連合は，市町村および特別区が広域にわたり事務を処理するために設置するものであり，都道府県は広域連合に加入することはできない。

本問は，地方公務員の採用試験にふさわしく，地方公共団体の詳細について細かく問う内容となっている。いずれの選択肢も重要な内容を含んでいるので，しっかりと理解してほしいが，**選択肢 3 だけは東京都ないし特別区に特有の制度を取り上げているので，他の自治体の志望者はあまり気にする必要はない。**

1 ✖ **市町村は普通地方公共団体である。**

都道府県と市町村は普通地方公共団体であり，特別区は特別地方公共団体である。**われわれが居住している自治体のうち，特別地方公共団体に当たるのは特別区だけなので，**注意すること。

2 ✖ **都道府県は市町村を監督する立場にはない。**

都道府県と市町村は対等・協力の関係にある。市町村は基礎的な地方公共団体，都道府県は市町村を包括する広域的な地方公共団体であるが，都道府県は市町村より上位に置かれているわけではない。

3 〇 **東京都と特別区は財政調整制度や協議会制度をもっている。**

東京都は特別区に財政調整交付金を交付しており，財政状況が厳しい特別区に手厚く交付することで，東京都と特別区および特別区相互間の財政力の格差を是正している。また，東京都と特別区は協議会を開き，相互の連携を図っている。

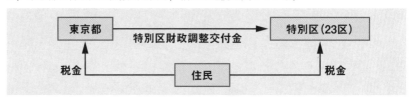

4 ✖ **指定都市は各区に選挙管理委員会を設置しなければならない。**

指定都市（政令指定都市）は，市域全体をいくつかに分け，区（行政区）を設置しなければならない。行政区には，区長とともに選挙管理委員会が置かれ，地方議員の選挙の際には各区がそれぞれひとつの選挙区とされる。

5 ✖ **広域連合には都道府県が加入することもできる。**

広域連合は特別地方公共団体の一種であり，都道府県や市区町村が協力し合って設置する。なかには，都道府県と市町村がともに加入している広域連合もみられる。

🔑 関西広域連合 → 関西地方の 2 府 6 県と京都・大阪・堺・神戸の 4 市が参加

正 答 3

第4章 地方の行政

わが国の大都市制度に関する次の記述のうち，妥当なものはどれか。

【地方上級（全国型）・平成 19 年度改題】

1　指定都市制度は，第二次世界大戦前の東京市，大阪市，京都市の三大都市制度を前身として設けられたものである。

2　指定都市とは，政令で指定する人口 50 万人以上の市のことであり，都道府県からその全事務の権限を移譲される。

3　中核市とは，政令で指定される面積 100 平方キロメートル以上の市のことであるが，指定に際して市側からの申請は特に必要とされない。

4　中核市の指定に当たっては，かつては人口 30 万人以上という要件も課せられていたが，この人口要件は地方分権一括法に基づいて平成 13 年に撤廃された。

5　特例市とは，人口が 20 万人以上で，申請に基づき政令による指定を受けた市のことであり，土地区画整理事業に係る権限などを与えられていたが，現在では廃止されている。

大都市制度では，指定都市と中核市の人口要件の違い（選択肢 2・4）が最頻出となっている。しかし，これは基本レベルの知識であり，受験者間で差のつくポイントとはなりにくい。これに対して，**特別市が指定都市に衣替えした経緯（同 1）はやや難しく，受験者間で大きく差のつくポイントとなる**。解説を読んで，概要をしっかり確認しておこう。

1 ✖ **指定都市制度は，戦後の特別市制度を前身とする。**

　　第二次世界大戦後，新たに制定された地方自治法で特別市制度が設けられた。これは政令で特別市を指定し，都道府県と対等の関係に置くとするものであった。しかし，権限が弱まることを心配した都道府県側がこれに強く反発し，**指定が行われないまま特別市制度は廃止され，現在の指定都市（政令指定都市）制度が発足した**。

2 ✖ **指定都市には都道府県から事務権限の一部が移譲される。**

　　指定都市には，都道府県から多くの事務権限（国道・県道の管理，児童相談所の設置など）が移譲される。都道府県から全事務の権限を移譲され，都道府県と対等の立場に置かれたのは特別市である。（選択肢 1 の解説参照）。

3 ✖ **中核市の指定要件は人口要件のみである。**

　　中核市となるためには，「人口 20 万人以上」という人口要件を満たさなければならない。かつては面積要件なども課せられていたが，人口要件以外はすでに廃止されている。また，**中核市の指定に際しては，市側からの申請が必要とされている**。

4 ✖ **中核市の指定に当たっては，人口要件が課せられている。**

　　中核市の指定要件は段階的に簡素化され，現在では人口要件のみが課せられている。（選択肢 3 の解説参照）

5 〇 **特例市制度はすでに廃止されている。**

　　特例市制度は 2015 年 3 月をもって廃止され，中核市制度に統合された。

～2015 年 3 月		2015 年 4 月～	
中核市	人口 30 万人以上	**中核市**	人口 20 万人以上
特例市	人口 20 万人以上		

正　答 5

わが国の二元代表制に関する次の記述のうち，妥当なものはどれか。

【地方上級・令和元年度】

1 二元代表制は，日本では明治時代には府県と市の一部でしか導入されず，すべての市町村に導入されたのは大正時代に入ってからである。

2 二元代表制は，大統領制とよく比較されるが，議会への議案提出が地方公共団体の長の担任事務とされているなど，アメリカの大統領制とは異なる点がある。

3 地方公共団体の議会が長に対する不信任決議を可決すると，長は自動的に失職し，その後に実施される選挙にも立候補することができない。

4 地方公共団体の長はその議会の議長を兼任しており，この制度によって両者は接点を持つことになる。

5 地方公共団体の議会には，議会運営委員会，人事委員会，教育委員会などの常設の委員会が設置されている。

　二元代表制とは，執行機関と議決機関のメンバーがともに有権者の直接選挙によって選出される仕組のことである。その概要は中学，高校でも学んでいるはずなので，本問でも特に難しいところはない。なお，戦前の府県や市町村の仕組みが問われることもあるので，選択肢**1**の解説で示した「**知事の派遣制度**」くらいは知っておきたい。

1 ✖ **わが国の二元代表制は，戦後にはじめて導入された。**

　戦前のわが国では，府県知事は国から派遣された内務官僚が務め，市町村長はおおむね市町村会によって選出されていた。わが国で二元代表制が確立されたのは戦後のことであり，日本国憲法93条2項に規定が設けられている。

2 ⭕ **地方公共団体の長には法案提出権が与えられている。**

　二元代表制では，執行機関と議決機関が明確に区別される。ただし，わが国の場合，執行機関にあたる長が議決機関にあたる議会と密接な関係に置かれており，長には法案提出権や再議権が与えられている。

　🔑 **再議権：議会の議決に対抗して，長が再度の審議と議決を求める権利**

3 ✖ **不信任を受けた長は，10日以内に議会を解散することができる。**

　地方公共団体の長は，議会から不信任決議を受けた場合，10日以内に議会を解散することができる。この場合，長は失職しない。なお，細かなポイントなので覚えなくてもよいが，議会を解散せずに長がそのまま失職した場合，長はその後に実施される選挙に立候補することができる。

4 ✖ **地方公共団体の長と議会の議長は兼職できない。**

　地方公共団体の長は，有権者によって直接選挙で選出される。これに対して，議会の議長は，議員の中から議会での選挙によって選出される。したがって，長と議長が同一人物となることはなく，兼職は認められない。

5 ✖ **人事委員会や教育員会は執行機関である。**

　わが国では執行機関多元主義がとられており，執行機関として長や委員会（人事委員会や教育委員会など）・委員（監査委員）が置かれている。このうち委員会・委員は，長から独立した地位や権限を有するものとされている。

　🔑 **執行機関多元主義：権力の集中を避けるために複数の執行機関を置くこと**

正　答 2

日本の地方議会に関する次の記述のうち，妥当なものはどれか。

【地方上級（全国型）・平成 26 年度】

1 地方公共団体には都道府県と市町村があり，それぞれに議会が設置されている。これを「二元代表制」という。ただし，市町村については議会に代えて，有権者による総会を置くことができる。

2 地方議会は1つの選挙区から多数の議員を選出する選挙制度をとっている。したがって，55年体制の成立以降，有権者は候補者個人よりも政党を重視して投票している。

3 地方議会については，有権者の3分の1以上の署名を集めることにより解職を請求することができる。ただし，有権者の人口が40万超の場合と80万超の場合とで，請求の要件が緩和されることがある。

4 地方議会は，有権者が傍聴を求めるときは，傍聴を許すことができる。これを「議会傍聴の原則」という。

5 専決処分とは，本来議会の議決が必要な事項について議会が招集できない場合等に，議決をせず，首長自らが処分をすることである。近年，専決処分を濫用する首長が存在し問題となったが，専決処分が規定されている法律は改正されていない。

本問では，**2012年の地方自治法の改正内容**をしっかりと把握しているか否かが，大きなポイントとなる。直接請求制度の要件緩和（選択肢**3**），議長による臨時会の招集（同**5**）は，いずれも同改正で新たに盛り込まれた内容である。このように時事性を反映した内容が出題されることもあるので，**話題となった制度改正は必ずチェックしておきたい。**

1 ✖ **二元代表制とは執行機関と議決機関が設けられていることを指す。**

　二元代表制とは，住民を代表する機関として，執行機関（首長）と議決機関（地方議会）の２つが設けられていることを指す。また，地方議会に代わって有権者の総会を置くことは，町村については認められているが，市については認められていない。

　🔑 **町村総会：町村議会に代わる有権者の総会。地方自治法で認められている。**

2 ✖ **地方選挙では，候補者個人への評価に基づく投票が行われやすい。**

　地方選挙では，地縁・血縁に基づく投票，候補者の人柄を評価した投票，候補者の地元への貢献度を評価した投票などが行われやすい。言い換えれば，地方選挙では，候補者の所属政党よりも，候補者個人を重視した投票が行われている。

3 ⭕ **解散・解職請求では，有権者数に応じて要件が緩和される。**

　直接請求制度のひとつとして，地方議会の解散請求制度が設けられている。原則として，有権者の３分の１以上の署名を集めれば議会の解散を請求できるが，有権者数の多い自治体については緩和措置も設けられている（P.283参照）。

4 ✖ **地方議会の会議は公開が原則とされている。**

　地方自治法に基づき，地方議会の会議は公開とされており，有権者はこれを傍聴することができる。ただし，地方議員の３分の２以上の多数決で，会議を秘密会とすることもできる。

5 ✖ **専決処分の濫用を防ぐための法律改正が行われている。**

　ある自治体で，首長が議会の閉会中に専決処分を濫用し，議会の意思に沿わない決定を行うという事件が起こった。そこで，地方自治法が改正され，首長が議会を招集しない場合は，議長が臨時会を招集できるようになった。

　🔑 **専決処分：議会に代わり首長が処分を行うこと**

正　答 **3**

第4章 地方の行政

わが国の地方自治の現状に関する次の文章のうち，空欄A
〜Dに当てはまる語句の組合せとして妥当なものはどれか。

【市役所・平成14年度改題】

「日本における公務員の総数は（　**A**　）万人であるが，そのうち地方自治体の職員は約
（　**B**　）％を占めている。また，政府支出に占める地方財政の割合は（　**C**　）％を占め
ているが，（　**D**　）に代表される国の管理統制が問題となっている」

	A	B	C	D
1	330	80	60	補助金
2	330	60	40	財政投融資
3	550	50	40	財政投融資
4	550	80	60	補助金
5	550	90	40	補助金

地方自治については，統計の数字が問われることもある。本問はその典型例であり，**国と地方の公務員の比率や支出額の比率については，最新データを確認しておきたい。**

A：「330」が該当する。

　　わが国の公務員の総数は，行政改革によって減少傾向にあるが，現在でも 300 万人を超えている。

B：「80」が該当する。

　　国家公務員の総数が大幅に削減されたことから，近年では地方公務員の割合が相対的に上昇しており，80％程度となっている。

C：「60」が該当する。

　　地方の税収は国の税収を下回っているが，地方交付税や補助金などが国から交付されるため，最終的な地方の支出は国の支出を上回る。**現在では，政府支出に占める地方財政の割合は 60％程度となっている。**

D：「補助金」が該当する。

　　地方財政を健全に維持していくためには，国からの地方交付税や補助金が必要不可欠となっている。そのため，地方は国からの管理統制を受けやすくなっているとの批判がある。

　　以上から，**1** が正答となる。

正　答 **1**

特に市役所試験では，統計の数字がズバリ問われることもあるよ。

住民参加に関する次の記述のうち，妥当なものはどれか。

【地方上級（全国型）・平成24年度】

1 住民は地方公共団体に対して，連署をもって直接請求を行う権利を持つ。しかし，有権者数の多い地方公共団体では，容易には署名が集まらないことから，必要署名数についてなんらかの緩和措置を導入することが検討されてきたが，いまだそれが導入されたことはない。

2 地方公共団体における住民投票は，地方自治特別法の制定や市町村合併に関して実施されるほか，重要施策の是非を問うために実施されることもある。重要施策に関する住民投票は，地方自治法に基づいて実施されるため，その結果は法的拘束力を持つ。

3 住民の傍聴を容易にするため，地方議会を休日や夜間に開くことが提唱されている。しかし，今までにこれを実現した地方公共団体はなく，このことはわが国の地方議会の閉鎖性を示すものであると批判されている。

4 都道府県の中には，外国人に住民投票での投票権を認めているところもある。しかし，審議会における外国人委員の任命は，総務省がこれを禁止する通知を出していることから，現在のところ実現していない。

5 「平成の大合併」を通じて，わが国の市町村数は1999年3月末の3,232から2010年3月末の1,727にまで減少した。現在では，市町村合併は一段落との扱いを受けており，いわゆる3万市特例も廃止されている。

本問で目を引くのは，夜間議会の開催（選択肢**3**）および外国人の審議会委員への登用（同**4**）という2点である。それほど頻出のポイントではないが，これを機に内容を確認しておこう。なお，こうした自治体の創意工夫は，各自治体の広報誌やパンフレットで紹介されていることも多いので，特に**広報誌にはできるだけ目を通しておくようにしたい。**

1 ✖ **有権者数に応じて，必要署名数の緩和措置が導入されている。**

有権者数の多い地方公共団体では，解職に関わる直接請求（長・議員・主要公務員の解職請求および議会の解散請求）について，必要署名数の緩和措置がとられている。

有権者数	必要署名数
40万人以下の部分	3分の1
40万人超から80万人以下の部分	6分の1
80万人超の部分	8分の1

（例）有権者数が100万人であれば，必要署名数は「$40 \times \frac{1}{3} + (80-40) \times \frac{1}{6} + (100-80) \times \frac{1}{8}$」万となる

2 ✖ **重要施策に関する住民投票の結果は，法的拘束力をもたない。**

重要施策に関する住民投票は，法律ではなく，条例などに基づいて実施される。したがって，その投票結果は法的拘束力をもたないとされている。

3 ✖ **夜間議会や休日議会を開催する地方公共団体は増えている。**

わが国では，住民の傍聴を容易にするため，夜間議会や休日議会を開催する地方公共団体が増えている。

4 ✖ **審議会の委員に外国人を任命している都道府県もある。**

外国人は，公権力の行使や公の意思形成への参画に携わる公務員には就任できない。しかし，審議会の委員などは統治作用に関わる程度が弱いため，外国人を任命しても問題はないとされている。

5 〇 **平成の大合併は，市町村数を約1,700にまで削減して一段落とされた。**

平成の大合併を通じて市町村数は約1,700まで減少し，小規模な市町村の数は大きく減少した。これにより，合併促進は現在では「一段落」とされている。3万人市特例や合併特例債制度などの特例措置も，すでに廃止されている。

正　答 **5**

テーマ **9**

地方分権改革

重要度
A

出題傾向

「地方分権改革」では，わが国の地方分権改革の概要が出題されている。なかでも頻出事項とされているのは，地方分権一括法と市町村合併である。

地方分権一括法は，わが国の地方自治のあり方を大きく変えた重要な法律であるため，施行年が 2000 年と古いにもかかわらず，いまだに頻繁に出題されている。機関委任事務・法定受託事務・自治事務，地方事務官，必置規制などの用語が繰り返し出題されているので，確認が必要である。

市町村合併は，地方分権の受け皿を強化する目的で実施されたものである。合併手続きや合併誘導策（合併特例債，3万市特例，知事の勧告制度など）のほか，平成の大合併後の市町村数もたびたび問われている。

近年では，構造改革特区をはじめとするさまざまな「特区（特別区域）」が設けられ，規制緩和などを通じて地方の活性化が図られている。そうした新しい話題もしばしば出題されるので，地方分権に関連した時事的話題には注意が必要である。

理解しておきたい事項

❶ 地方分権一括法

地方分権一括法（2000 年施行）によって，機関委任事務制度が廃止された。

機関委任事務	国の事務の一種。国の指揮監督下で，知事や市町村長などに執行させていた。（都道府県の事務で，市町村長などに執行させるものもあったが，ここでは省略。）	**法定受託事務**※	本来は国の事務であるが，地方公共団体にその処理を委託するもの。
		自治事務※	地方公共団体が処理する事務のうち，法定受託事務を除いたもの。
		国の直接執行事務	
		廃止	

※法定受託事務と自治事務については，現在でも国の関与が認められている。ただし，法定主義（法律の根拠に基づくこと），必要最小限の原則，事務区分に応じた関与の基本類型（助言・勧告，是正の指示など）などが定められている。

その他，地方分権一括法により，次のような改革も実現した。

地方事務官制度の廃止	地方事務官とは，地方公共団体にあって，特殊な機関委任事務（社会保障関係事務など）の執行にあたっていた国家公務員のことである。機関委任事務そのものが廃止されたため，同時に地方事務官制度も廃止された。
必置規制の緩和	職員や施設などの配置を全国一律に義務づけることを，必置規制という。地方公共団体の自主組織権を強化するため，必置規制は緩和された。

❷ 三位一体の改革

小泉首相の下で，「聖域なき構造改革」の一環として，三位一体の改革が実施された。

三位一体の改革	地方交付税の見直し
	国庫補助金・負担金の削減
	国から地方への税源移譲

三位一体の改革では，税源移譲の額が相対的に少なかったため，地方公共団体の歳入は減少することとなった。

❸ 市町村合併

「平成の大合併」によって，全国の市町村数は約 3,200 から約 1,700 に削減された。

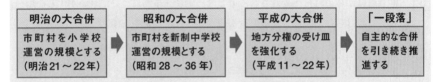

明治の大合併	昭和の大合併	平成の大合併	「一段落」
市町村を小学校運営の規模とする（明治21～22年）	市町村を新制中学校運営の規模とする（昭和28～36年）	地方分権の受け皿を強化する（平成11～22年）	自主的な合併を引き続き推進する

市町村合併の際は，まず，各市町村議会で合併協議会の設置が議決される。次に，合併協議会が開催され，関係市町村間で合併の是非や合併後の構想が話し合われる。最後に，各市町村議会で合併が議決され，知事の合併決定，総務大臣の告示を経て，合併が実施される。

出るのはココだ！

地方分権一括法

①地方分権一括法で機関委任事務が廃止され，法定受託事務と自治事務が創設された。

②法定受託事務と自治事務には，地方議会の議決権が及ぶ。国の関与も認められる。

③国の関与に不服の場合，地方公共団体は国地方係争処理委員会（総務省）の勧告を求めることができる。

④地方分権一括法により，法定外普通税が許可制から協議制に改められ，法定外目的税も創設された。

市町村合併

①平成の大合併を通じて，市町村数は約 3,200 から約 1,700 へと削減された。

②平成の大合併はすでに「一段落」とされ，自主的な合併が引き続き推進されている。

③市町村合併を促進するため，旧合併特例法では合併特例債の発行が認められていた。

問題 4-07 地方公共団体に関する次の記述のうち，妥当なものはどれ
か。

【地方上級・平成 19 年度】

1 　明治時代には東京市，大阪市，京都市からなる三大都市制度が発足し，その首長
は官選とされた。

2 　地方公共団体には普通地方公共団体と特別地方公共団体があるが，特別区は普通
地方公共団体に該当し，その首長を公選以外の方法で選出することは違憲である。

3 　平成 11 年に機関委任事務が廃止され，その多くは法定受託事務と自治事務に再分
類されたが，このうち法定受託事務は国の責任で実施されるものとされている。

4 　わが国では二元的代表制が徹底されているため，地方公共団体の議決機関である
地方議会は，執行機関が実施している自治事務について調査権を持たない。

5 　都道府県から市町村へ委託される第 2 号法定受託事務について争いが生じた場合，
総務省に設けられた国地方係争処理委員会がこれに裁定を下す。

本問では，地方公共団体の事務に関する選択肢が過半数を占めている。**法定受託事務と自治事務がともに自治体の事務であること**（選択肢 **3**），**地方議会が自治体の事務すべてについて調査権をもつこと**（同 **4**）は，特に出題されやすいので注意しよう。**国地方係争処理委員会が国と地方の争いを処理すること**（同 **5**）は，その名称からして明らかである。

1 ◯ **明治時代の三大都市の市長は，当初，官選知事が兼任していた。**

制度発足当初，三大都市（東京市，大阪市，京都市）の市長は，国から派遣された官選知事（東京府知事，大阪府知事，京都府知事）が兼任するものとされていた。

2 ✖ **特別区は特別地方公共団体に該当する。**

特別区は，都道府県や市町村とは異なり，特別地方公共団体に該当する。そのため，その首長を公選以外の方法（任命制など）で選出しても，違憲ではない。

3 ✖ **法定受託事務は地方公共団体の責任で実施される。**

法定受託事務は，自治事務とともに自治体の事務とされており，地方公共団体の責任で実施される。ただし，その適正な処理を確保するため，国の関与も認められる。

🔑 **国の関与の形式 → 助言・勧告，協議・同意，指示，是正の要求など**

4 ✖ **地方議会は自治事務について調査できる。**

議決機関である議会と執行機関は，抑制と均衡の関係に置かれている。そのため，執行機関が実施しているすべての事務（自治事務と法定受託事務）について，地方議会は調査権をもつ。

5 ✖ **国地方係争処理委員会は国と地方公共団体の紛争を処理する。**

国地方係争処理委員会は，国の関与について国と地方公共団体の間で争いが生じた場合，地方公共団体からの申し出を受けて，審査・勧告を行う。これに対して，**都道府県と市町村の間で争いが生じた場合には，事件ごとに置かれる自治紛争処理委員**が調停や審査・勧告などを行う。

🔑 **国地方係争処理委員会：総務省に設置されている第三者機関（審議会）**

正 答 1

第4章 地方の行政

問題 4-08

1999年に成立した地方分権一括法に関する次の記述のうち，妥当なものはどれか。

【地方上級（全国型）・平成12年度改題】

1 地方分権の受け皿として，人口50万人以上の大都市を対象に，新たに中核都市制度が設けられた。

2 機関委任事務制度が廃止され，新たに自治事務，法定受託事務，団体委任事務の3類型が設けられた。

3 国の一般的監督権が廃止されたことから，国は地方公共団体の遂行する自治事務に関して助言を行うことはできなくなった。

4 法定受託事務については，形式上，あくまでも国の事務とされていることから，地方公共団体の条例制定権は及ばないとされている。

5 国と地方公共団体の間に起こった紛争を解決するため，総理府（中央省庁等再編後は総務省）に国地方係争処理委員会が設置された。

本問は，一見すると「古くさい問題」に見えるかもしれない。しかし，地方分権一括法は地方分権の根幹を定めた重要な法律であり，今日の地方自治にも大きな影響を及ぼしているため，その内容は現在でも頻繁に出題されている。**機関委任事務の廃止を中心として，地方分権一括法の概要は必ずチェックしておくべきである。**

第4章
地方の行政

1 ✘ **人口50万人以上の大都市を対象とするのは指定都市制度である。**

人口50万人以上の大都市を地方分権の受け皿とし，都道府県の事務の一部を移譲する制度は指定都市制度である。これに対して，地方分権一括法で導入されたのは，人口20万人以上の大都市を対象とする特例市制度（現在は廃止）である。

🔑 **指定都市（1956年〜）→中核市（1995年〜）→特例市（1999〜2015年）**

2 ✘ **地方分権一括法により自治事務と法定受託事務の2類型が設けられた。**

地方分権一括法により，自治体の事務は自治事務と法定受託事務に分類されることとなった。同時に，機関委任事務制度が廃止され，その大半は自治事務ないし法定受託事務に再分類された。団体委任事務とは地方公共団体の事務の一類型であり，地方分権一括法以前に設けられていたものであるが，特に覚える必要はない。

🔑 **機関委任事務（第1号）：地方公共団体の長等が国の機関として処理する事務**

3 ✘ **国は自治事務に関して助言等を行うことができる。**

地方分権一括法により，国は自治体の事務に関して，法律に定められた一定の関与を行うことが認められた。具体的には，助言・勧告，是正の勧告，是正の要求などの関与の形式が定められている（自治事務の場合）。

4 ✘ **法定受託事務にも地方公共団体の条例制定権は及ぶ。**

法定受託事務は，自治事務とともに「自治体の事務」とされている。したがって，地方公共団体の条例制定権は，法定受託事務にも及ぶ。ただし，法律違反の内容を定めることができないのは当然である。

5 ⭕ **国・地方間の紛争に関して，国地方係争処理委員会は勧告を行う。**

国と地方公共団体の間で紛争が起こった場合，地方公共団体は国地方係争処理委員会に勧告を求めることができる。同委員会は，当初，地方分権一括法によって総理府（現在は内閣府）に設置されたが，中央省庁等再編後は総務省に移管された。

正答 5

地方制度に関する次の記述のうち，妥当なものはどれか。

【地方上級（全国型）・平成 22 年度】

1 一連の地方分権改革を通じて，現在では基礎的自治体である市町村の基盤が強化されつつあり，国や都道府県から市町村への権限移譲が進められるとともに，市町村数の増加が図られている。

2 1999 年の地方分権一括法に基づいて，明治期から続いていた機関委任事務制度が廃止されるとともに，地方事務官制度も廃止され，社会保険業務に携わっていた厚生事務官などは国の地方支分部局の職員とされた。

3 三位一体の改革によって，地方交付税の見直し，国庫支出金の削減，税源の移譲が同時に進められ，その結果，地方公共団体の歳入は改革前に比べて大幅に増加することとなった。

4 1925 年に男子普通選挙制が導入された際，市町村長の選出方法も改められ，町村会を通じた間接選挙ないし市会が推薦した候補者から国が選任する方式をとっていたものが，公民による直接公選制に改められた。

5 都道府県および市町村という地方自治の二層構造は日本国憲法によって規定されているため，道州制を導入して都道府県よりも広域の地方公共団体を設けるためには，憲法改正を行わなければならない。

本問では，①教養レベルの基本的内容（選択肢 **1・5**），②難易度は高めだが頻出の内容（同 **2・3**），③難易度が高めで出題も少ない内容（同 **4**）が，うまく組み合わされている。**選択肢 4 については，正誤が判定できなくても仕方ないが**，その他の選択肢については，頑張って内容を覚えておくようにしたい。

1 ✖ **近年では市町村数の減少が図られている。**

地方分権を進めるためには，分権の受け皿となる基礎的自治体の強化が必要とされる。そこで，**政府は市町村合併を進め，市町村の規模の拡大を図ってきた**。これによって，市町村数は減少することとなった。

2 ⭕ **地方分権一括法で地方事務官制度は廃止された。**

地方分権一括法の成立により，機関委任事務制度が廃止された。これとともに，地方公共団体で働き，機関委任事務の執行にあたる地方事務官（国家公務員の一種）は国に引き上げられ，厚生事務官（社会保険業務）や労働事務官（公共職業安定所の指導監督）として，国の地方支分部局（出先機関）で働くこととなった。

🔑 **地方事務官：地方公共団体の長の下で働き，機関委任事務を処理する国家公務員**

3 ✖ **三位一体の改革で地方公共団体の歳入は減少した。**

三位一体の改革で，「地方交付税の見直し」と「国庫支出金の削減」は地方公共団体の歳入を減少させ，「税源の移譲」はこれを増加させた。全体としては，前者の減少分が後者の増加分を上回ったため，地方公共団体の歳入は減少することとなった。

4 ✖ **戦前の市町村長が直接公選されたことは一度もない。**

市長（三大市を除く）についてみると，明治・大正期の市長は，市会が 3 人の候補者を推薦し，そのなかから内務大臣が適任者を選ぶという形で選任されていた。しかし，1925 年に男子普通選挙制が導入されると，これが市会による選挙で選任される形に改められた。このように，戦前のわが国では，市長が「公民による直接公選制」によって選出されたことは一度もなく，町村長についても同様である。

5 ✖ **日本国憲法は地方公共団体の種類を規定していない。**

日本国憲法では「地方公共団体」という言葉しか用いられておらず，都道府県や市町村についてはいっさい言及されていない。**地方公共団体の具体的な種類は，地方自治法によって規定されたものである。**

正 答 2

第4章 地方の行政

問題 4-10 「平成の大合併」に関する次の記述のうち，妥当なものはどれか。

【市役所・平成 19 年度】

1 合併した自治体には地方交付税交付金が増額されるなど，財政上の優遇措置がとられている。

2 総務大臣は，合併に当たり，自治体に住民投票の実施を命じる権限を持っている。

3 市町村合併は同一の都道府県内でしか認められておらず，都道府県をまたぐ形での合併はなされていない。

4 合併後の市町村には飛び地の存在が認められていないため，地続きになっていない自治体どうしの合併は現在凍結されている。

5 市町村の数は 1998（平成 10）年には全国で約 5,000 あったが，これを約 2,500 にまで減らす目標が立てられ，2005（平成 17）年にこれを達成した。

平成の市町村合併に関してコンスタントに出題され続けているポイントは，市町村数の変遷（選択肢 **5**）である。**平成の市町村合併を通じて，3,200 程度であった市町村数が 1,700 程度にまで減少している**ので，この数字はしっかりと覚えておこう。

1 ○ **合併自治体には，財政上の優遇措置がとられる。**

　合併した自治体には，一定期間，合併がなかったものとして算定された地方交付税の支給額が保障される（本来ならば合併で支給額が削減される）。また，臨時的経費をまかなうため，特別交付税も交付される。

2 ✖ **総務大臣は住民投票の実施を命じる権限をもたない。**

　市町村合併を推進するための住民投票は，住民が一定数の署名を集めて，地方公共団体に請求することで実施される。総務大臣が住民投票を命じることはできない。

3 ✖ **都道府県をまたぐ形での合併もなされている。**

　都道府県をまたぐ形での合併を「越境合併」という。越境合併は特に禁止されておらず，実際に越境合併が行われた例もある。

4 ✖ **地続きになっていない自治体どうしの合併も行われている。**

　地続きになっていない自治体同士の合併を「飛び地合併」という。飛び地合併は特に禁止されておらず，実際に飛び地合併が行われた例もある。

5 ✖ **平成の大合併は市町村数の削減目標を達成できなかった。**

　平成の大合併は，市町村数を 3,200 から 1,000 程度にまで減らすことを目標としていた。しかし，最終的な市町村数は 1,700 程度となり，目標を達成することはできなかった。

現在の市町村数（1,700 程度）は，できれば覚えておこうね。

正　答 **1**

第 **4** 章

地方の行政

問題 4-11

平成の市町村合併に関する次の記述のうち，妥当なものはどれか。

【地方上級（全国型）・平成21年度】

1 一連の合併促進策を通じて，2009年4月現在の市町村数は約800まで減少した。

2 2005年から施行されている合併新法では，合併特例債制度が新たに導入された。

3 都道府県知事は，市町村に対して合併協議会の設置を勧告することができる。

4 市町村合併に際して，法人格を持つ地域自治区を10年に限り設置することができる。

5 人口1万人未満の町村については，その事務権限を制限することで合併を促す方針がとられている。

本問でも言及されている旧合併特例法と合併新法は，市町村合併を促すために制定された法律である。両法を通じて，これまでさまざまな制度が導入・廃止されてきたが，なかでも重要なのは合併特例債制度である。**合併特例債制度の概要およびこれが合併新法の成立とともに廃止されたという事実は，必ず確認のうえ暗記しておこう。**

1 ✖ **現在の市町村数は約1,700である**

　一連の合併促進策を通じて，市町村数は約3,200から約1,700まで減少した。過去の大合併分を含め，わが国の市町村数の変遷は次のとおり（市町村数は概数）。

明治の大合併
（明治21〜22年）
71,000 → 16,000

昭和の大合併
（昭和28〜36年）
10,000 → 3,500

平成の大合併
（平成11〜22年）
3,200 → 1,700

2 ✖ **合併特例債制度は合併新法で廃止された。**

　旧合併特例法では，市町村合併を進めるため，市町村が合併特例債を発行して合併後のまちづくりなどの事業費に充てることを認めていた。しかし，国の財政負担が大きくなることから，合併新法（2005 年施行）ではこれが廃止された。

 合併特例債の発行 ➡ 調達した資金を合併後のまちづくりなどに充てる ➡ 償還に必要な費用の7割は国が負担する

3 ◯ **都道府県知事は，合併協議会の設置を勧告することができる。**

　都道府県知事は，市町村合併の推進に関する「構想」を策定し，そのなかで合併の対象とされた市町村が合併協議会を設置しない場合には，その設置を勧告することができるとされた。この制度は，合併新法によって導入されたものである（ただし，2010 年の法改正で廃止）。

4 ✖ **法人格をもつ組織として設置されるのは合併特例区である。**

　市町村合併に際し，旧市町村を単位として，法人格をもった「合併特例区」を設置することが認められている。旧来の市町村に愛着心をもち，合併に抵抗感を感じる住民に配慮して設置されるもので，設置期限は 5 年以内とされている。

　🔑 **地域自治区：住民自治の強化等を目的に設置されるが，法人格はもたない**

5 ✖ **小規模町村の事務権限の制限は行われていない。**

　人口 1 万人未満の町村の事務権限を制限するという案は，ある審議会の副会長がかつて「私案」として示したものである。しかし，政府はこれを公式の方針とはしておらず，現在でも小規模町村の事務権限は制限されていない。

正　答 3

第4章　地方の行政

アングロ・サクソン系諸国又はヨーロッパ大陸系諸国における中央地方関係に関する記述として，妥当なのはどれか。

【地方上級（特別区）・平成 30 年度】

1　アングロ・サクソン系諸国では，国の地方下部機構が簡素で早くから広域的な自治体に転化したこと，警察が自治体である市町村の所管事項とされたことなどから，この地方自治は分権型の地方自治と呼ばれている。

2　アングロ・サクソン系諸国では，中央政府には内政の総括官庁というべき内務省が設置され，府県レベルでは，中央政府の各省所管の事務権限の執行を内務官僚の官選知事が一元的に調整している。

3　ヨーロッパ大陸系諸国では，自治体の事務権限を法律で定めるに際して，制限列挙方式を採用しており，自治体が実施しうる事務，自治体が行使しうる権限を個別に明確に列挙している。

4　ヨーロッパ大陸系諸国では，自治体の権限の範囲をめぐって訴訟が提起されることが多く，地方自治法の解釈は判例によって形成されており，自治体に対する統制は立法的統制と司法的統制が中心である。

5　ヨーロッパ大陸系諸国では，同一地域内に市町村，府県の地方事務所，国の地方出先機関が並存しており，各政府の行政サービスは相互に分離された形で市民に提供される。

中央地方関係の類型については，「アングロ・サクソン系諸国＝分権・分離型」対「ヨーロッパ大陸系諸国＝集権・融合型」という図式を暗記しておこう（以下，アングロ・サクソン系諸国を「AS 諸国」と部分的に略記）。

1 ○ AS 諸国では「分権型」の地方自治が根づいている。

アングロ・サクソン系諸国では，中央から地方への権限移譲が進んでおり，たとえば警察や教育などの権限が自治体に与えられている。

アングロ・サクソン系諸国とは，イギリスやアメリカなどのことだよ。

2 ✕ 官選知事はヨーロッパ大陸系諸国の特徴である。

ヨーロッパ大陸系諸国では，中央（内務省）から地方に派遣された官選知事が，各省所管の事務を総合的・一元的に執行している。

3 ✕ 制限列挙方式は AS 諸国の特徴である。

アングロ・サクソン系諸国では，中央と地方の事務権限が明確に区別されており，自治体の事務権限はすべて法律に列挙されている。これを「制限列挙方式」という。

🔑 **制限列挙方式（アングロ・サクソン系）⇔概括例示方式（ヨーロッパ大陸系）**

4 ✕ 自治体の権限の範囲をめぐる訴訟は AS 諸国の特徴である。

アングロ・サクソン系諸国では，自治体の権限はすべて法律に列挙されており，中央と地方の間で権限の範囲をめぐる争いが生じたときには，裁判を通じて決着がつけられる。また，裁判の際に判例を重視する判例法主義も，アングロ・サクソン系諸国の特徴である。

5 ✕ 中央と地方の行政サービスの「分離」は AS 諸国の特徴である。

アングロ・サクソン系諸国では，中央と地方の事務権限が明確に区別されているため，同一の行政サービスが中央と地方で重複して提供されることはない。

正　答 1

第4章

地方の行政

ワンポイントアドバイス

類型	特徴
アングロ・サクソン系諸国	〈分権〉警察や教育は市町村が担う。府県も早くから自治体化。
	〈分離〉自治体と国の事務は重複せず。自治体の事務は法律に列挙。
ヨーロッパ大陸系諸国	〈集権〉警察や教育は国の権限。府県は国の下部機関で，知事は派遣制。
	〈融合〉自治体は国の事務も行う。自治体の事務は法律に例示。

テーマ**10**

行政学史

重要度 **B**

出題傾向

「行政学史」では，ドイツとアメリカにおける行政学の発達史が出題されている。なかでも頻出事項とされているのは，シュタイン行政学とアメリカ行政学の代表的学説である。

シュタイン行政学は，ドイツにおいてシュタインが作り上げた一大体系である。憲政と行政という2つの用語が取り上げられ，各々の意味と両者の関係が問われている。

アメリカ行政学の代表的学説は，技術的行政学の学説と機能的行政学の学説に大別できる。技術的行政学ではウィルソンとギューリック，機能的行政学ではアップルビーとワルドーの学説が出題されやすい。特にギューリックは，正統派行政学を集大成した人物であるため，その学説内容はやや詳しめに問われている。

> アメリカ行政学は組織論から強い影響を受けて発達したため，テーマ11の「組織理論」で学ぶ内容が選択肢に組み込まれ，出題されることもある。

理解しておきたい事項

❶ シュタイン行政学

シュタインは，19世紀中頃のドイツで活躍した行政学者である。

憲政の原理	国家は各人に自由を保障し，国家意思の形成に参加させるべきである。	憲政と行政の相互優位（ないし相互依存）
行政の原理	国家は社会における階級対立を抑え，人々の人格の発展に寄与するため，国家意思を遂行していくべきである。	

❷ アメリカ行政学の二大潮流

技術的行政学		機能的行政学
ウィルソンの猟官制批判から誕生。政治と行政の峻別を主張。科学的管理法の影響で，能率向上のための原理を探求。	→	行政国家化の進展を背景に誕生。政治と行政の融合を主張。人間関係論の強い影響を受ける。主張内容は次第に多様化。

❸ アメリカ行政学の代表的学説

<table>
<tr><td rowspan="4">技術的行政学</td><td>ウィルソン</td><td>「行政の研究」（1887年）で猟官制を批判し，政治による行政への介入を戒めた。</td><td>「行政の領域はビジネスの領域に近い」</td></tr>
<tr><td rowspan="4">ギューリック</td><td>能率向上のための基本原理を探求した。</td><td rowspan="4">「（能率は）管理の価値尺度における公理ナンバーワンである」
「大統領には助けが要る」</td></tr>
<tr><td>組織の最高管理者が果たすべき役割を，POSDCORBとして定式化した。</td></tr>
<tr><td>P＝計画，O＝組織，S＝人事，D＝指揮，CO＝調整，R＝報告，B＝予算</td></tr>
<tr><td>政府のブラウンロー委員会で活躍し，大統領の補佐機構の創設を提言した。</td></tr>
<tr><td rowspan="3">機能的行政学</td><td>アップルビー</td><td>ニューディール政策に関わった実務経験から，行政と政治の連続性を指摘した。</td><td>「行政は多くの基本的な政治過程のひとつである」</td></tr>
<tr><td>ダール</td><td>技術的行政学を批判し，特に能率至上主義，人間観（技術的観点の重視），原理主義の3点を問題視した。</td><td>「能率の崇拝自体が，すでに特定の価値判断の特殊な表現ではないのか」</td></tr>
<tr><td>ワルドー</td><td>アメリカ行政学は，アメリカに特有の諸事情を反映しながら発達してきたと主張し，これを一種の政治理論としてとらえた（『行政国家』）。</td><td>「アメリカ行政学は，特定の経済的，社会的，政治的，イデオロギー的事実と結びついた政治理論を展開してきた」</td></tr>
</table>

 出るのはココだ！

ドイツ行政学

①官房学は，幸福促進主義を掲げながら，国家経営のための実用学として発達した。

②警察学は，後期官房学に相当するもので，ユスティによって確立された。

③シュタインは，国家意思の形成を憲政，国家意思の遂行を行政ととらえた。

④シュタインは，憲政と行政の相互優位（ないし相互依存）を主張した。

アメリカ行政学

①技術的行政学は政治・行政二分論，機能的行政学は政治・行政融合論を主張した。

②技術的行政学は科学的管理法，機能的行政学は人間関係論の影響を受けた。

③ウィルソンは，「行政の研究」で猟官制を批判し，アメリカ行政学の創始者となった。

④ギューリックは，POSDCORB行政学を完成させた。P＝計画，O＝組織，S＝人事，D＝指揮，CO＝調整，R＝報告，B＝予算とされる（「CO」は「Co」とも表記する）。

⑤アップルビーは，実務経験をもとに，行政を基本的な政治過程のひとつとみなした。

⑥ワルドーは，『行政国家』を著し，アメリカ行政学を一種の政治理論としてとらえた。

シュタインの行政学に関する記述として，妥当なのはどれか。

【地方上級（東京都）・平成20年度】

1 彼は，法律による行政の原理について法律の支配という概念でとらえ，さらに法律の支配を法律の法規創造力，法律の優位および法律の留保に分けた。

2 彼は，カメラリズムの立場から，国家とは，人格的な統一にまで高められた共同体であるとし，社会とは対立することがないとした。

3 彼は，憲政とは，国民の多様な意思の中から統一的な国家意思を形成する形式であり，個々の国民は国家意思を形成する過程には参加しないとした。

4 彼は，行政とは活動する憲政であり，行政なき憲政は無内容であり，憲政なき行政は無力であるとした。

5 彼は，行政は公共の福祉のために存在すると主張し，君主による国民の生活への規制を正当化した。

解説

シュタインについては，「憲政と行政は相互に優位（ないし依存）しあう関係にあると主張した」という点が最も問われやすい。そして，過去問を見るかぎり，**「憲政と行政の相互優位」に触れた選択肢が大半の問題で正答となっている。**もちろん，学説内容を正確に理解しておくことが好ましいが，ひとつのヒントとして頭に入れておこう。

1 ✖ **「法律の支配」を強調したのは，シュタインより後の公法学者である。**

シュタインが活躍した後，ドイツでは公法学が高度に発達した。「法律の支配」という概念は，このドイツ公法学において強調されたものである。なお，本肢の内容はマイヤーが主張したものであるが，マイヤーという学者名まで覚える必要はない。

2 ✖ **シュタインは,国家と社会を対立する存在とした。**

カメラリズム(官房学)は,国家と社会を明確には区別せず,国家による社会への干渉を当然視した。これに対して,シュタインは,国家と社会を明確に区別し,両者は対立する存在であるとした。

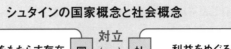

シュタインの国家概念と社会概念

自由と人格的発展をもたらす存在(人格にまで高められた共同体) 〔国家〕 ←対立→ 〔社会〕 利益をめぐる競争と従属関係をもたらす存在

3 ✖ **憲政において,個々の国民は国家意思を形成する過程に参加する。**

シュタインによれば,国家は人格をもち,意思をもって活動する存在である。しかし,国家は自らの意思を形成することができず,代わりに国民が国家意思の形成に参加するものとされた。

🔑 憲政:国家意思の形成に国民が参加すること

4 ○ **シュタインは,憲政と行政が相互に依存しあう関係にあるとした。**

シュタインによれば,行政を通じて社会内部の対立関係が緩和されないかぎり,優れた国家意思を形成していくことはできない。逆に,憲政を通じて国民が国家意思を形成することによって,行政には限度と秩序が与えられる。したがって,憲政と行政は相互に依存しあう関係にあるとされた。

5 ✖ **公共の福祉を名目に君主の権力を正当化したのは,警察学である。**

ユスティの創設した警察学では,行政は公共の福祉のために存在すると説かれた。そして,行政権を行使する君主が国民生活に規制を加え,公共の福祉を増進させようとすることは当然であるとされ,絶対専制に理論的根拠が与えられた。

正 答 4

第5章 行政学の理論

ウィルソンの行政学に関する記述として，妥当なのはどれか。

【地方上級（特別区）・平成 17 年度】

1 ウィルソンは，その著書「行政国家論」において，政治と行政との関係は，連続，循環，融合した不可分の過程であると主張した。

2 ウィルソンは，行政の合理化を図るため，最少の労働と費用によって最大の効果を達成することをねらいとした科学的管理法を創始した。

3 ウィルソンは，行政による政策形成は，変化する環境に適応する場合，可能最小の変更で過去の政策を継続するという漸変主義を主張した。

4 ウィルソンは，その論文「行政の研究」において，行政の領域を政治の固有の領域外にあるビジネスの領域であるとし，政治と行政の二分論の基礎を築いた。

5 ウィルソンは，行政責任を積極的なものととらえ，専門家集団のチェックにより行政活動の適正な執行を担保する機能的責任と，直接国民の要求に応える政治的責任との重要性を主張した。

本問は，ウィルソンの学説に関する基本問題である。**ウィルソンが猟官制を批判し，政治による行政への介入を戒めたことは有名なので，絶対に誤ってはならない。**

1 ✖ ウィルソンは政治と行政を明確に区別した。

ウィルソンは政治・行政二分論の論者であり，政治と行政を明確に区別するべきであると主張した。これに対して，政治と行政の連続・循環・融合を主張したのは，政治・行政融合論の論者である。

🔑「**行政国家論**」：ワルドーの著作。政治・行政融合論の立場を打ち出した。

2 ✖ 科学的管理法を創始したのはテイラーである。

科学的管理法とは，科学的実験を通じて最善の管理手法を発見し，最少の労働と費用によって最大の効果を達成していこうとする学問のことである。科学的管理法はテイラーによって創始されており，ウィルソンとは無関係である（P.312 参照）。

3 ✖ 漸変主義を主張したのはリンドブロムである。

漸変主義（インクリメンタリズム）とは，必要最小限の政策変更で環境変化に対応しようとする原理のことである。この概念は，リンドブロムによって提唱されており，ウィルソンとは無関係である（P.244 参照）。

4 〇 ウィルソンは政治・行政二分論の提唱者である。

ウィルソンは，「行政の研究」と題する論文において猟官制を批判し，政治と行政は明確に区別されるべきであると主張した。そして，**「行政の領域はビジネスの領域である」**と述べ，行政とビジネスの類似性を主張した。

5 ✖ 機能的責任と政治的責任という概念を提唱したのはフリードリヒである。

機能的責任とは，専門家集団の専門的知識に従うことで確保される行政責任のことであり，政治的責任とは国民の要求に応えることで確保される行政責任のことである。機能的責任と政治的責任という二種類の行政責任概念を提唱したのはフリードリヒであり，ウィルソンとは無関係である（P.256 参照）。

正 答 4

第5章 行政学の理論

問題 5-03 ギューリックの行政管理論に関する記述として，妥当なのはどれか。

【地方上級（特別区）・平成 17 年度】

1 ギューリックは，トルーマン大統領によって設置されたフーバー委員会において，最高管理者の遂行する機能を POSDCORB という造語により表した。

2 ギューリックは，管理の科学における基本的善は能率であり，能率こそが行政の価値尺度における公理のナンバー・ワンであるとした。

3 ギューリックは，指揮命令系統の確立のため，ラインとスタッフの統合が組織化原理において最も重要であるとした。

4 ギューリックは，計画，組織，人事，統制，命令，実施，報告および予算の八つの機能の頭文字から POSDCORB を提起した。

5 ギューリックは，多数の人間の協働は，分業と調整ではなく，リーダーシップによってのみ，最高の能率と成果が発揮されるとした。

ギューリックの行政学は、「どうすれば行政効率を向上させることができるか」という問題関心から生み出されたものである。 この点を理解しておけば、本問では余裕をもって正答を導くことができよう。

1 ✘ **ギューリックが参加したのはブラウンロー委員会である。**

ギューリックは、F. ルーズベルト大統領が設置したブラウンロー委員会（「行政管理に関する大統領委員会」）に参加し、大統領直属の補佐機構（大統領府）の創設などを提言した。

2 ○ **ギューリックは能率を重視した。**

ギューリックは、能率を行政学における「公理のナンバーワン」とみなし、能率向上をもたらす諸原理の発見に努めた（「原理的アプローチ」）。

3 ✘ **ギューリックはラインとスタッフの分化を主張した。**

ギューリックは、ラインとスタッフを分化させることで、組織の能率は向上すると主張した。ラインとスタッフを分化させ、ライン・スタッフ型組織を形成すれば、最高管理者が強力な補佐機構（スタッフ）を得て、ラインの指揮監督をより効果的に行うことが可能になるためである。

4 ✘ **CO は「命令と実施」ではなく、「調整（Co-ordinating）」を意味する。**

ギューリックは、組織の最高管理者が果たすべき機能として 7 点を挙げ、その頭文字をとって POSDCORB とした。すなわち、P ＝計画、O ＝組織、S ＝人事、D ＝指揮、CO ＝調整、R ＝報告、B ＝予算である。

5 ✘ **ギューリックは、協働における分業と調整の重要性を指摘した。**

ギューリックは、多数の人間の協働を成立させるためには、分業を進めるとともに、調整を充実させていかなければならないと主張した。リーダーシップも重要ではあるが、分業と調整の意義が否定されたわけではない。

正 答 2

ワンポイントアドバイス

選択肢 1 で言及されているフーバー委員会は、1947 年にアメリカで設置された「行政機構再編委員会」の通称である。行政組織の整理統合を提案し、その多くが実施に移されたことで有名である。**わが国の臨時行政調査会も、このフーバー委員会をモデルとして設置された**と言われている。

第5章 行政学の理論

アメリカ行政学に関する記述として，妥当なのはどれか。

【地方上級（特別区）・平成 27 年度】

1 W.ウィルソンは，「行政の研究」の論文において，行政の領域は政治固有の領域外に存在するビジネスの領域であると主張し，行政は政治の決定したことを具体的に遂行する役割を果たすとした。

2 グッドナウには，「政治と行政」の著作があり，政治とは国家意思の執行であり，行政とは国家意思の表現であるとした。

3 ウィロビーには，「政策と行政」の著作があり，ニューディール時代の豊富な実務経験を背景に，行政とは政策形成であって多くの政治過程の一つであるとし，政治と行政の連続性を指摘した。

4 アップルビーは，「行政国家論」を著して，能率自体が問われるべき価値ではないとし，必要なのは何のための能率であるのかを問う必要性を提起した。

5 ワルドーは，「行政の諸原理」を著して，政治と行政の分離論を明確に打ち出し，行政学の目的は作業能率を確保することであり，その目的の達成には科学的な方法を適用することで決定される基本原理を遵守することが必要だとした。

本問では，各選択肢にちりばめられたヒントに注意してほしい。特に，「行政の領域はビジネスの領域である」（→ **ウィルソン**），「ニューディール時代の豊富な実務経験」（→ **アップルビー**），「何のための能率であるのか」（→ **ワルドー**）という3点は，頻繁に出題されている重要ポイントである。

第5章　行政学の理論

1 ◯ ウィルソンは，行政の領域をビジネスの領域とみなした。

　　ウィルソンは猟官制を批判し，政治は行政に介入するべきではないとした。そして，行政の領域をビジネスの領域と同一視し，その役割を決定の遂行に求めた。

2 ✖「国家意思の表現」は政治，「国家意思の遂行」は行政に相当する。

　　グッドナウは，ウィルソンと同じく，政治・行政二分論の立場に立った。そして，政治を「国家意思の表現」，行政を「国家意思の遂行」ととらえたうえで，猟官制を廃止することで行政の効率化を進めるべきであると主張した。

3 ✖ ウィロビーは政治・行政二分論の論者である。

　　「政策と行政」を著し，ニューディール時代の実務経験を背景に，政治と行政の連続性を主張したのはアップルビーである。これに対して，ウィロビーは政治の役割と行政の役割を明確に区別し，行政においては節約と能率を重視するべきだと主張した。

4 ✖「なんのための能率か」を問題としたのは，ワルドーである。

　　「行政国家論」（一般には「行政国家」）を著し，なんのための能率かを問うべきだと主張したのはワルドーである。これに対して，アップルビーは，ニューディール時代に実務に携わった経験を背景として，政治と行政は連続した過程にあると主張した。

　　⚷ 「行政国家論」：ワルドーの著作

5 ✖「行政の諸原理」で基本原理を重視したのはウィロビーである。

　　「行政の諸原理」を著し，科学的な方法を適用して管理の基本原理を発見するべきだと主張したのはウィロビーである。これに対して，ワルドーは政治・行政融合論の論者であり，従来の行政学が能率の重要性を無条件に信奉してきた点を批判した。

正 答 1

 ワンポイントアドバイス

　アメリカ行政学の問題で人名が出てきた場合は，各論者が二分論と融合論のいずれの立場に立っていたのかを確認するとよい。本問の場合，「ウィロビー→融合論」（選択肢 **3**），「ワルドー→二分論」（同 **5**）とされているので，この2つはすぐに誤りとわかる。

アメリカ行政学に関する記述として，妥当なのはどれか。

【地方上級（特別区）・平成 24 年度】

1 グッドナウは，狭義の行政には，準司法的機能，執行的機能，行政組織の設立および保持に関わる機能の 3 つがあるとし，執行的機能だけが政治の統制に服し，それ以外は服すべきではないとした。

2 ホワイトは，自らもニューディール政策に関わった経験から，政治と行政の連続性を指摘し，行政とは政策形成であり，多くの基本的政治過程の一つであるとした。

3 ウィルソンは，行政は，ビジネスの領域にはなく，政治の固有の領域の中にあるとし，行政研究の目的の一つは，最大限可能な能率および金銭と労力との最小コストを発見することにあるとした。

4 ウィロビーは，正統派行政学の諸原理は，諺のように，相互に矛盾する対のようになっているため，いずれの原理に従うかによって正反対の組織改善になるにも関わらず，そのいずれを指示するかの理論を有していないとした。

5 サイモンは，能率はそれ自体問われるべき価値ではないとし，能率という純粋概念の追求の限界を指摘するなかで，何のための能率であるのかを問う必要性を提起した。

本問で挙げられている学者名は，過去に何度も出題されているものばかりである。やや切り口は異なるものの，前問と同様の内容が問われているので，この2問を通じて頻出ポイントを押さえてしまおう。

1 ⭕ **グッドナウは，行政の執行的機能だけが政治の統制に服するとした。**

グッドナウは，行政の営む諸機能のうち，政策の執行に関わる執行的機能だけが，政治の統制に服するべきであると主張した。そして，その他の準司法的機能や組織維持機能は，政治的中立性をもって営まれるべきだとした。

🔑 **グッドナウ → 政治・行政二分論（執行的機能以外は政治の統制に服さない）**

2 ❌ **ニューディール政策に関わった融合論者はアップルビーである。**

ニューディール政策に関わった経験から，行政を政治過程のひとつとみなすようになったのはアップルビーである。これに対して，**ホワイトは政治・行政二分論の論者であり，アメリカ初の体系的教科書を著したことでも有名である。**

3 ❌ **ウィルソンは，行政はビジネスの領域にあると主張した。**

ウィルソンは，行政は政治の固有の領域のなかにはなく，むしろビジネスの領域にあると主張した。最大限可能な能率と最小コストの発見を重視したのも，行政とビジネスを同一視していたことによるものである。

4 ❌ **「行政のことわざ」を批判したのはサイモンである。**

正統派行政学の発見した諸原理が，実際には相互に矛盾する内容をもっていると指摘したのは，サイモンである。これに対して，ウィロビーは正統派行政学の論者であり，サイモンによって批判された側の学者である。

5 ❌ **「なんのための能率か」を問うべきであるとしたのはワルドーである。**

能率概念を無条件に信奉する態度を戒め，「なんのための能率か」を問わなければならないと主張したのは，ワルドーである。これに対して，サイモンは能率概念を重視し，能率を投入と産出の比率としてとらえた（バランスシート的能率）。

🔑 **バランスシート的能率：産出／投入としてとらえられる能率概念（サイモン）**

正 答 1

政治・行政融合論に関する記述として，妥当なのはどれか。

【地方上級（東京都）・平成 19 年度】

1　政治・行政融合論とは，ニューディール政策以降，アメリカの立法府が行政府に対して指導力を発揮し，立法権が行政権に対して優越化した中で唱えられた考え方をいう。

2　政治・行政二分論では，行政は政治と区別される固有の領域であるとしたのに対し，政治・行政融合論では，政治と行政との関係は分離されるものではなく，整合的，連続的であるとした。

3　アップルビーは，行政は政策形成であり基礎的な政治過程の一つであるとし，政策形成は自律的かつ排他的なものであるとした。

4　ダールは，従来の行政学をアメリカ独特の政治的およびイデオロギー的事実と不可分に結びつく政治的理論であるとし，能率の教義を批判した。

5　ワルドーは，規範的価値の明確な位置づけ，人間行為の経験的分析および比較研究による一般化への努力がなければ，行政の科学は成立しないと説いた。

　本問では，選択肢 **2** の内容に誤りがないのは明らかなので，正答を導くことは容易である。しかし，政治・行政融合論に関する他の過去問をみると，アップルビー，ワルドー，ダールの主張の違いがポイントとなるケースも多い。選択肢 **3・4・5** の内容は必ずチェックし，誤りのポイントをはっきりさせておこう。

1 ✘ **政治・行政融合論は，行政権が優越化した状況のなかで唱えられた。**
　政治・行政融合論は，ニューディール政策以降，アメリカの行政府が政策の形成にも深く関与するようになり，行政権が立法権に対して優越化したなかで唱えられた。

🗝 **行政国家：委任立法や自由裁量の拡大に伴い，行政府の役割が強まった国家**

2 ⭕ **二分論は政治と行政を区別し，融合論は両者の連続性を主張した。**
　政治・行政二分論では，政治と行政の区別が強調された。これに対して，政治・行政融合論では，政治と行政がともに政策形成に関わるなど，両者は連続した過程にあると主張された。

3 ✘ **アップルビーは，政策形成の自律性・排他性を否定した。**
　アップルビーは，政策形成は強力な社会的諸力が争うなかで行われることから，自律的・排他的な過程ではありえないと主張した。

🗝 **アップルビーの主張：行政も政策形成を行う → 行政は基礎的な政治過程のひとつ**

4 ✘ **行政学の政治性・イデオロギー性を指摘したのはワルドーである。**
　行政学の価値中立性を否定し，そこにはアメリカ独特の政治的およびイデオロギー的事実が反映されていると指摘したのは，ワルドーである。たとえば，能率や節約が重視されてきた事実が，その証拠とされている。

ダールとワルドーの学説は理解しにくいので，キーワードだけでも覚えよう。

5 ✘ **「行政の科学」の成立に必要な 3 条件を指摘したのはダールである。**
　「行政の科学」の成立に必要な条件として，価値的規範の明確な位置づけなどの 3 点を指摘したのは，ダールである（「行政の科学－3 つの問題」）。なお，3 つの条件は本肢に述べられているとおりであるが，無理に暗記する必要はない。

正 答 2

第 5 章　行政学の理論

組織理論

重要度 **B**

出題傾向

「組織理論」では，アメリカ行政学の発達に影響を与えた経営学の諸学説が出題されている。なかでも頻出事項とされているのは，科学的管理法，人間関係論，現代組織論である。

科学的管理法は，テイラーによって創始された経営管理の手法である。試験では，テイラーの学説内容に出題が集中しており，動作・時間研究，差別的出来高制，計画部制度，機能別職長制度などが，繰り返し問われている。

> 科学的管理法をベースとして組み立てられたのが，古典的組織論である。注目すべきはフェイヨールの命令一元化の原理で，テイラーの機能別職長制度と対比されること，ギューリックに影響を与えたことなどが，ポイントとなる。

人間関係論は，メイヨーらによって確立された経営学の理論である。試験では，人間関係論を確立するきっかけとなったホーソン工場実験の概要が問われやすい。また，科学的管理法の説明と人間関係論の説明が入れ替えられることもあるので，両者の違いはしっかりと理解しておかなければならない。

現代組織論は，バーナードが創始し，サイモンが発展させた組織理論である。特にバーナードの理論は難解なところがあるので，出題された場合には難易度が上がりやすい。

理解しておきたい事項

❶ 科学的管理法

20世紀初頭のアメリカにおいて，テイラーは科学的管理法を確立した。

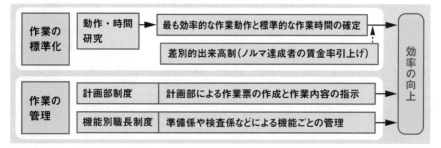

❷ 人間関係論

戦間期のアメリカで，メイヨーらは人間関係論を確立した。

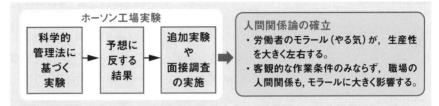

❸ 現代組織論

バーナードは，古典的組織論と人間関係論をベースとして，現代組織論を確立した。

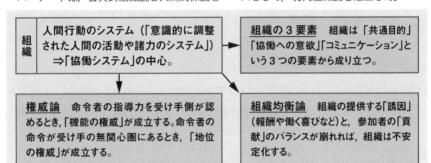

　サイモンは，バーナードの現代組織論を発展させ，意思決定論の観点から独自の理論を構築した（「行政過程は決定過程である」）。

出るのはココだ！

科学的管理法と人間関係論
①テイラーは，動作・時間研究を通じて，作業の標準化を進めた。
②テイラーは，差別的出来高制を採用して，生産性を高めようとした。
③テイラーは，機能別に置かれた各職長が，それぞれ労働者に命令を下すべきだとした。
④メイヨーらは，ホーソン工場実験を通じて，人間関係論を確立した。
⑤メイヨーらは，職場の人間関係がモラールに影響し，生産性を左右すると主張した。

現代組織論
①バーナードは，「意識的に調整された人間の活動や諸力のシステム」を組織と呼んだ。
②バーナードは，共通目的，協働への意欲，コミュニケーションを組織の3要素とした。
③バーナードは，誘因と貢献のバランスが崩れれば，組織は不安定化するとした。
④バーナードは，命令が受け手の無関心圏にあるとき，地位の権威が成立するとした。
⑤サイモンは，「行政過程は決定過程である」と主張した。
⑥サイモンは，公行政と私経営の間に本質的な差異はないとして，公私一元論を唱えた。

テイラーの科学的管理法に関する記述として，妥当なのはどれか。

【地方上級（東京都）・平成 16 年度】

1 科学的管理法は，19 世紀末から 20 世紀初頭にかけて，イギリスで自然的怠業とよばれる現象が多発する中で，新しい体系的な管理システムが求められたことから提唱された，作業能率向上のための管理方式である。

2 彼は，時間研究と動作研究を組み合わせることにより，一定の作業条件下における最良の動作と標準時間を科学的に設定する課業管理の必要性を提唱した。

3 彼は，遂行すべき作業方法を記載した文書によって作業者に指示する指導票制度の廃止を提案し，それに代わるものとして，執行機能から計画機能を分離して計画部を設置することを提案した。

4 科学的管理法における差別的出来高制とは，標準を超える生産量を達成した労働者に高い賃金を支払うものであり，標準量に達しなかった労働者にペナルティーを課すものではない。

5 科学的管理法における職能別職長制とは，作業労働と部門管理の職務を細分化して，労働者が一人の職長から指示を受けるものである。

科学的管理法では，さまざまな新しい管理手法が提案されて話題となった。時間・動作研究（選択肢2），計画部制度（同3），差別的出来高制（同4），職能別職長制度（同5）が何を指しているのかについては，しっかりと確認しておこう。

1 ✖ **科学的管理法はアメリカで提唱された管理方式である。**

科学的管理法は，19世紀末から20世紀初頭にかけて，アメリカで提唱された管理方式である。科学的管理法は，大量生産を実現するための新しい体系的な管理システムとして広く受け入れられ，フォード自動車の工場などでも実践された。

2 ⭕ **テイラーは，時間・動作研究による課業管理の必要性を提唱した。**

テイラーは，現場で伝承されてきた従来の作業手続きを見直し，科学的な課業管理を行うべきだと主張した。そのために考案されたのが時間・動作研究（動作・時間研究）であり，科学的実験を通じて作業の標準化を進めることが提唱された。

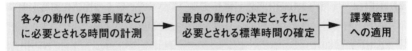

各々の動作（作業手順など）に必要とされる時間の計測 → 最良の動作の決定と,それに必要とされる標準時間の確定 → 課業管理への適用

3 ✖ **テイラーは，指導票制度の導入を提唱した。**

テイラーは，計画機能と執行機能の分離を主張した。そして，計画部が各作業の最も望ましい進め方を指導票にまとめ，個々の労働者に示すとともに，現場の指導者が労働者を監督して，指導票どおりに作業が進むように指導するべきであるとした。

4 ✖ **差別的出来高制では，ペナルティーも課せられる。**

差別的出来高制では，標準生産量を超えた労働者には高い日給が与えられる。他方，標準生産量に達しなかった労働者の日給は引き下げられる。

🔑 **差別的出来高制：労働者の生産量に応じた日給を支払う仕組み**

5 ✖ **職能別職長制では，労働者は複数の職長から指示を受ける。**

職能別職長制（機能別職長制）とは，職務を細分化したうえで，各職務を担当する職長がそれぞれ労働者に指示を与える仕組みである。たとえば，機械の清掃や手入れについては修繕責任者，作業の順序については工程管理者が置かれるため，職務内容に応じて，一人の労働者が複数の職長から指示を受けることになる。

正答 2

ホーソン工場での実験に関するA～Dの記述のうち，妥当なものを選んだ組合せはどれか。

【地方上級（特別区）・平成21年度】

A　当初の調査は科学的管理法の観点と手法に立って設計されたものであったが，メイヨーらは，その妥当性に疑問を抱き，調査の観点と方法を変更した。

B　インフォーマル組織は，フォーマル組織の活動を阻害し，その存在は効果的な協働関係を維持するためには必要ないものであるとした。

C　経営の関心は，組織の構成員に満足感を与えることのみに向けられがちだが，組織が能率的であるためには，組織目標を達成する機能にも関心を向けなければならないとした。

D　物理的環境の変化が生産性に直結するのではなく，個人の感情や態度がそこに介在し，職場の仲間との人間関係や個人的な経験が感情や態度の変化に大きく影響するとした。

|1| **A，B**
|2| **A，C**
|3| **A，D**
|4| **B，C**
|5| **B，D**

 **解説**
　本問を解くうえで必要な知識は，「ホーソン工場実験は人間関係論を台頭させた」という **1** 点のみである。ホーソン工場実験は，組織を支える「人間」に注目したのだから，①インフォーマル組織（非定形の人間関係）を軽視した（**B**）とか，②構成員の満足をさほど重視しなかった（**C**）などの選択肢は，すぐに誤りと見抜けるはずである。

A ◯ ホーソン工場実験は，科学的管理法の妥当性に疑問を抱かせた。
　ホーソン工場実験は，照明の明るさと生産性の関係を探るなど，科学的管理法の実験として設計された。しかし，調査結果が予想を裏切るものとなったため，メイヨーらは調査の観点と方法を変更し，新しい学説を打ち立てた。

科学的管理法の実験（照明実験など）	➡	アンケート調査や追加実験などの実施	➡	職場における人間関係の重要性の発見

B ✖ ホーソン工場実験は，インフォーマル組織の必要性を明らかにした。
　ホーソン工場実験は，インフォーマル組織（非定形の人間関係）のあり方が労働者の協働関係に影響を与え，生産性を左右するという事実を明らかにした。そして，経営者はインフォーマル組織をうまく管理し，効果的な協働関係を維持することに役立てていかなければならないとした。

C ✖ ホーソン工場実験は，構成員の満足感にも関心を向けるべきだとした。
　経営の関心は，組織目標を達成し，利潤を上げるということのみに向けられがちである。しかし，ホーソン工場実験は，職場の人間関係が生産性を左右する以上，組織の構成員に満足感を与えることも重視するべきであるとした。

D ◯ ホーソン工場実験は，職場の人間関係が生産性に影響を与えるとした。
　ホーソン工場実験は，職場の人間関係などが個人の感情や態度に影響し，ひいては生産性を左右するとした。これは，物理的環境（照明の明るさなど）を重視した科学的管理法とは対照的な見解であった。

　以上から，妥当なものは **A** と **D** であり，**3** が正答となる。

正　答 3

問題 5-09

G. E. メイヨーらのホーソン工場実験を通じて明らかにされた事柄の説明として，妥当なものはどれか。

【市役所・平成25年度】

1 動作・時間研究を通じて作業の標準化・統制・協働を実現することで，生産性を向上させることができる。

2 誘因と貢献のバランスをとることで組織の維持が初めて可能となり，生産を継続することができる。

3 労働者に全体目標への貢献意識を浸透させることで下位組織の暴走を防ぐことが可能となり，生産性を向上させることができる。

4 労働者の潜在的能力に見合った水準まで賃金率を引き上げることで，生産性を向上させることができる。

5 フォーマル組織のみならずインフォーマル組織も適切に管理することで，生産性を向上させることができる。

ホーソン工場実験に関する問題では，人間関係（インフォーマル組織）の重要性を指摘した選択肢が正解となりやすい。したがって，本問の正答は明らかである。選択肢**3**の内容がややわかりにくいかもしれないが，**「下位組織の暴走」はセルズニックが指摘した問題である。**官僚制論で学んだ内容なので，よく復習しておこう（P.183参照）。

1 ✖ **動作・時間研究を提唱したのはテイラーである。**

　動作・時間研究はテイラーによって提唱されたもので，科学的管理法において重要な役割を果たした。

動作・時間研究	→	作業の標準化・統制・協働	→	効率的な作業の実現

動作・時間研究 → 作業の標準化・統制・協働 → 効率的な作業の実現

2 ✖ **誘因と貢献のバランスを重視したのはバーナードである。**

組織を動的に考察し，誘因と貢献のバランスをとることで初めて組織が維持されると主張したのは，バーナードである。

3 ✖ **下位組織の暴走を防ごうとしたのはセルズニックである。**

下位組織の暴走可能性を指摘し，その克服策を探ったのはセルズニックである。セルズニックは，テネシー渓谷開発公社（TVA）の研究を通じて，こうした見解を明らかにした。

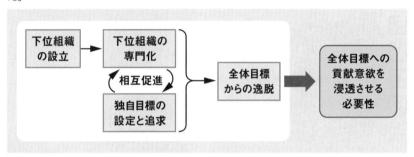

4 ✖ **賃金率などの経済的要因を重視したのはテイラーである。**

労働者を個々に管理し，その潜在的能力に見合った水準まで賃金率を引き上げようとしたのは，テイラーである。テイラーが賃金率の引き上げを主張したのは，労働者の労働意欲を高め，生産性を向上させるためであった。

🔑 **物理的・経済的要因の重視（科学的管理法）⇔ 人間関係の重視（人間関係論）**

5 ⭕ **インフォーマル組織の重要性を指摘したのはメイヨーらである。**

メイヨーらはホーソン工場実験を行い，職場におけるインフォーマル組織（非定形の人間関係）の重要性を指摘した。これをもとに提唱されたのが人間関係論である。

正 答 5

問題 5-10 次の文章中の空欄A～Cに該当する人名ないし語句の組合せとして，妥当なものは次のうちどれか。

【市役所・平成15年度】

「　A　は，組織論に意思決定という視点を持ち込み，組織を人間の　B　と見ることで，現代組織論の基礎を築いた。また，これを継承した　C　は，人間が完全な合理性を持つとすることに異議を唱え，限定された合理性という観点から組織論を展開した」

	A	**B**	**C**
1	C. I. バーナード	協働関係	H. サイモン
2	C. I. バーナード	闘争関係	R. K. マートン
3	R. K. マートン	競合関係	C. W. ミルズ
4	M. ウェーバー	共闘関係	H. サイモン
5	M. ウェーバー	人間関係	R. K. マートン

解説

本問は現代組織論の基本問題であり，キーワードを拾ってい くだけで，簡単に正答を見つけることができる。特に，① 「**現 代組織論の創始者**」＝**バーナード**，② 「**限定された合理性の提 唱者**」＝**サイモン**，というポイントは頻出なので，絶対に覚え ておきたい。

A：「C. I. バーナード」が該当する。

　組織論に意思決定という視点を持ち込み，各人の意思決定の集積が組織を構成してい ると主張したのは，バーナードである。

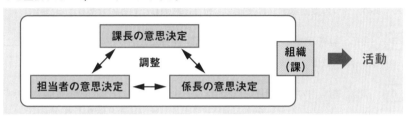

B：「協働関係」が該当する。

　バーナードは，組織を人間の協働関係とみて，これを「意識的に調整された人間の活 動や諸力のシステム」と定義した。

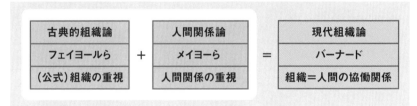

C：「H. サイモン」が該当する。

　バーナードを継承し，現代組織論を発達させたのは**サイモン**である。サイモンは，合 理的選択論が前提としたような「完全な合理性」を否定し，人間の「**限定された合理性**」 を前提として組織論を展開した。

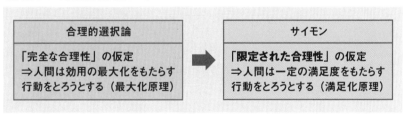

以上から，**1** が正答となる。

正 答 **1**

第5章 行政学の理論

バーナードの組織理論に関する記述として，妥当なのはどれか。

【地方上級（東京都）・平成 20 年度】

1 彼は，公式組織について，2 人以上の人々の意識的に調整された活動や諸力の体系であると定義した。

2 彼は，組織の構成要素として，動機，貢献意欲およびコミュニケーションの 3 つをあげ，3 つの要素は独立に機能し，相互に関係しないものであるとした。

3 彼は，組織の管理者には，計画，人事，指揮など 7 つの機能が必要であるとし，自ら，7 つの機能を POSDCoRB という造語で表現した。

4 彼は，組織内の命令服従関係について，命令が部下にとって理解可能なものでないとき，その命令は部下の無関心圏に属するとして，権威受容説を否定した。

5 彼は，ホーソン工場の実験から，組織においてはフォーマル組織とインフォーマル組織とが統合し調和されることが重要であるとした。

バーナードの組織理論は抽象的で分かりにくいので，学説内容の詳細まで理解しておく必要はない。**まずはバーナードという名前とその提唱した概念（協働体系，貢献意欲・共通目的・コミュニケーション，権威受容説など）を結びつけられるようにしておこう。**

1 ◯ バーナードは，公式組織を協働的活動の体系ととらえた。

　バーナードは，公式組織を動態的にとらえ，「2人以上の人々の意識的に調整された活動や諸力の体系」と定義した。

🔑 公式組織＝2人以上の人々の意識的に調整された活動や諸力の体系（バーナード）

2 ✗ 組織の3要素とは，貢献意欲，共通目的，コミュニケーションである。

　バーナードは，組織の3要素として，貢献意欲（協働意欲），共通目的，コミュニケーションの3つを挙げた。選択肢にある「動機」は「共通目的」の誤りである。また，組織の3要素は独立に機能するものではなく，相互に関係し合っているとした。

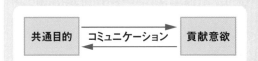

コミュニケーションを通じて，共通目的と貢献意欲が結びつけられる。

3 ✗ POSDCoRB を提唱したのはギューリックである。

　組織の管理者が果たすべき機能を「POSDCoRB」という造語で表現したのは，ギューリックである。なお，各文字が意味している機能は，P ＝計画，O ＝組織，S ＝人事，D ＝指揮，Co ＝調整，R ＝報告，B ＝予算である。

4 ✗ バーナードは権威受容説を主張した。

　バーナードは，命令の受け手の受容に基づいて権威が成立すると考え，権威受容説を主張した。また，「命令が部下にとって理解可能なものでないとき」には，部下はそもそも命令に従うことができないため，権威が成立することはない。

🔑 無関心圏：特に抵抗感なく命令に従うことができる範囲

5 ✗ ホーソン工場実験を主導したのはメイヨーである。

　メイヨーはホーソン工場実験を主導し，インフォーマル組織（非定形の人間関係）が生産性に及ぼす影響の強さを発見した。そして，組織においてはフォーマル組織とインフォーマル組織を調和させていくことが重要であるとし，人間関係論を提唱した。

正答 1

第5章 行政学の理論

組織論に関する次の記述のうち，妥当なものはどれか。

【市役所・平成16年度】

1 M. ウェーバーは，官僚制の概念は行政組織以外の大規模組織一般についても広く適用されると主張した。

2 R. マートンは，官僚制が規則に基づいた職務の執行という原則を無視することを「目標の転位」と呼んだ。

3 C. I. バーナードは，部下の言行が上司の「無関心圏」に属している場合，「地位の権威」に基づく服従が確保されると主張した。

4 E. メイヨーは，ホーソン工場実験を通じて「人間関係論」を確立し，非公式集団の及ぼす影響力は弱いと指摘した。

5 L. H. ギューリックは，F. W. テイラーを批判して，「命令一元化の原理」には一定の限界があると主張した。

本問は，官僚制論と組織理論の内容を組み合わせた総合問題である。難しいとすれば，選択肢 3 にある「無関心圏」と「地位の権威」という用語であろう。しかし，いずれも頻出の用語なので，下の解説を読んで，意味をよく理解しておきたい。

1 ◯ ウェーバーは，官僚制の概念は大規模組織一般に適用されるとした。

ウェーバーは，大規模組織を維持していくためには，効率よく仕事を進めなければならないと考えた。そこで必要とされるのが官僚制である。したがって，ウェーバーによれば，官僚制は大規模組織一般で広く観察されるものである。

2 ✗ マートンのいう「目標の転位」とは，規則への過剰同調のことである。

マートンは，官僚制が職務を執行する際に，「規則」を守ることにこだわりすぎている現実を指摘した。そして，本来は目標達成のための手段に過ぎない規則が，まるで目標そのものであるかのようにとらえられている現象を「目標の転位」と呼び，批判した。

🔑 規則への過剰同調 ⇒ 目標の転位（手段の自己目的化）⇒ 官僚制の逆機能

3 ✗ 上司の言行が部下の無関心圏に属していれば，地位の権威が成立する。

バーナードは，上司の能力を部下が認めるとき，「機能の権威」が成立すると主張した。また，上司の言行が部下の無関心圏に属している場合，「地位の権威」が成立すると主張した。

| 上司の命令 | → | 別に反対するほどのことでもないな（無関心圏） | → | 上司の命令だし，従っておこう（「地位の権威」の成立） |

4 ✗ 人間関係論では非公式集団の及ぼす影響力が強いとされた。

メイヨーは，公式集団の内部において成立する非公式集団（非定形の人間関係）が，大きな影響力を及ぼしている事実を指摘した。たとえば，一般企業においても，派閥の存在が人々の行動に大きな影響力を及ぼしていることは明らかである。

🔑 人間関係論：公式集団の内部で成立する非公式集団に注目する理論

5 ✗ 命令一元化の原理を主張したのはギューリックである。

ギューリックは，公式組織の編成原理のひとつとして，「命令一元化の原理」を主張した。これは，直属の上司を一人に限定し，命令系統を一本化するべきだとする主張であった。これに対して，テイラーが提唱したのは機能別職長制度である。

🔑 機能別職長制度：職務内容に応じて職長を置き，監督にあたらせる仕組みのこと

正 答 **1**

第5章 行政学の理論

執筆者紹介

近 裕一　（こん ゆういち）

　早稲田大学大学院政治学研究科博士後期課程・単位取得満期退学。1984年度より公務員試験の受験指導に従事。資格試験研究会スタッフとして「新スーパー過去問ゼミ」シリーズの『政治学』『行政学』執筆のほか，公務員合格講座の教材執筆等にも携わる。

　また，長年にわたり，大学・短期大学などでの「公務員試験対策」学内講座の講師を務め，その情熱的な講義は多くの受講生から強い支持を受けている。

カバー＆本文デザイン　サイクルデザイン　　　　**イラスト**　アキワシンヤ

●本書の内容に関するお問合せについて

　本書の内容に誤りと思われるところがありましたら，お手数ですがまずは小社のブックスサイト（jitsumu.hondana.jp）中の本書ページ内にある正誤表・訂正表をご確認ください。正誤表・訂正表がない場合や，正誤表・訂正表に該当箇所が掲載されていない場合は，書名，発行年月日，お客様のお名前・連絡先，該当箇所のページ番号と具体的な誤りの内容・理由等をご記入のうえ，郵便，FAX，メールにてお問合せください。

　〒163-8671　東京都新宿区新宿1-1-12　　実務教育出版　第二編集部問合せ窓口
　FAX：03-5369-2237　　E-mail：jitsumu_2hen@jitsumu.co.jp
　【ご注意】※電話でのお問合せは，一切受け付けておりません。
　　　　　　※内容の正誤以外のお問合せ（詳しい解説・受験指導のご要望等）には対応できません。

公務員試験

集中講義！政治学・行政学の過去問

2023年1月5日　初版第1刷発行　　　　　　　　　　　　　　　　＜検印省略＞

編　者　資格試験研究会
執筆者　近 裕一
発行者　小山隆之
発行所　株式会社 実務教育出版
　　　　〒163-8671　東京都新宿区新宿1-1-12
　　　　TEL 03-3355-1812（編集）03-3355-1951（販売）
　　　　振替 00160-0-78270
組　版　森の印刷屋
印　刷　壮光舎印刷
製　本　ブックアート

[公務員受験BOOKS]

実務教育出版では、公務員試験の基礎固めから実戦演習にまで役に立つさまざまな入門書や問題集をご用意しています。

過去問を徹底分析して出題ポイントをピックアップするとともに、すばやく正確に解くためのテクニックを伝授します。あなたの学習計画に適した書籍を、ぜひご活用ください。

なお、各書籍の詳細については、弊社のブックスサイトをご覧ください。

https://www.jitsumu.co.jp

人気試験の入門書

何から始めたらよいのかわからない人でも、どんな試験が行われるのか、どんな問題が出るのか、どんな学習が有効なのかが1冊でわかる入門ガイドです。「過去問模試」は実際に出題された過去問でつくられているので、時間を計って解けば公務員試験をリアルに体験できます。

★「公務員試験早わかりブック」シリーズ [年度版]※ ●資格試験研究会編

地方上級試験早わかりブック

市役所試験早わかりブック

警察官試験早わかりブック

消防官試験早わかりブック

社会人が受けられる**公務員試験**早わかりブック

高校卒で受けられる**公務員試験**早わかりブック
[国家一般職(高卒)・地方初級・市役所初級等]

社会人基礎試験 早わかり問題集

市役所新教養試験 Light & Logical 早わかり問題集

公務員試験で出る**SPI・SCOA**早わかり問題集
※本書のみ非年度版 ●定価1430円

過去問正文化問題集

問題にダイレクトに書き込みを加え、誤りの部分を赤字で直して正しい文にする「正文化」という勉強法をサポートする問題集です。完全な見開き展開で書き込みスペースも豊富なので、学習の能率アップが図れます。さらに赤字が消えるセルシートを使えば、問題演習もバッチリ!

★上・中級公務員試験「過去問ダイレクトナビ」シリーズ

過去問ダイレクトナビ **政治・経済**
資格試験研究会編●定価1430円

過去問ダイレクトナビ **日本史**
資格試験研究会編●定価1430円

過去問ダイレクトナビ **世界史**
資格試験研究会編●定価1430円

過去問ダイレクトナビ **地理**
資格試験研究会編●定価1430円

過去問ダイレクトナビ **物理・化学**
資格試験研究会編●定価1430円

過去問ダイレクトナビ **生物・地学**
資格試験研究会編●定価1430円

一般知能分野を学ぶ

一般知能分野の問題は一見複雑に見えますが、実際にはいくつかの出題パターンがあり、それに対する解法パターンが存在しています。基礎から学べるテキスト、解説が詳しい初学者向けの問題集、実戦的なテクニック集などで、さまざまな問題に取り組んでみましょう。

標準 判断推理 [改訂版]
田辺 勉著●定価2310円

標準 数的推理 [改訂版]
田辺 勉著●定価2200円

判断推理がみるみるわかる**解法の玉手箱** [改訂第2版]
資格試験研究会編●定価1540円

数的推理がみるみるわかる**解法の玉手箱** [改訂第2版]
資格試験研究会編●定価1540円

判断推理 必殺の解法パターン [改訂第2版]
鈴木清士著●定価1320円

数的推理 光速の解法テクニック [改訂版]
鈴木清士著●定価1175円

文章理解 すぐ解ける〈直感ルール〉ブック [改訂版]
瀧口雅仁著●定価1980円

公務員試験 **無敵の文章理解メソッド**
鈴木鋭智著●定価1540円

年度版の書籍については、当社ホームページで価格をご確認ください。https://www.jitsumu.co.jp/